파국의 지도

파국의 지도

김소영 지음

한국이라는 영화적 사태

현실문화

차례

서문: 비상과 환상　7

1. 극한 생존: 한국 영화의 판타스마틱 타자
2. 비상사태
3. 판타스마틱 타자

1장　신자유주의 시대의 폭력, 육체, 인지적 매핑　19

1. 문화적 형식으로서의 리메이크
2. 하녀가 되기보단 뱀파이어가 되겠어!: 〈하녀〉 리메이크와 〈박쥐〉
3. 재난 자본주의: 〈황해〉의 난민의 몸
4. 인지자본주의 시대 몸의 몰락

2장　얼굴, 클로즈업, 괴물성: 다인종, 다문화 사회　61

1. 타자와 얼굴
2. 난민
3. 소수민족, 조선인: 〈망종〉
4. 디아스포라 영화의 아포리아
5. 인종적 타자성과 한국계 디아스포라

3장　비상사태:
박정희 시대의 김기영과 이만희 영화의 활유, 고백, 무드　93

1. 정세적 연계: 1960~1962년
2. 전쟁과 영화: 〈현해탄은 알고 있다〉
3. 활유법과 현해탄
4. 고백, 진실, 섹스
5. 비판적 무드의 영화 〈휴일〉
6. 〈휴일〉의 무드: 죽음의 드라이브

4장 한국 영화의 국경의 문제: 경계의 정치성 121

1. 경계와 정동: 파토스의 공간
2. 월경: 사실은 사랑 때문에
3. 〈두만강〉

5장 근현대의 누아르:
미국과 상하이의 밤, 〈예라이샹〉과 대륙활극 영화들 142

1. 상하이 커넥션: 〈풍운아〉부터 〈애꾸눈 박〉까지
2. 상하이의 밤: 정창화의 〈예라이샹〉

6장 글로벌 디지털 포메이션: 투기성 조증과 사회적인 것 161

1. 소셜미디어라는 트랜스바운더리
2. 퍼블릭의 유령화, 소셜의 미디어화
3. 인지자본주의와 소셜미디어
4. 사회적 조증

7장 파국의 지도: 만민공동회와 스크린 실천 176

1. 버튼 홈즈와 만민공동회 그리고 스크린 실천
2. 트랜스 아시아틱 라인
3. 스피치와 변사

에필로그: 아카이브의 비밀 200

1. 한홍 합작: 〈이국정원〉, 혹은 〈에일리언과의 사랑〉
2. 〈저 하늘에도 슬픔이〉를 타이베이에서 만나다

참고 문헌 210

일러두기

이 책의 기초 자료조사(「에필로그: 아카이브의 비밀」 부분)는 2013년도 정부재원(교육과학기술부)으로 한국연구재단의 토대연구지원을 받아 수행된 것이다(NRF-2012S1A5B4A01035829).

서문: 비상과 환상[1]

1. 극한 생존: 한국 영화의 판타스마틱 타자

영화의 장, 재현의 공간이 급속히 바뀌고 있다. 많은 영화들이 TV의 '서바이벌' 포맷과 경쟁하면서 극한 생존을 서사와 시각의 장의 핵으로 위치시킨다.[2] 영화에서의 이런 서바이벌 포맷은 한계로 내몰린 인물 유형을 취하고 위험하기 짝이 없는 공간을 선택한다. 장르적으로 액션 영화가 주류다. 인물들은 초감각적 운동신경과 세포를 갖춘 타자인 경우가 많다. 〈최종병기 활〉(2011)의 만주족, 〈풍산개〉(2011)의 남과 북 어디에도 속하지 않는 무국적자 '산'(윤계상), 〈황해〉(2010)의 중국 조선족인 '구남'(하정우)과 '면가'(김윤석) 등이 그렇다. 이러한 '서바이벌' 영화들은 신자유주의 시대 생존 법칙을 시

---

[1]   남한 역사 속의 '비상사태'(state of emergency)와 영화적 '판타지 상태'(state of fantasy)라는 이중 개념 구조를 통해, 인지자본주의 시대에 발생하는 이주(migrancy)와 물형성(corporeality)이라는 글로벌-로컬 이슈를 동시대 남한 영화와의 관련성 속에서 보고자 한다. 이 글은 *Cultural Studies*, vol.27, No.2(2013), 257~270쪽에 게재한 논문을 우리말로 옮긴 것이다.

[2]   가요 오디션, 서바이벌 프로그램이 득세하고 있는 엔터테인먼트 지형에서 최근 한국 영화의 틈새시장은 한편으로는 〈도가니〉(2011)나 〈부러진 화살〉(2011)과 같은 사회적 정의의 문제를 직설적으로 제기하는 곳에서 열리고 있다.

뮬레이션해주는 시늉을 허면서 부지불식간에 관객들을 '이주의 시대'에 새롭게 출현하는 타자, 경계, 이동이라는 문제와 맞닥뜨리게 한다. 즉 〈K-pop 스타〉와 같은 서바이벌 오디션 프로그램들이 글로벌한 시장 출구를 향해 질주하고 있는 상황이라면, 한국의 블록버스터 영화나 독립 영화들은 한국으로 이주해온 타자들(중국 조선족, 탈북자, 이주노동자)과 대면하고 있다.

1990년대 후반 한국형 블록버스터 시대의 개화 시점에 〈쉬리〉(1999)와 〈파이란〉(2001) 등의 영화는 북한과 중국 등지에서 한국으로 이주, 이동하는 여성들을 등장시킨다. 이전 한국 영화들은 두만강, 압록강을 건너 중국으로 가거나 현해탄 건너 일본 또는 미주로 이주하는 경로를 보여주었다. 한국형 블록버스터 시대(독립 영화를 포함해) 2기가 되자 북한, 중국 연변, 동남아시아에서 한국으로 오는 이주노동자, 결혼이주여성 등 친밀한 타자들과 절대적 타자들에 대한 영화가 늘어난다. 안에서 밖으로 나가는 영화들에서 밖에서 안으로 들어오는, '이동하는 타자들'에 관한 영화적 재현이 증가 일로에 놓인 것이다. 〈황해〉, 〈풍산개〉, 〈무산일기〉(2010), 〈두만강〉(2010), 〈댄스 타운〉(2010), 〈줄탁동시〉(2011) 등의 영화에는 이주노동자, 무국적자, 난민의 생존 회로(survival circuits)[3]에 대한 부분적 매핑이 이루어진다. 중국 연변을 떠나 살인청부업자로 남한에 도착한 구남의 여정을 따라가는 〈황해〉는 중국의 소수민족 조선족이 남한에 들어와 떠도는 과정을 그리고 있다. 그는 경찰과 조폭 양자 모두로부터 쫓긴다. 〈의형제〉(2010)에서는 전직 국정원 요원 한규(송강호)와 남파 공작원 지원(강동원)이 각각 남한과 북한으로부터 버림받은

---

3   Saskia Sassen, "Global cities and survival circuits", in *Global Woman: Nannies, Maids, and Sex Workers in the New Economy*, ed. by Barbara Ehrenreich and Arlie Russel Hochschild, New York: Henry Holt & company, 2002.

사람들로 등장하고 이들 사이는 '의형제' 같은 관계로 발전한다. 〈아저씨〉 (2010)는 현실성보다는 장르적 양식화가 많은 영화이기는 하지만 주인공인 '아저씨'(원빈)는 특수부대 출신으로 전당포를 운영하는데, 국가의 경찰력이 해내지 못하는 역할을 해낸다.[4]

세일라 벤하비브는 한나 아렌트의 통찰을 빌어 근대 국가가 법의 지배를 관철하기 위한 도구에서 민족을 위해 무법적인 재량권을 행사하는 도구로 떨어지는 과정을 다음과 같이 설명한다.

> 국가가 원치 않는 소수민족들을 대량으로 국적 박탈해 국경 너머에 수백만의 난민, 추방된 외국인, 무국적자를 만들어냄으로써 완성된다. 난민과 소수민족들, 무국적자들이나 추방된 자들은 민족국가의 행위가 만들어낸 특수 범주의 사람들이다. 경계 지어진 영토를 갖는 민족국가 체계, 곧 '국가 중심적' 국제 질서 속에서는 한 인간의 법적 지위가 최고 당국의 보호에 종속되며, 이 최고 당국은 그들이 사는 영토를 관할하고 또한 그들에게 각종 증명서를 발부한다. **난민**이 되는 것은 모국으로부터 박해를 받거나 추방되거나 쫓겨남으로써 이루어진다. **소수민족**은 한 체제 내에 정치적 다수를 차지하는 자들이 어떤 그룹을 이른바 '같은' 민족에 속하지 않는다고 선언함으로써 만들어진다. **무국적자**가 되는 것은 여태껏 보호막을 쳐주던 국가가 그 보호를 철회하고, 부여했던 각종 증명을 무효화함으로써 발생한다.

---

4   〈최종병기 활〉을 보면, 병자호란을 맞아 국가는 백성을 보호하는 데 실패했으면서도 귀환하는 사람들을 '환향녀, 화냥년' 류의 배신자로 처벌하려 함을 내비치고 있다.

추방된 자(displaced person)란, 일단 난민이나 소수민족 또는 무국적자 상태에서, 그를 구성원으로 받아들여줄 다른 정치체 제를 발견하지 못하고 있으며 또한 어떤 나라도 그들을 받아들 여줄 용의를 갖지 않음으로써 국경 사이의 변방에 머무는 림보 (limbo)[즉 아무런 권리도 못 갖는 사람 — 인용자]들을 말한다.[5]

2. 비상사태

1997년 IMF 위기를 계기로 남한이 글로벌 신자유주의 체제에 진입했 다는 것은 이제 상식이다. 이 금융위기는 남한 사회를 심한 공포와 두려움, 불안에 떨게 만들었다. 하지만 수출 중심 경제로 성장한 최후의 포스트 냉 전 지역 중 하나인 남한에서 위기와 비상사태는 그리 예외적인 상태가 아니 다. 박정희 독재 정권 동안 여러 번의 비상사태가 선포되었으며, 독재가 끝 난 이후에도 이러한 상태는 정동적(affect) 상례로 잔존하고 있다. 아이러니 하게도 한국 전쟁 이후 남한 영화 최초의 황금기는 자그마치 3번이나 비상 사태가 선포된 시기(1960년, 1961년, 1964년)와 겹쳐 있다. 이후 선포된 1972년 비상사태에는 유신 체제(1973~1979년)하의 혹독한 검열이 포함된 제4차 영 화법 개정이 뒤따랐고, 이로 인해 황금기는 저물었다. 공적 판타지 양식으로 서의 비상사태와 밀접한 관련을 가지며 만들어진 이 시기 남한 영화들, 예 를 들어 이만희 감독의 〈검은 머리〉(1964)와 〈휴일〉(1967) 등은 허무주의적

---

5   세일라 벤하비브, 『타자의 권리: 외국인, 거류민 그리고 시민』, 이상훈 옮김, 철학과 현실사, 2008, 81쪽.

이면서도 비상사태로 인한 법적·정치적 위기에 잠재적으로 비판적인 영화 전략을 수행한다. 오늘날 비상 체제의 사라지지 않은 잔여 혹은 잉여는 자본, 노동, 기술, 정보의 재빠른 조직화라는 남한 사회의 압축적 근대화를 실현시키고 있다. '산업화에서는 뒤쳐졌지만, 정보화 시대에서는 앞서 간다'라는 정부 구호가 유통된 지 10여 년 만에 초고속 인터넷은 남한의 상징이 되었다. 최근 KT의 TV 광고 시리즈는 한국인의 조급한 성질을 '빠름', 즉 빠른 접속 속도라는 소비 촉진제로 자기 패러디해 보여준다.

아찔한 속도로 작동되는 긴급, 위험의 상태는 한국 사회를 폴 비릴리오의 무한의 질주학(dromology) 또는 '속도의 논리'(logic of speed)[6]의 상태로 내몬다. 이러한 조건이 생산한 '판타지 상태'(state of fantasy)[7]는 한국형 블록버스터뿐 아니라 보다 넓게는 보이·걸 그룹의 역동적인 춤과 노래가 특징인 케이팝 등의 한류에서도 찾을 수 있다. IMF 위기에 뒤따른 금융 자본과 권력의 전 지구적 규제에 대한 공포와 회의 속에서 남한은 한국 대중문화의 트랜스내셔널한 성공을 경험했다.

한류가 전 세계적으로, 그리고 지역적으로 순환되는 '흐름'(wave)의 지위로 급격하게 전환되는 과정은 적어도 2가지 인식 지점(register)에서 발생한 '타자성'(otherness)의 충격과 흡수의 경험을 통해 시작된 것으로 보인다. 그중 하나는 IMF의 감시 아래 자본의 흐름에 대한 투명성 확보와 세계화라는 명목하에 위협적인 요구를 하는 타자의 침투와 관계된다. 나머지는 남

---

6   Paul Virilio, *Speed and Politics: An Essay on Dromology*, New York: Semiotext(e), 1977, 47쪽.

7   Jacqueline Rose, *States of Fantasy*, Oxford: Clarendon Press, 1996의 서문에서 저자는 막스 베버의 근대 국가론과 프로이트의 초자아론의 평행선을 지적하고, 판타지 상태와 판타지에 의해 지탱되는 국가 사태를 중첩시키고 있다.

한에서 점점 늘어나는 이주노동지의 존재다. 한편에 전 지구적 자본에 의해 강화된 타자의 시선이 있다면, 다른 한편에는 임파워먼트(empowerment)의 정치학[8]과 소위 단일민족에서 '다문화' 사회로의 전환을 요구하는 아시아 이주노동자(와 결혼이주여성)가 있는 것이다.

한류 중 케이팝은 전 지구적으로 새롭게 구성되어야 할 민족(nation)에 대한 요청인 동시에 그것의 구성물이라고 할 수 있다.[9] "I'm gonna make history"라는 영어 가사를 담고 있는 소녀시대의 노래 〈The Boys〉는 이렇게 말한다. "전 세계가 우릴 주목해 (…) 역사는 새롭게 쓰여질걸? 주인공은 바로 너! 너!" 대표적 케이팝 그룹은 전 지구적 타자의 응시를 인지하고 있음을 선언한다. 이에 상응해 한류는 글로벌 유비쿼터스를 욕망하며, 도쿄와 방콕의 길거리뿐 아니라 유튜브와 팬사이트, 한류 투어로 이어진다. 드라마/영화와 케이팝이 기묘한 배열을 이루고 있는 한류는 신자유주의 시대의 전지구적, 지역적 수용자에 도달하고자 하는 탈권위주의 사회의 현상이면서 소녀, 소년들을 혹독하게 훈련시키는 것이 사회적으로 용인되는 군사주의 문화의 먼 계승자인 한류는 역사적으로 혼종된 문화 형식이다.

근대 국가의 매트릭스를 설명하기 위해 조르조 아감벤은 바이마르 공화국에 관한 칼 슈미트와 발터 벤야민의 작업을 자세히 언급하고 있다.

---

8   Seyla Benhabib, *Critique, Norm, and Utopia*, New York: Columbia University Press, 1986.

9   Mori Yoshitaka. "Reconsidering Cultural Hybridities: Transnational Exchanges of Popular Music in-between Korea and Japan," in *Cultural Studies and Cultural Industries in Northeast Asia: What A Difference A Region Makes*, ed. by Chris Berry, Nicola Liscutin, and Jonathan D. Mackintosh, Aberdeen: Hong Kong University Press, 2009; Beng Huat Chua, and Koichi Iwabuchi(ed), *East Asian Pop Culture: Analysing the Korean Wave*, Aberdeen: Hong Kong University Press, 2008.

(…) 근대 전체주의는 예외 상태, 합법적인 내전이라는 수단을 통해 정적뿐 아니라 여러 이유에서 정치적 시스템 안으로 통합되지 못하는 시민의 모든 범주를 물리적으로 배제함으로써 성립되는 것으로 정의할 수 있다. 그로부터 스스로 영구적 비상 상태를 만드는 것은 (비록 기술적인 의미에서 공포가 되지 않았다고 하더라도) 동시대 국가의 핵심적 실천 중 하나다. 소위 민주주의 국가를 포함해서 말이다.

이런 아감벤의 논의와 더불어 나는 재클린 로즈의 '판타지 상태 혹은 국가'(states of fantasy)[10]를 보다 강조하고 싶다. 판타지 상태 혹은 국가는 근대 국가성(modern statehood)이 우리 세계의 '외부적 문제 그 이상'이며(국가가 그 주체들을 장악하고 옭아매는 곳에 판타지가 있기 때문에), 동시에 그런 국가성을 '약간 미끄러지도록' 하는 데 판타지의 역량이 있다는 것을 확인할 수 있다. 재클린 로즈의 결론대로 "판타지엔 강요, 강압적이면서도 동시에 거칠고 예측할 수 없는 무엇이 있다".[11]

정치적·법적 비상사태는 끝났지만, '정동적'(affect) 비상사태는 여전히 강력하게 동원되고 있다. 이것은 '인지자본주의'[12]와도 결합한다. 인지자본주의는 고도의 가상적 네트워크 사회를 가로지르며 구현되는 것을 그 특징으로 한다.[13]

---

10   Jacqueline Rose, 앞의 책, 14쪽.

11   같은 책, 15쪽.

12   Michael Hardt and Antonio Negri, *Empire*, Cambridge: Harvard University Press, 2000; Yann Moulier Boutang, *Le capitalisme cognitif: La Nouvelle Grande Transformation*, Paris: Editions Amsterdam, 2007.

한국 문화, 영화를 국가 단위의 정동적 비상사태와 글로벌한 판타지 체제의 결합, 비상사태와 판타지 상태의 이중 관계 속에 놓는 것, 비상과 환상 상태를 절합하는 것은 정치적인 것과 문화적인 것 사이의 관계와 긴장을 볼 수 있게 만든다. 비상 체제와 환상 상태의 이중 구조에 주목하는 것은 파국의 지도, '카타스트로프의 지도'(cartography of catastrophe)[14]를 그려보는 것이며 퍼포먼스와 게임, 그리고 투기가 행해지는 '유희 공간'(room for play),[15] 즉 판타스마틱 공간(fantasmatic space)으로 영화를 보는 것이다. 박찬욱의 〈박쥐〉(2009), 봉준호의 〈마더〉(2009), 임상수의 〈하녀〉(2010)가 그것을 예시한다. 이 영화들은 젠더화된 감정 노동, 여성 신체의 불안한 물형성, 그리고 잔인한 폭력을 당한 후 복수하는 남성 육체의 기적에 가까운 물형성과 관련된 새로운 문제들을 제안하고 있다. 나홍진의 〈황해〉(2010)는 살인청부업자인 조선족의 생존 회로를 뒤쫓으면서, 이주민 시점에서 서울이라는 글로벌 도시에 대한 초-인지적(super-cognitive) 매핑을 보여준다.

---

13   조정환, 『인지자본주의: 현대 세계의 거대한 전환과 사회적 삶의 재구성』, 갈무리, 2011.

14   Soyoung Kim, "Cartography of Catastrophe: Pre-Colonial Surveys, Post-Colonial Vampires, and the Plight of Korean Modernity," *The Journal of Korean Studies* 16, no.2(2011).

15   Miriam Hansen, "Room-for-Play: Benjamin's Gamble with Cinema," *October* 109(2004).

3. 판타스마틱 타자

"하나의 유령이 세계를 배회하고 있다. 이주(migration)이라는 유령이."[16]라는 말처럼 전 지구적으로 이주민, 추방자, 디아스포라가 중요하게 자리 잡은 시대에 〈황해〉는 특히 흥미롭다. 〈황해〉의 주인공 살인청부업자 '구남'은 연변 출신 이주노동자의 불법적인 이주 경로를 따른다. 연변은 대부분의 재중 조선인 디아스포라들이 거주하는 곳이며, 북한과 맞닿아 있는 중국 둥베이 지방 지린 자치성에 속해 있는 곳이다. 구남은 남한 경찰과 조폭, 연변 조폭이라는 3중의 위협에 쫓긴다. 그뿐 아니라 김기덕이 제작한 저예산 독립영화 〈풍산개〉(2010)에서는 북한과 남한 어디에도 속하지 못한 주인공을 볼 수 있다. 그는 자신의 국적을 밝히지 않은 채 비무장지대를 횡단해 서울과 평양을 오고가는 퀵서비스 기사를 자처한다. 결과적으로 그는 국가보안법을 위반했다는 이유로 북한 요원과 남한 요원 모두에게 쫓긴다.

〈황해〉와 〈풍산개〉 같은 영화들은 시민권이 박탈된 사람들을 보여준다. 장르적 요소로서 활용되기는 하지만 〈아저씨〉도 전직 특수요원을 다룬다. 아감벤(1997)의 용어에 따르면 비오스(bios, 시민, 정치체에 통합된 '사회적 생명')가 아닌 호모 사케르(homo sacer) 혹은 조에(zoe, 발가벗은 삶)[17]라고 할 수 있는 '추방된 자'의 특징을 가진 남성 주인공의 출현은 〈황해〉에서 가장 노골적으로 드러난다. 구남의 인지적 능력은 중국에서 한국으로 올 때 여러

---

16   Michael Hardt and Antonio Negri, *Empire*, Cambridge: Harvard University Press, 2000, 213쪽.

17   Giorgio Agamben, *State of Exception*, trans. by Kevin Attell, Chicago: University Of Chicago Press, 2005.

번 시험되며, 그는 지도 한 장만을 들고 모든 길을 찾을 정도다. 그러나 그의 신경세포는 남한 경찰과 조선족 조폭, 남한 조폭이라는 3중의 압박으로 만 신창이가 된다. 그의 몸 안의 모든 피가 거의 빠져나온 듯하다. 그의 몸은 마치 고통을 전혀 느낄 수 없도록 되어 있는 것처럼 난도질당한다. 몸과 머리는 완전히 소진되고 소비된다. 남성 주인공의 육체적 힘과 인지적 능력이 매우 잔인하게 시험되는 것을 보여주는 이 영화는 신자유주의 시기, 자본이 육체적 힘과 인지적 능력 모두를 동원하는 방식에 대한 알레고리를 제공한다. 구남의 몸은 감정과 분리되어 폭력의 재료로 재구성된다. 동시에 그의 몸은 폭력의 생산자이기도 하다. 힘과 폭력을 끝까지 밀어붙이는 이런 유형의 영화는 1921년 발터 벤야민이 「폭력 비판을 위하여」[18]에서 개념화한 권력, 역능, 활력, 권위, 국가라는 의미 연쇄를 패러다임적으로 생성하는 폭력(gewalt)의 배열을 환기시키는 잠재력을 지녔다.

이 영화에서 포착되는 폭력의 유형에 관한 영화적 계보는 재일 한국인 감독 최양일(사이 요이치)의 영화 〈수〉(2007)로 거슬러 올라갈 수 있을 것이다. 동작의 오케스트레이션을 통해 완벽하게 통제된 신체가 부각되는 다른 액션영화와는 달리, 〈황해〉와 〈수〉에서는 마지막 피 한 방울까지 남김없이 흘리는 신체를 직면하게 된다. 이 영화들은 그전에는 재현된 적 없는 경이로운 남성 육체를 보여주는데, 종국에는 인간 신체의 해부학적 구조의 '리얼한' 원칙에 따라 파괴된다. 영화들의 사운드 디자인은 뼈가 부러지고 살이 찢겨나가는 소리를 자세하게 묘사하며 하이퍼-리얼리즘을 성취하는 데 그

---

18   Walter Benjamin, "Critique of Violence", in *Reflections: Essays, Aphorisms, Autobiographical Writings*, ed. by Peter Demetz. New York: Harcourt Brace Jovanovich, 1978.

목적이 있다. 구남이 겪는 극단적인 시련의 과정에서 주목할 만한 것은 서울이라는 대도시와 그 외 지역을 매핑하는 인지적 능력인데, 그는 '매핑'을 통해 사전 지식이 없는 장소를 시각화한다. 첫눈에 반하는 사랑이 로맨스 플롯의 공식이라면, 인지자본주의 시대의 액션 스릴러에서는 생존자의 '한눈에 파악하는 매핑 능력'이 그 역할을 담당한다.

비평가의 임무는 개인적이거나 사적으로 보이는 절망과 큰 구조 내부의 무위성을 맥락화하고 진단적 이해를 통해 영화와 사회의 어떤 미래를 상상할 수 있게 하는 것일 테다. 앞서 언급한 영화들이 성별화된 '비물질적 노동'을 다루고 있다면, 여성이 아닌 다른 존재가 되고 싶다는 환상은 감정 노동자인 〈박쥐〉(2009)의 태주를 흡혈귀로 탈바꿈시켜 지겨운 가사노동을 카니발과 같은 놀이, 신체가 카니발적 주이상스로 만개하는 흡혈 게임으로 바꾼다. 흡혈귀로써 태주는 감정 노동의 권태를 거부하고 놀이, 게임, 퍼포먼스, 도박, 흡혈성의 '유희'(spiel)을 택한다. 미리암 한센은 특정한 종류의 영화 장르에서의 놀이나 유희에 대해 발터 벤야민이 1936년 발표한 유명한 에세이 「기술복제시대의 예술작품」을 재고하며 유희(spiel)이라는 독일어 단어가 '놀이', '게임', '퍼포먼스', '도박' 등의 다층적 의미로 해석됨을 지적하고, 벤야민의 영화 이론을 '제2의 천성으로서 놀이 유형'이라고 강조한 바 있다.[19]

〈박쥐〉가 개봉하기 한 해 전인 2008년에는 5월부터 100여 일에 걸쳐 촛불시위가 열렸다. 한국과 미국 간의 자유무역협정(FTA)을 반대하기 위한

---

19   Miriam Hansen, 앞의 글, 6쪽.

시위로 특히 쇠고기 유통에 관련된 광우병에 대한 불안감이 큰 관심을 끌었다. 촛불 시위는 여고생들의 자발적 참여로 시작되어 젊은 주부와 대학생, 다른 시민 계층으로 확대되었다. 1980년대와 1990년대의 거리 시위와는 달리 촛불시위는 정치적 슬로건인 'FTA 반대'와 'MB 아웃'을 놀이와 퍼포먼스로 전화시켰다. 정동적 '비상사태'의 일시적 유예와 이에 연관된 촛불시위라는 저항의 형태를 놀이로, 연행을 생정치적 유형으로 살펴볼 수 있다.

1장 신자유주의 시대의 폭력, 육체, 인지적 매핑[1]

    1997년은 IMF 금융위기와 더불어 남한이 신자유주의적 글로벌 체제로 진입한 시기다. 그 시기 영화 속 남한 여성은 글로벌 시민권의 재현 영역에서 한동안 사라졌다.[2] 반면 노동의 여성화와 더불어 감정 자본주의, 비물질 노동 등이 포스트포드주의(post-Fordism) 시대 노동의 위계, 질과 결 등

---

1   이 글은 졸고 "The Birth of the Local Feminist Sphere in the Global Era: Trans Cinema and 'Yosongjang'"의 논의를 잇는다. 영문 논문은 *Inter-Asia Cultural Studies* 4, no.1(2003)에 실려 있고, 국문 논문은 「사라지는 남한 여성들」이라는 제목으로 『한국형 블록버스터: 아틀란티스 혹은 아메리카』(현실문화연구, 2001)에 수록되어 있다. 이 글은 계명대학교 여성학연구소에서 발간한 「신자유주의 시대의 폭력, 육체, 인지적 매핑」,《젠더와 문화》4(2), 2011을 수정한 것이다.

2   한국형 블록버스터의 시대 이후 재현의 영역에서 남한 여성이 사라졌다. 〈공동경비구역 JSA〉처럼 한국 여배우 이영애가 등장하고는 있으나 그녀는 스위스 출신 중립국 조사위원 소피 장이라는 배역이다. 당시 여성들은 〈파이란〉에서 홍콩 출신 배우 장백지가 맡은 중국에서 온 이주노동자 배역처럼 "고맙습니다"를 남한 남성에게 전하는 이이거나 명나라 공주(〈비천무〉, 2000)이거나 괴물(〈퇴마록〉, 1998)이거나 조폭의 마누라(〈조폭 마누라〉, 2001)였다(「사라지는 남한 여성들」). 논문 "The Birth of the Local Feminist Sphere in the Global Era: Trans Cinema and 'Yosongjang'"에서 나는 글로벌 시민권에서 남한 로컬 여성을 배제하는 재현의 정치를 문제 삼았다. 그에 이어 여기서는 인지자본주의가 인지적 판독을 요구하며 등장한 이즈음, 남한 영화의 인지적 스타일과 더불어 남한 사회, 도시에 대한 인지적 매핑 방식, 젠더화된 감정 노동의 문제, 남성 육체의 물형성(corporeality, 육체성)과 인지력 등을 다루고자 한다.

을 재구성하는 부분으로 주목받고 있다. 인지자본주의,[3] 재난 자본주의,[4] 후

기자본주의, 감정 자본주의[5] 등 동구권의 몰락 이후 자본주의 앞에 붙는 이

3   조정환은『인지자본주의: 현대 세계의 거대한 전환과 사회적 삶의 재구성』(2011)
에서 21세기의 자본주의를 인지자본주의라는 말로 명명한다. 그는 현대 사회를 인지 자
본주의로 파악하는 것의 의미에 대해 한국에서 이미 지난 20여 년 동안 진행된 많은 연구
들이 인지자본주의의 증상들과 결과들을 탐구하는 데 바쳐졌다고 주장한다. 인지자본주
의론은 이 미시적이고 다양한 탐구들이 천착하고 더듬어온 문제들을 노동 형태 및 자본
형태의 변화, 그리고 노동과 자본 사이의 사회적 관계의 변화라는 거시적 틀 속에서 종합
하고 각각의 문제들의 위치를 밝히며 그 사회적 총체의 발전 경향을 밝히려는 시도다. 같
은 책, 13~14쪽 참고.
4   나오미 클라인(Naomi Klein)은『쇼크 독트린: 자본주의 재앙의 도래』에서 9·11
테러(2001)와 허리케인 카트리나(2005) 이후 재난 자본주의가 미국 자본주의 네오콘
(neocons)들의 '악의 축'과 '중국 위협론' 같은 담론을 통해 세계를 전쟁과 같은 재앙 속으
로 밀어 넣으면서 군산복합체의 이해관계를 유지하고 경제적으로 보호주의 입장에서 미
국의 이해를 관철한다고 주장한다.
   이 글을 쓰던 2011년 10월, '월가를 점령하라(Occupy the Wall Street)'라는 구호가 전
세계로 확산되면서 '다 함께 점령하라(Occupy Together)'로 바뀌었다. 그해 10월 15일 80
여 개국의 1500여 개 도시에서 벌어진 일이었다.
   1960년 1월에 창간된 New Left Review(NLR)는 2010년 1~2월에 50주년 기념호를 내
면서 지난 반세기 동안 마르크스주의에 대한 활발한 논쟁이 있었던 1968년을 기억하면
서 여성 해방과 생태학, 미디어, 영화 이론, 그리고 국가에 관한 선구적인 이론들을 소
개해왔다고 밝힌다. 영화 이론 연구자로서 NLR이 맑시즘, 생태학, 여성, 국가 논의들
과 더불어 영화 이론과 미디어 이론을 '진보 진영'의 형제로 소개해왔음을 반긴다. 그러
나 NLR은 2010년의 글로벌 헤게모니를 여전히 미국이 쥐고 있다고 언급한다. 즉 전환
기이긴 하지만 중국의 헤게모니나 다양한 축으로 이루어진 지배로 넘어가기 위한 '부재'
(interregnum)의 상태는 아니라는 것이다. NLR는 미국이 강력한 헤게모니로 존재한다
고 강조한다. NLR은 미국 헤게모니가 아직도 작동하는 이유는 신자유주의 프로젝트의
승리 때문이며, 신자유주의 프로젝트는 이데올로기와 프로그램을 동시에 갖고 있다고
지적한다. Susan Watkins, "Editorial: Shifting Sands," New Left Review 61(2010), 19~20쪽.
5   에바 일루즈,『감정 자본주의: 자본은 감정을 어떻게 활용하는가』, 김정아 옮김, 돌
베개, 2010.

수식어들은 자본주의가 처한 시대적 상황, 자본이 특정하게 조직되는 방식을 미시적·거시적으로 설명하고 분석하거나 우리를 위협하는 데 사용된다. 아우토노미아(autonomia)에서 분석 단위로 제시하는 비물질 노동, 정동(affection) 노동[6]이라는 개념이 페미니즘이 기여한 노동 가치 환산에 대한 존중을 포함하고 있으며 노동의 질적 변화에 대한 기대를 담고 있는 데 반해, 이 중 감정 자본주의의 범주는 정태적이고 묘사적이다.[7] 그러나 묘사적인 만큼 그것은 영화라는 대중 재현 매체가 무심결에 다루는 듯, 마주치는 듯 보이는 시대적 토픽들을 명확하게 가리킨다. 〈마더〉(2009), 〈박쥐〉(2009), 리메이크 〈하녀〉(2010) 등이 젠더화된 노동, 감정 노동을 그려내고 있기 때문이다. 이 영화들은 1997년을 전후로 신자유주의적 금융 자본이 탄생시킨 한국형 블록버스터라는 할리우드와 경쟁하면서 동시에 한류라는 문화적 수출의 물결 속에 있는 글로벌하면서 지역적인 문화 생산 양식의 결과물들이다. 주요 감독들이 다시 여성을 스크린 위에 재현하는 것은 여러 가지 의미로 주목할 만하다. 한국형 블록버스터와 포스트 IMF 시기가 만나면서 남

---

6   정동 노동(affective labor)은 다음과 같이 정의된다. "정신적 현상들인 정서들(emotions)과는 달리, 정동들은 신체와 정신에 똑같이 관계한다. 사실상 기쁨이나 슬픔과 같은 정동들은 유기체 전체에 담겨 있는 삶의 활력과 현재 상태를 보여주며, 신체의 일정한 상태를 사유의 일정한 양태와 함께 표현한다. 그래서 정동적 노동은 편안한 느낌, 웰빙, 만족, 흥분 또는 열정과 같은 정동들을 생산하거나 처리하는 노동이다. 예를 들어 (미소를 지으며 서비스하는) 법률적 지원 노동, 항공 승무원들, 패스트푸드 노동자들에게서 정동적 노동을 인식할 수 있다." 안토니오 네그리, 마이클 하트,『다중: 제국이 지배하는 시대의 전쟁과 민주주의』, 조정환 외 옮김, 세종서적, 2008, 144~145쪽.
7   마이클 하트는 논문「정동적 노동」에서 페미니스트들이 '친족 노동'(kin work)과 '돌봄노동'(caring labor)과 같은 용어들로 정동 노동을 파악해왔으나, 자본주의적 경제에서의 정동적 노동(Affective Labor)이 변화했음을 지적한다. 마이클 하트 외,『비물질 노동과 다중』, 갈무리, 2005, 139~141쪽 참고.

한 여성들이 재현 영역에서 비가시화되었다가 세계 영화 시장에서 한국을 대표하는 위의 감독들에 의해 '여성'이 문제화되는 영화들이 만들어지는 것이기 때문이다.

여성의 정동 노동을 다룬 이와 같은 영화에 이어 다시 남자들을 중심에 놓는 〈황해〉, 〈아저씨〉, 〈의형제〉, 〈최종병기 활〉, 〈고지전〉(2011), 〈풍산개〉 등이 만들어졌다. 〈황해〉는 신자유주의 시대 이주노동자의 행로를 따라 연변에서 남한으로 온 살인청부업자, 일시적 난민의 이야기다. 〈풍산개〉는 통상적 탈북 경로를 따르는 대신 DMZ를 횡단하고 그 철조망을 장대높이 뛰기한다. 서울에서 평양이 5시간, 남북한을 숏컷으로 가로지르는 '산'(윤계상) 역시 남과 북에 속하지 않는 퀵서비스맨이자 난민이다. DMZ의 철조망을 장대높이뛰기할 때 그 '휘익' 하는 이미지는 정치적 짐을 한순간 부려놓는 황홀경이 된다. '호랑이의 도약'이라고 불러도 좋을 것이다. 가장 경제적인 방식으로 DMZ를 질주하는 '산'에게는 탈냉전을 향한 부지불식간의 신명이 있다. 탈주의 엑스터시가 있다. 그러면서도 그의 미션은 매우 현실적이다. 죽어가는 이산가족을 위해 비디오를 전하거나 탈북한 고위 관료의 애인을 데려오는 일 등이 있다. 〈황해〉, 〈풍산개〉 등의 영화들은 사회에서 잠정적으로 혹은 영구히 축출되어 시민권이랄 것이 없는 저주받은 자들을 다룬다. 이들은 국가나 주권의 보호 영역을 이미 벗어나 있거나 점차 벗어나게 되는 예외적인 자들이다.[8]

중국 연변을 떠나 살인청부업자로 남한에 도착한 구남의 여정을 따라가는 〈황해〉가 특히 그렇다. 그는 경찰과 조폭 양편 모두로부터 쫓긴다. 〈의

---

[8]   이 같은 난민들의 고난을 독립영화를 통해 꾸준히 제기하는 감독이 재중 동포 장률이다. 〈경계〉(2007), 〈두만강〉(2009)이 대표적이다.

형제〉에서는 전직 국정원 요원 한규(송강호)와 남파 공작원 지원(강동원)이 각각 남한과 북한으로부터 버림받은 사람들로 등장하고 이들 사이는 '의형제' 같은 관계로 발전한다.

남한처럼 군사력과 경찰력과 같은 억압 장치가 압도적인 국가에서 〈아저씨〉와 같은 영화는 개연성이 떨어진다고 볼 수 있지만, 이들 영화는 대중적 관심을 불러일으키는 그 핵심 재료로 시민권이 누락된 헐벗은 생명을 다룬다.[9] 헐벗은 생명, 정치적 존재(bios)가 아닌 그저 생존하는 생명체(zoe)로서의 벌거벗은 탈(脫)시민, 난민으로서의 남성 주인공의 등장은 〈황해〉에서 가장 두드러진다. 남성은 인지력을 잔혹하게 시험받고 몸의 근육, 에너지를 완벽하게 소모한 채, 피를 잃은 후 뼈만 남은 채 죽는다. 인지자본주의 시대, 〈황해〉는 신체가 어떤 고통도 느끼지 않는 것처럼 폭력을 가해 부수어버린다. 인지력과 육체에 대한 완벽한 수탈이다. 이것을 인지자본주의 시대의 우의로 읽어도 그리 넘치지 않을 것이다.[10] 예컨대 신체, 육체는 마음과 짝패를 이루는 것이 아니라 폭력을 생산하고 폭력을 견디는 몸뚱이, 물질이다.

한 개인의 신체에 가해지는 폭력을 극단화하는 이와 같은 영화들은 그 과잉성, 지독함으로 인해 폭력 자체와 힘, 권력, 권능, 젠더적 위계, 활력, 권위, 국가법 등의 형세를 그리게 한다.[11] 폭력의 재현이라는 프리즘은 그 과잉

9 　조르조 아감벤, 『호모 사케르: 주권 권력과 벌거벗은 생명』, 박진우 옮김, 새물결, 2008 참고.

10 　심광현은 2011년 4월 30일에 서울대학교 인지과학연구소와 사회과학원이 공동 주최한 "인지과학으로 여는 21세기 시즌 3: 이성과 공감" 세미나 발표문인 '제3세대 인지과학과 SF 영화: 자본주의 매트릭스 vs 대안적 매트릭스'에서 마음과 과학과 정치학이라는 새로운 문제 틀(problematic)을 제안하고 있다.

11 　최성만은 자신이 번역한 「폭력 비판을 위하여」의 옮긴이주에서 다음과 같이 설명한다. "독일어 Gewalt는 힘·폭력·권력·권능·무력을 뜻하며, 이 에세이에서는 주로 폭력

이나 활개 침을 통해 폭력과 국가법의 태생적 기원의 공유, 신자유주의 시대 제한적 국가법, 폭력과 권력 또는 폭력과 힘의 길항과 순항의 내비게이션 맵을 판독할 수 있게 하는 것이다.

시민권의 보호를 받지 못하는 난민이 저지르는 폭력, 그에게 가해지는 폭력은 법 보존적 폭력으로서의 경찰력보다는 지하조직으로부터 오는 것이다. 이렇게 국경을 넘나드는 존재는 구남만이 아니다. 〈풍산개〉의 '산' 역시 서울과 평양을 넘나든다. 〈황해〉의 폭력의 양상과는 달리 산은 남과 북의 국가 조직원들에게 죽도록 고문당해 신체가 완전히 부서졌을 것 같은 상황에서도 다시 복수전을 펼치나 결국 DMZ를 넘다가 총을 맞는다.

〈황해〉만이 아니라 최양일 감독의 〈수〉(2007)도 마찬가지이지만, 이 영화들이 '액션'을 남성들의 몸을 통해 구현하는 방식은 액션의 오케스트레이션을 통한 컨트롤이 아니라 해체를 통한 파괴다. 이 글은 〈박쥐〉, 〈하녀〉 리메이크, 그리고 〈황해〉를 중심으로 인지자본주의 시대, 여성과 남성의 재현의 문제를 살펴보고자 한다.

으로 번역했지만 혹간 맥락에 따라 ~권, 강제력, 강압 등으로도 번역한다. 법과 국가와 연관된 맥락에서는 Gewaltenteilung(삼권분립)이나 Staatsgewalt(국가권력)처럼 권(력)으로 번역할 때도 있고, 대개 강제력으로 번역되지만 대부분 폭력으로 번역했으며, 독자들은 그것이 적법한 폭력일 경우 강제력의 의미를 띤다는 것을 유추하기 바란다." 발터 벤야민, 『역사의 개념에 대하여 | 폭력비판을 위하여 | 초현실주의 외』, 최성만 옮김, 길, 2008, 79쪽.

1. 문화적 형식으로서의 리메이크

《하녀》의 리메이크는 원작보다 정치적 전복성이 떨어진다는 지적을 받
았다. 《박쥐》에 대한 첫 번째 평을 쓰면서 나도 《박쥐》를 한국의 정치, 사회,
역사에 감응하지 않는 듯 보이는 '빌려온 환상'으로 보았다. 그러나 "영화감
독들이 아무리 애를 써서 우리로 하여금 역사적 측면을 간과하도록 텍스트
를 구성하려고 노력해도 역사는 (영화에) 흐른다"라는 지적처럼 아무리 나쁜
영화에서도 역사는 부지불식간에 흐르게 된다.[12]

리메이크라는 것은 작품과 작품, 감독과 감독, 관객과 관객의 시간을
가로지르는 대화이기도 하고, 한국 영화사의 결절과 단층이기도 하다. 또 그
것은 하나의 이벤트 효과를 만들어내고 일종의 문화적 마이크로 '콘드라티
에프(Kondratieff) 파동'과 같은 순환을 보여준다고 볼 수 있어, 두 시대를 읽
는 비평적 횡단을 이루어낼 수 있다. 또 구성적 몽타주를 생성시킬 수 있다.[13]

그래서 어떤 영화들은 다시 만들어진다. 다시 읽힌다. 거듭 돌아온다.
그 회귀는 한국사와 한국 영화사의 출현의 지점과 또 다른 지점들(재출현)을

---

12   68혁명 이후 현대 영화 이론을 구성해나갔던《스크린》(Screen)의 편집진이었던 폴
윌먼은 최근 글에서 어떤 나쁜 영화라도 역사를 기입할 수밖에 없다고 주장한다. 그렇다
고 《박쥐》가 나쁜 영화라는 뜻은 아니며, 영화의 인덱스적 매체 성격상 역사를 기입한다
는 말이다. Paul Willemen, "Fantasy in Action," *World Cinemas, Transnational Perspectives*,
ed. by Natasa Durovicova and Kathleen Newman, New York: Routledge, 2010 참고.
13   김영옥, 「해제: 근대의 심연에서 떠오르는 '악의 꽃'—발터 벤야민의 보들레르 읽
기」, 발터 벤야민, 『보들레르의 작품에 나타난 제2제정기의 파리 | 보들레르의 몇 가지
모티프에 관하여 외』, 김영옥·황현산 옮김, 길, 2010, 16~17쪽 참고. "마르크스가 '경제
체계와 문화 사이의 원인 관계'를 묘사했다면, 벤야민에게 문제가 되었던 것은 경제 생산
과 문화 영역이 맺는 '표현적 관련망'이었으니, 그는 '문화의 경제적 기원이 아니라 문화
속에서 표현되는 경제'를 기술하고자 했던 것이다."

한 쌍, 한 짝으로 묶는 듯이 보인다. 예컨대 김기영의 하녀 3부작 중 〈하녀〉(1960)가 임상수의 〈하녀〉로 귀환할 때 1960년대와 2010년은 역사적 쌍을 이루면서 이것이 구조적 짝일지 묻는다. 1960년대와 2010년대의 시간대가 연속체로 채워진 것으로 보이나, 유사성 속 급진적 파열이 보일 수도 있을 것이다. 말하자면 리메이크는 '원전' 시점의 과거와 현재의 연속성을 보여줄 수도 있으나, 오히려 차이의 반복, 모방의 차이를 통해 동일한 낡은 질문을 반복하는 것이 아니라 새로운 질문을 실제화하고 빛을 밝히는 것이 가능하다. 퇴행도 불가능하지 않다.

이 쌍 혹은 짝패는 때로는 원전 텍스트와 그 리메이크를 뫼비우스의 띠 위에 올려놓는다. 혹은 리메이크와 '원전'은 복잡하고 풀기 어려운 난제, 고르디우스의 매듭으로 서로에게 흡착될 수 있다. 다시 묻자면 영화들은 왜 돌아오는 것일까. 리메이크는 원전이라는 죽은 자를 깨우는 것인가. 사후의 삶을 잇는 번역인가. 기억술인가. 이전에는 차마 말하지 못한 것을 말하기 위해 이들은 돌아오는 것인가. 억압의 귀환 아니면 반복 충동. 그를 통한 회복, 귀환(revenans, 라틴어로 귀환, 유령). 이 유령은 무엇에 사로잡혀 있는 것일까. 이 유령의 강박, 충동, 욕동, 그 드라이브는 무엇인가. 김기영의 〈하녀〉를 비롯한 일련의 영화들은 텍스트 상으로 에로틱한 충동에 죽음의 충동을 짜넣을 뿐 아니라 리메이크를 통해 그것을 반복하는 강박을 보인다. 이 반복 강박이 임상수의 〈하녀〉로 엇비슷하게 돌아올 때, 이것은 시간을 거스르는 시대착오적 충동인가. 그렇지 않다면 리메이크라는 짝짓기를 통해 오히려 원전의 사산을 말하려는 것인가.

리메이크라는 '반복 강박'을 프로이트를 따라 어두운 강박, 충족되지 못하는 충동으로 볼 수 있는 길이 있고,[14] 벤야민이 영화라는 매체에서 본 것처럼 유희에서의 반복이라는 것이 지니고 있는 치유적이고 교육적 기능으

〈하녀〉(2010)

로 간주할 수 있는 길이 있다. 프로이트의 '반복하려는 어두운 강박', '같은 일을 반복해서 하려는 충족되지 못하는 충동'을 가져와 강박증의 유희에 대해 살펴보면서, 발터 벤야민은 모방적이고 허구적인 유희(관심을 가지고 마치 그런 것처럼 놀이하는) 개념을 쾌락 원칙 너머의 충동으로 지칭하면서 유희의 반복에 치유적이고 교육적인 기능을 부여한다. '무너지는 경험을 습관으로 전화'하는 것이다. 그럼으로써 벤야민은 프로이트의 회의적 경향을 변경해 유희 속 반복에 행복을 향한 유사 유토피아적 추구를 부여하는데, 이는 영화에 대해서와 마찬가지로 해방적이며 액막이 기능을 하는 것이다.[15] 자본주의가 생산하고 장려하는 심리적 기제를 '축적에의 강박'이라고 부를 수 있는데,[16] 문화 생산에서의 리메이크라는 반복 강박은, 축적에의 강박이라는 자본주의의 심리적 주조 틀 안에서 동종요법적 치료로 기능할 수 있는 강박의 선회로 볼 수도 있을 것이다. 그러나 영화산업적 관점에서 보자면 리메이크

---

14   테레사 드 로레티스는 프로이트의 죽음 충동을 문명사, 테크놀로지, 미디어와 절합해 재독해하고 있다. Teresa de Lauretis, *Freud's Drive:Psychoanalysis,Literature and Film*, New York: Palgrave Macmilan, 2008 참고.

15   벤야민의 유희에 관한 이 같은 해석은 미리엄 한센의 논문 "Room for Play: Benjamin's Gamble with Cinema"의 주장을 따르고 있다. 또한 프로이트는 「작가와 몽상」이라는 에세이에서 놀이에 대해 다음과 같이 이야기한다. "문학적 성향의 최초의 흔적들을 찾아야 한다면 어린아이들에게서 찾아야 하지 않을까? 어린아이가 가장 애착을 느끼고 몰두하는 것은 놀이다. 언어는 재현될 수 있는 유형의 대상과 연관되어 있을 것을 요구하는 상상적 글쓰기의 형식에 Spiel(놀이)이라는 이름을 부여하고 있는 것이다. (…) 이 단어는 Lustspeil(희극), Trauspiel(비극)이라는 말들 속에 들어 있고 또 이러한 극들을 공연하는 사람을 Schauspieler(배우)라고 부른다." 지그문트 프로이트, 「작가와 몽상」, 『예술, 문학, 정신분석』, 열린책들, 2004, 144~145쪽.

16   에르네스트 만델이 쓴 『자본론』 서문 참고. Ernest Mandel, "Introduction," in Karl Marx, *Capital:a critique of political economy* vol.1, trans. by Ben Fowkes, New York: Penguin, 1976.

란 단순히 원전의 믿음직함에 기반한 산업적 관객성의 보장, 그 보험 효과 때문일 수 있다.

리메이크에 관한 한국 영화사·문화사적 이해를 위해 다른 주요한 리메이크의 예를 들자면 이만희의 〈만추〉(1966)의 경우는 그 스펙트럼이 매우 넓다. 김기영의 〈육체의 약속〉(1975), 김수용의 〈만추〉(1981), 〈만추〉를 각색한 일본 감독 사이토 코이치의 〈약속〉(1972)이 있고, 김태용은 중국 배우 탕웨이와 함께 미국 시애틀에서 〈만추〉(2010)를 완성했다. 〈만추〉는 시대적으로 1960, 1970, 1980, 2000년대에 걸쳐 인터-아시아적, 글로벌적 스케일로 키워졌다. 위의 〈하녀〉와는 달리 원전인 이만희의 〈만추〉의 필름이 사라졌기 때문에, 〈만추〉의 리메이크는 일제강점기 조선 영화의 상실, 텅 빈 아카이브를 뒤로 하고 세워진 '유령 정전'(phantom canon)[17]이라는 문제 틀과도 접해 있다. 김기영의 〈하녀〉와 달리 임상수의 〈하녀〉는 영화산업이 한국형 블록버스터 시대로 접어든 시기, 금융자본 시기에 만들어진 것이다.

나운규의 〈아리랑〉과 김기덕의 〈아리랑〉은 위의 "유령 정전"의 문제와 더불어 주변화된 남성성, 식민화나 세계화에 볼모로 잡힌 민족 국가에서의 주변적 남성성의 문제를 다룬다. 한국 영화의 젠더 정치학이라는 계보

---

17   유령 정전은 〈아리랑〉처럼 사라진 전설, 구술, 기억으로 존재하는 영화다. 식민지적 상황에 의해 필름이 유실되고, 이후 영화사가와 평론가에 의해 민족주의나 리얼리즘과 같은 일정한 방식의 해석으로 굳어진 '정전'으로 전해질 때, 이 유령 정전은 실제 존재하는 정전보다 더 강력한 일종의 판타스마틱(fantasmatic)한 통일성을 가질 수 있다. 한국 영화사는 〈아리랑〉, 〈임자 없는 나룻배〉, 〈만추〉 등 일련의 유령 정전으로 판타스마틱한 통일성을 견지하고 있다. 이는 식민지, 군사독재의 흔적이면서, 또한 이런 역사적 조건을 가지고 있는 다른 내셔널 영화사 기술들과 함께 대안적인 영화사 기술을 모색할 수 있는 플랫폼이 된다. 이 책의 3장 「비상사태: 박정희 시대의 김기영과 이만희 영화의 활유, 고백, 무드」와 7장 「파국의 지도: 만민공동회와 스크린 실천」 참고.

로 보자면 〈아리랑〉은 〈황해〉로 이어지는 주변적 남성성, 민족, 국가의 항을 이루고 있고 〈하녀〉는 〈하녀〉의 리메이크와 〈박쥐〉로 이어진다고 볼 수 있다.[18] 〈하녀〉와 〈만추〉는 1960년대에서 1970년대 그리고 2000년대를 아우른다. 〈아리랑〉은 일제강점기와 해방 이후를 가로지른다. 〈하녀〉는 1960년 11월 3일 개봉되었다. 1960년은 2·28 학생 시위, 3·15 마산 시민항쟁, 4·19, 5·16이 일어났던 격변의 해로 이승만의 제1공화국이 6월 15일에 제2공화국이 들어서면서 마감하는 해이기도 하다.

2. 하녀가 되기보단 뱀파이어가 되겠어!: 〈하녀〉 리메이크와 〈박쥐〉

김기영의 〈하녀〉는 김기영 감독 자신에 의해 〈충녀〉(1972), 〈육식 동물〉(1984)로 이름을 바꿔 2번 더 만들어진다. 임상수의 〈하녀〉는 2010년 제작된다. 박찬욱의 〈박쥐〉는 명시적인 〈하녀〉의 리메이크는 아니지만 여성의 돌봄 노동과 성 노동의 절합을 다룬다는 의미에서 〈하녀〉에 대한 오마주나 코멘트를 넘어선 재구성으로 함께 다룰 수 있다. 오히려 〈박쥐〉는 〈하녀〉의 리메이크보다 더 〈하녀〉에 근접해 있다. 〈하녀〉들은 일종의 사회적 계통 발생을 하고 있다.

김기영 감독의 〈하녀〉에서 여성들은 3가지 하위 계급으로 나뉜다. 우선 가사노동과 부업에 종사하는 아내(어머니)가 있다. 그리고 '여공'과 '하녀'가

---

18   동시대 영화감독 중 박찬욱과 봉준호는 김기영의 〈하녀〉로부터 받은 영감을 이야기한다. 임상수 감독은 50년 뒤 〈하녀〉의 리메이크 판으로 〈하녀〉를 만들었지만 소재만 빌려왔을 뿐 자신은 김기영 유령으로부터 벗어나기 위해 노력했다고 말한다.

있다. 영화는 1960년대 '여공'을 피아노와 코러스가 잘 어우러진 합창과 문화적 자본에 목말라하는 '모던 걸' 정도로 다룬다. 생산력의 기계화, 포드주의는 〈하녀〉에서 반복되는 이미지다. 또한 TV의 할리우드 스펙터클이 새로 산 이층집에서 중산층의 삶을 향유하려는 가족들을 홀리는 이미지다.[19]

이러한 근대의 기계성과 병행하는, 그러면서 대비되는 것이 '여공'이 교양을 갖춘 중년 남자에게 받는 피아노 교습과 성적 갈망이다. 이렇게 여공에게는 근대성의 가치, 그에 대한 동경이나 갈망의 높이가 투여된다. 반면 하녀에게는 강한 성적 본능이 투사되고, 재생산을 통한 신분 상승이 가능할 것이라는 오해에 기반한 깊은 나락으로의 추락과 같은 어두운 심연이 준비된다. 아내는 가사노동을 하녀에게 맡기고 부업을 통해 집을 사면서 진 빚들을 갚으려 하는데, 예컨대 '하우스푸어'에 빠지지 않으려고 안간힘이다. 1960년대 초 서울에 이층집을 가까스로 소유해 유지하려는 도시 중산층의 발버둥은 여러 가지 위태로운 상황을 맞닥뜨린다. 반면 공장과 공장의 기숙사는 남자 음악 선생님에 대한 성적 판타지가 배태되는 곳이다.

김기영의 〈하녀〉는 아직 채 전면적으로 부상하지 않은 도시 중산층의

<hr />

19　송은영은 논문 「1960~70년대 한국의 대중사회화와 대중문화의 정치적 의미」에서 당시 대중문화에 거리를 두고 있던 작가들의 소설이나 시에서 드러나는 대중과 대중문화의 길항을 살펴보면서 당시 문학의 무의식을 보고 있는데, 다음 인용은 김수영의 시에서 나타나는 라디오라는 테크놀로지에 대한 매혹을 잘 보여준다. "1960년대의 대표적 참여시인이자 모더니스트였던 김수영은, 상품의 브랜드를 제목에서부터 그대로 노출시킨 파격적인 시 〈금성 라디오〉(1966)에서 아내가 새 라디오를 사온 상황을 묘사한다. '어제는 카시미롱이 들은 새 이불이 / 어젯밤에는 새 책이 / 오늘 오후에는 새 라디오가 승격해 들어왔다'는 것이다. 이는 시인이 책을 사듯, 아내가 당시 가볍고 두툼해서 인기를 끌었던 카시미롱 솜이불과 같은 차원의 소비재로 '금성 라디오 A504'를 구입했다는 것을 의미한다." 송은영, 「1960~70년대 한국의 대중사회화와 대중문화의 정치적 의미」, 《상허학보》 32, 2011, 193쪽.

<하녀>(1960)

〈하녀〉(1960)

불안을 과장하고 당시 식모라는 관행보다 조금 더 전근대로 밀어놓은 '하녀'라는 서발턴(subaltern), 그리고 여공을 모던 걸과 거의 동일시하는 시대착오적 판타지의 작동을 통해, 도래할 산업자본주의 사회의 욕망의 경제를 플래시포워드하고 있다. 그로테스크한 무드가 동원된다.

임상수의 〈하녀〉의 무대는 동시대이고, 하녀 은이(전도연)가 일하는 집은 하우스푸어의 집이 아니라 상위 0.1% 정도의 호화 주택이다. 은이는 부를 대물림한 이 부잣집의 가정부2로 들어간다. 때로 여사님으로 불리는 가정부 병식(윤여정)의 아들은 곧 검사가 될 것이며 그녀는 이 부잣집 남녀들의 취향, 취미, 미각을 이해하고 그에 해당하는 것을 제공한다. 은이 역시 지역에 작은 아파트 하나를 소유하고 있으며, 유아교육과를 중퇴한 여성이다. 최근에는 일반 가사노동, 양육 노동, 돌봄 노동이 분화하면서 간병 도우미로 노동하는 경우에는 아이를 키우거나 일반 가사노동을 병행하지 않는 것으로 여겨지지만, 은이에게는 아이 돌보기와 일반 가사노동이 함께 요구된다.

임상수 감독의 〈하녀〉에서 전도연의 몸은 고분고분(docile)하다. 김기영의 〈하녀〉와는 달리 그녀는 계급 상승을 별로 욕망하지 않는다. 다만 은이는 부잣집 훈이(이정재)가 피아노를 치는 것이 근사하다고 생각하고 그의 유혹을 거부하지 않는다. 이런 〈하녀〉 리메이크와 비교해보면 박찬욱의 〈박쥐〉 속 태주(김옥빈)는 '난 하녀로 살기보단 뱀파이어가 되겠다'고 선언하는 듯하다.

위에서 언급한 것처럼 임상수의 〈하녀〉가 만들어지던 시기, 여성의 돌봄 노동과 성 노동, 위험한 친밀성의 문제가 비늘처럼 얽혀 다루어진 박찬욱의 〈박쥐〉와 봉준호의 〈마더〉 등 일련의 주요 작품들이 만들어졌다. 〈박쥐〉는 한편으로는 사회적이거나 정치적인 언급이 없는 뱀파이어 장르로서 기능하려 한다고도 말할 수 있으나, 오히려 뱀파이어 장르에 대한 일련의

기대를 배반하면서 다른 이야기를 한다고 볼 수 있다.[20]

뱀파이어 장르로 보자면 무르나우(F. W. Murnau)의 〈노스페라투〉(1933)와 헤어조크(Werner Herzog)의 〈노스페라투〉(1979), 드라이어(Carl Theodor Dreyer)의 〈뱀파이어〉(1932), 또 〈헝거〉(1983), 〈죽음의 키스〉(1987, 원제 Near Dark), 〈프라이트 나이트〉(2011), 〈마틴〉(1978), 〈로스트 보이〉(1987), 〈드라큘라〉 시리즈, 〈블레이드〉 시리즈 등이 있다.

〈박쥐〉는 아무래도 이상하다. 우선 신부인 상현(송강호)은 자신을 뱀파이어라고 호명하는데, 뱀파이어라는 그의 확고한 자신은 어디서 비롯된 것인가? 위의 영화들로부터 알아낸 것일까?[21] 상현이 떠올린 뱀파이어 형상과 특성은 무엇을 참조한 것인가? 특히 뱀파이어의 일반적 특징인 날카로운 이빨, 팽(fang)도 없는 상태에서 왜 상현은 뱀파이어라고 스스로 호명하는 것인가? 또한 관객인 우리는 그걸 액면 그대로 받아들여야 하는 걸까? 물론 그에게는 초인적인 능력이 돋아나고 피를 갈구하며 빛을 피하는 습성이 생긴다. 하지만 인간을 먹이로 삼는 최상층 포식자인 뱀파이어의 면모를 갖지는 않는다. 사람을 살해해 목에 구멍을 내는 대신 안전한 피를 마시는 상현에게 태주는 말한다. 자신은 여우가 닭 잡아먹을 때처럼 인간을 죽일 때 죄의식을 느끼지 않는다고. 예컨대 태주는 여우, 요괴 정도의 포식자로 자신을 묘사하지만 상현은 뱀파이어라고 자기 재현을 한 뒤 그 이미지나 관행, 행동으로부터 벗어나려고 안달이다. 박쥐나 요괴라고 말하지 않고 뱀파이

20   〈박쥐〉, 〈닌자 어쌔신〉(2009)에 대한 텍스트 분석 부분은 김소영, 「[전영객잔] '빌려온 환상'이라는 징후」,《씨네21》703, 2009년 5월 12~19일을 수정한 것이다.
21   〈박쥐〉는 기존의 뱀파이어 장르영화가 아닌 에밀 졸라(Emile Zola)의 『테레즈 라깽』(Therese Raquin)을 원작으로 하고 있기도 하다. 마르셀 카르네가 동명의 영화로 만든 바 있다.

어라고 말한 뒤에 말이다. 이러한 태도는 캐스린 비글로(Kathryn Bigelow)의 〈죽음의 키스〉가 밴 자동차에 뱀파이어 일당을 태우고 다니면서도 뱀파이어라는 말을 아끼는 것과 대조적이다. 이 영화를 보기 전 우리는 대대적인 마케팅을 통해 이 영화가 뱀파이어가 된 신부의 이야기라는 것을 듣기는 하지만 〈박쥐〉는 뱀파이어 장르 혹은 탈장르 영화라기보다는 만일 내가 뱀파이어라면 무엇을 할 수 있고 무엇을 할 수 없을 것인가를 가정하는 신부의 역할 놀이 같은 것이다. '뱀파이어가 된 신부'라기보다는 고아로 자라 어쩔 수 없이 신부가 되어버려 신부가 아닌 그 무엇이 되고 싶은 고아의 이야기다. 팽을 갖지 않은 '뱀파이어'가 등장할 뿐 아니라 상현과 태주를 위협하는 엑소시스트도 등장하지 않으며 그 누구도 이들을 뱀파이어라고 몰아붙이지 않는다. 상현이 낮잠을 자는 옷장(관)에 못 하나 박으려는 사람이 없다.

다른 영화에서처럼 목을 물어뜯긴 채 널브러진 시체를 두고 이것이 누구의 소행일까 궁금해하는 장면들도 없다. 물론 장르는 변형이 기본이기 때문에 이러한 부재 자체를 문제라고 생각하는 것은 아니다. 이런 차이들은 다종다기한 뱀파이어 영화의 특징이기도 하다. 진짜 문제는 이 영화에 사회적 적대나 차이를 짊어진 적대자, 라이벌, 대립자인 안타고니스트(antagonist)의 존재가 미미하다는 데 있다. 또 이 영화의 공간인 '한국어'가 사용되는 곳에 이러한 뱀파이어를 독해하거나 코드화할 수 있는 어떤 문화적, 역사적 참조 틀이나 참조물도 없다는 것이다. 적어도 〈박쥐〉의 무의식적 형상화 작업은 그러하다. 뱀파이어라고 스스로를 묘사하고 설명하는 신부는 있지만 영화에서 그것을 알아보거나 알아내는 사람은 없다. 영화에 화자만 있을 뿐, 이상하게도 청자나 관객이 설정되어 있지 않다. 성관계나 목에 구멍을 내는 행위는 재현의 강도가 세지만 정작 이를 추동하는 동기들은 나중에는 결국 가짜거나 거짓말이 되어버린다. 태주는 상현에게 강우와의 부부생활에 관해 거짓말을 하고 자신의 불행을 지옥으로 과장한다. 이것이 상현이 강우에게 행하는 행동의 기반이 된다.

적대, 적대자가 없을 경우 프로타고니스트(protagonist)는 자기분열적 안타고니스트가 되고, 거기에 윤리와 번뇌, 죄의식 등의 짐이 잔뜩 걸쳐진다. 신부가 자신을 뱀파이어라고 호명하는 순간 그는 주인공이자 자신의 적대자가 된다. 그런데 우리는 이 신부의 고통을 잘 알지 못한다. 영화적 재현이 충분하지 않기 때문이다. 물론 영화의 개요는 "병원에서 근무하는 신부 상현은 죽어가는 환자들을 보고만 있어야 하는 자신의 무기력함에 괴로워하다가 (…)"라고 전달한다. 하지만 이런 그의 고통이 완화되어야 할 치유의 순간은 곧 살인으로 이어진다. 상현은 친구 강우(신하균)의 종양을 고친 것처럼 보이지만 오히려 나중엔 폭력을 통해 그의 목숨을 앗아간다. 상현만이 아니라 태주도 고아인데 어떤 픽션에서 2명의 주인공이 고아라는 배경은 안이하다. 고아가 없다는 것이 아니라 재현 장치로 보아선 완벽히 소진된 재료이자 설정이라는 것이다. 그런데 왜 고아인가? 잠시 후에 다시 생각해 보기로 하자.

적대가 없다 보니 내장을 파고드는 근본적인 공포도 없다. 또 영화의 서사도 133분을 견뎌내기엔 궁핍하다. 이렇게 생각할 때쯤 영화의 핵심적 장면이 등장하는데, 태주와 상현이 서로 수혈과 흡혈을 하는 장면이다. 상현이 태주에게 자신의 피를 먹이고 태주의 피를 빨고 하는 악순환, 악마의 순환, 그 순간이다. 상현이 태주에게, 그리고 태주가 상현에게. 즉 서로가 서로에게 유일한 참조물인 상태. 이것이 이 영화의 골격이고 관계의 핵이며 미적 미로다. 이러한 자폐적 파 드 되(Pas de Deux), 이중무, 수혈과 흡혈의 순간은 이 영화에서 가장 정교하게 공들인 장면 중 하나이며 영화의 흐름이나 구성으로 보아서 정점, 전화, 문지방의 순간에 해당한다.

그러나 바로 이러한 핵에 해당하는 것이 드러내는 사회적 참조물의 부재, 내부적 외부성의 부재, 혹은 외부적 내부성의 실종, 자폐적 수혈과 흡혈, 미적 악순환의 묘사는 〈박쥐〉가 동시대에 포지셔닝되는 사회나 문화, 역사를 흡혈하지도 수혈하지도 않으려 함을 은연중에 드러낸다. 〈박쥐〉가 매혹된 것은 바로 자기 자신이다. 자신의 텍스트성과의 솜씨 좋은 대결. 박쥐라는 이중적 자신에 대한 연민과 혐오.

실재적 문화나 사회와 같은 컨텍스트와의 분리를 통해 영화는 연민과 나르시시즘을 추동력으로 갖는 고아 텍스트가 된다. 아버지도 없고 어머니도 없으며 형제나 전통이나 역사나 삶의 상황도 희박하다. 이곳의 문제로는 충분치 않다는 듯이 아프리카에 가서 문제, 질병, 징후를 가지고 와야 하며 내부에는 물론 백신도 해독제도 없다. 자멸만이 유일한 해결책이다. 자멸하는 곳인 벼랑도 영화에서는 국내로 설정되어 있지만 사막이나 절벽의 품새는 이곳이 아닌 것처럼 그려진다.

이 고아 텍스트는 자신만의 큐브 놀이나 게임에 과다하게 몰입하는 소년처럼 외부의 컨텍스트 대신 자신의 컨텍스트, 흡혈과 수혈이 그 안에서만 이루어지는 자신의 방, 자신의 미장센, 자신의 세트를 만든다. 과다 몰입과 중독, 여기에 창궐하는 것이 섹스와 폭력에 대한 판타지다. 이종과 틈입의 판타지. 미술, 아트 디렉팅이 중요해진다. 외부를 안으로 끌어들여 오지만 아무것도 일어나지 않는다. 예를 들면 영화의 후반, 한바탕 영화를 지배하던 미술의 개념이 어지럽고 사이키델릭한 데서 병원과 같은 백색으로 바뀐 뒤 거실에는 카메라와 TV 모니터가 설치되고 여기에서 집 밖 골목이 지속적으로 관찰되기 때문에 이 같은 감시 화면이 어떤 방식으로든 텍스트에 들어오리라고 생각하나 사용되지는 않는다. 이는 영화적 폐쇄회로인 것이다.

'행복 한복점'이 이 집, 적산가옥 1층의 쓰임새이기는 하지만 한복은 원

〈박쥐〉(2009)

색 의상들의 변주를 가능하게 만드는 채널이며, 시침 따는 도구를 송곳니(팽) 대신 제공해주는 장치다. 태주가 신나서 괴력을 와이어 액션으로 시험해보는 주택가가 뒤섞인 도심 장면은 〈아라한 장풍대작전〉(2004)을 연상시키지만 그 영화가 전통 고수를 엉뚱하게 상상함으로써 신화와 역사의 경계 판타지를 건드리는 것과도 차이가 있다.

이렇듯 〈박쥐〉는 과다 몰입된 고아 텍스트다. 빌려온 문제 자체가 판타지의 근간이 되는 문화 생산물의 탄생은 한국 영화사나 문화사에서 어떤 새로운 징후가 된다. 재현이 인덱스나 현시와의 관련을 부정하는 상황. 글로벌한 디지털 영상 문화의 유비쿼터스한 습격이기도 하다. 노이즈와 명품 마케팅을 뒤섞은 대표 사례이기도 하다. 마케팅은 소망과 욕망이 뒤섞인 언어 혹은 소음으로 우리에게 말한다. 우리는 빌려온 지옥을 보고 싶은 것인가. 이곳, 이 지옥만으로는 충분하지 않아서? 이것은 전도된 구원일까 아니면 도피일까.

예컨대 '상현' 캐릭터와 감독/저자와 같은 소년 혹은 남자의 판타지를 내러티브 이미지로 설정할 때, 또한 영화를 뱀파이어 장르로 간주하고 비판적 개입을 시도할 때 주로 위와 같은 독해가 가능할 것이다. 한편 이 영화의 내러티브 이미지의 축을 뱀파이어로 변한 여성 태주로 바꾸고, 이 영화가 만들어지고 상영되던 당시 시대적 주변을 돌아보면 조금 다른 독해가 가능할 것이다.

한국에서는 금융위기가 본격화되기 시작한 2008년 9월 이전, 2008년 5월부터 약 100여 일간 미국과의 FTA 조항 중 광우병 문제와 관련해 촛불시위가 있었다. 즉 2008년은 촛불시위와 미국에서 터진 경제 위기로 점철된 해였고, 2009년 4월 30일에 개봉한 〈박쥐〉는 촛불과 서브프라임 사건을 시대적 피(period blood)[22]로 흡혈한 채 관객에게 왔을 가능성이 높다. 그러나 그것이 시대적 눈으로 부상해 인지적 매핑(congnitive mapping)을 허용하는 것은 아닌 듯하다. 인지적 매핑이란 인지과학에 대한 대중적 관심이 그리 높지 않았을 때 케빈 린치(Kevin Lynch), 프레드릭 제임슨(Frederic Jameson)을 경유해 '인식론적 지도 그리기'라는 용어로 번역되어 사용되었다. 인지적 매핑이란 일종의 정신적 프로세싱으로서 일련의 심리적 변화로 구성되어 있으며, 개인은 상대적 위치들과 그들의 일상의 현상 혹은 은유적 공간 환경에 관한 정보를 획득하고 코드화하고 저장하고 회상하며 디코드화한다.[23] 〈박쥐〉에서 뱀파이어로 변한 두 남녀, 특히 태주는 서울의 장소들을 초토화하는데, 인지적 매핑을 악의적으로 언매핑하는, 즉 흐트러뜨리는 이런 태도가 '시대적 피'다. 또한 이런 '시대적 피'는 파괴적이며 수혈과 흡혈의 순환, 그 악순환 말고는 양생의 방법을 모른다. 즉, 〈박쥐〉에는 극단적 선택만이 있는 것처럼 보인다. 문화·사회적 형식의 연결고리다. 그러나 그 분리의 노력에도 불구하고, 위에서 강조한 것처럼 어떤 영화에나 그 시대, 역사에 대한 참조가 있다. 여자 뱀파이어는 파멸되기 전 중간지대를 지나간다. 노동을 거부하고 마주친 유희와 일시적으로 열린 공간은 오염된 피'의 중재

---

22   period blood는 'period eye'를 살짝 비튼 것이다. 'period eye'라는 개념은 어떤 이미지를 읽는 시각적 스킬이다. 이런 시각적 스킬들은 인지적인 스타일로 볼 수 있는데 그것은 "추정과 유비를 따지는 습관들과 모델 패턴들과 범주들을 소유하게 됨으로 갖는 해석 스킬들이다". 다른 말로 하자면 인지론적 스타일은 관람자가 가진 적이 있는 소소한 지식과 어떤 경험으로 이루어져 있다. 그 결과 관객이 세상을 이해하는 방식은 문화나 시간에 따라 달라지고 그에 따라 누군가가 이미지를 지각하는 방식을 바꾸게 된다. 'period eye'는 더들리 앤드루(Dudley Andrew)가 2011년 10월 11일 제1회 '부산 영화 포럼'(BCF) 특별 기조 발제 중 인용한 것을 재인용했다.

23   리처드 대건의 사이트 'MATTERS OF INTEREST'에 인지적 매핑에 관해 상세히 정리되어 있다. http://richarddagan.com/cogmap.php 참조.

를 받은 것이다.

이러한 근대성의 타자로서 도시의 악마들의 형상이나 양태가 〈박쥐〉에 나타나는 것도 사실이나 이 악마의 피는 가톨릭 신부가 아프리카에서 수혈 중 감염된 것으로 다른 층위의 해석도 가능하게 한다. 즉 한국만이 아니라 중국, 일본, 대만 등이 하위 제국으로서의 아프리카와 라틴 아메리카 등에서 원자재를 착취하는 것과 관계된 것으로 〈박쥐〉의 피는 은, 동, 농산물 등과 유사한 계열로 보인다. 피를 의료적인 기구로 추출하는 방법 역시 그렇다.

근대성의 타자로서의 악마, 하위 제국적 욕망의 흡혈과 더불어 박쥐가 그려내는 도시의 판타스마고리아(phantasmagoria)는 끔찍한 악몽이면서도, 동시에 계급과 젠더의 위계 없는 사회에 대한 원사(ursprung)의 요소가 없는 것은 아니다. 그러나 그 유토피아적 발현의 순간은 곧 피비린내로 덮이고 만다.

이 영화가 텍스트 형식과 문화, 사회적인 것의 연결고리를 끊어버리려는 충동을 보이기는 하지만, 위에서 지적한 것처럼 영화가 만들어지던 당시 남한에서는 촛불시위와 글로벌한 서브프라임 사태가 연이어 일어났다. 촛불시위는 FTA 위기에 대응한 것이고 서브프라임 사태는 재난 자본주의의 상징적 사건인 만큼, 그것은 당대의 사람들이 어떤 예술작품을 이해하게 하는 인지적 스타일의 형성과 어느 정도 조응하거나 관련을 맺는다.

촛불시위가 1980년대 후반의 민중운동과 다른 양상 중 하나는 처음에 여고생들이 주축이 되었다는 점과 민감한 정치적 이슈에 대한 퍼포먼스적이고 유희적이며 미학적인 성격이다. 명박산성의 등장과 같은 해프닝은 이런 성격을 역설적으로 더 두드러지게 했다. 경찰력의 동원에도 불구하고 촛불시위가 끈질기게 100일간 지속된 점도 한국 운동사에 새로운 장을 연 것으로 평가된다. 나는 이렇게 저항적이나 유희적이며 끈질긴 퍼포먼스로 이어진 양태들과 연결된 일면 탈근대적이기도 한 인지적 스타일이 박찬욱의 영화 스타일에서 발견된다고 생각한다.

양녀로 들어왔으나 이 집의 병든 아들과 결혼하게 되면서 그녀는 친밀감에 기반한 감정 노동의 수행자가 된다. 시어머니가 운영하는 한복점의 보조 '시다' 겸 병든 남편을 돌봐야 하는 아내이자 간호원 등 가정이라는 사적 공간에서의 친밀함에 기초한 감정 노동과 부불 노동을 하다가, 뱀파이어가 되기를 선택함으로써 노동을 일종의 유희, 놀이로 바꾸어버리게 된다. 즉 임상수의 리메이크 〈하녀〉에서의 고분고분하게 지내다가 자살을 선택하는 하녀와는 달리 그녀는 하녀보다는 뱀파이어가 되겠다며 노동을 놀이로 기능 전환해버린 것이다.

태주가 뱀파이어가 되면서 거부하게 되는 것이 감정 노동이며 이 노동을 버리고 획득하게 되는 것이 일종의 뱀파이어 놀이(spiel)다. 여기서 놀이는 벤야민이 영화라는 매체가 '놀이의 공간'을 열어준다고 했을 때의 그 놀이로 게임, 퍼포먼스, 그리고 도박을 의미한다. 감정 노동에서 뱀파이어 놀이, 게임, 퍼포먼스, 도박을 하게 되는 것이다. 놀이를 착취에 기반을 두지 않은 '노동의 정전'이라고 보는 견해도 참조하자.[24]

---

24 영화 매체가 2번째 자연의 놀이 형식(spielform der zweiten Natur)이라고 한 것은 〈박쥐〉라는 영화의 특성에도 잘 맞는다. 영화는 빛의 게임(Lichtspiele)으로 불린다. Miriam Hansen, 앞의 글, 2~3쪽 참고.

벤야민의 저작들의 여러 컨텍스트에서 나오는 용어 spiel은 책 리뷰들과 어린아이들의 장난감에 대한 전시 리포트(1928)에서 놀이로서의 그 의미가 분명히 나타난다. 그는 대상으로서의 장난감(spielzeug)에 맞춰졌던 초점을 행위로서의 놀이하기(spielen)로 옮기기를 주장한다. 여기서 장난감은 매체로서 기능하게 된다. 그는 아이들의 창의적인 모방을 강조했다. 아이들은 상점 주인이나 선생님만이 아니라 풍차와 기차가 되기도 한다. 아이들은 타자를 장난스럽게 따라하면서 "이전 세대들의 흔적들"이 가득 찬 세계에서 "성

그녀는 놀이와 도박을 하는 것이다. 태주가 가지게 되는 것은 보이지 않는 팽, 보이지 않는 보철이다.[25] 상현이 원하지 않는데 바이러스를 통해 강제로 뱀파이어가 된 반면 태주는 뱀파이어를 선택한다. 뱀파이어란 무엇인가? 인간 위의 포식자다. 뱀파이어의 날카로운 팽, 송곳니는 초강력 힘을 상징하는 도구다. 힘의 부여(empowerment)는 상상 이상이다. 힘겨운 일상의 노동, 질식할 것 같은 고통을 피하기 위해 이전의 태주는 맨발로 골목을 달리는 것이 고작이었으나, 뱀파이어가 되면서 그녀의 육체는 빠르게 움직이고, 성적 욕망과 포식에 대한 요구는 증식한다. 그녀의 출혈은 육체와 이미지가 폭발하는 곳이다.[26]

그녀의 정동, 감각, 지각, 운동, 강렬함, 포획 능력은 급격히 상승한다. 감정 노동 대신 고삐 풀린 정동의 드라마와 액션이 가능해진 것이다. 그러나 살인과 '사회적' 네트워크의 파괴를 통해 이루어진다. 태주의 이러한 능력은 사회적 약자에 대한 공감으로 이어지지 않는다. 필리핀계 결혼이주여성이 그녀의 피해자 중 우선순위를 차지한다. 즉 감정 노동에서 정동적 강렬함으로의 이동은 '사회'의 외부이거나 영화라는 매체, 놀이의 공간에서만

인들이 부여한 낯선 (…) 어젠다"(제프리 맬만·Jeffrey Mehlman이 벤야민의 말을 바꾸어 표현)에 참여한다. 반드시 어른들이 의도했거나 이해하는 방식은 아니지만 말이다. 하지만 어린아이들의 사물의 세계에 대한 모방적 수용이 테크놀러지를 중심적으로 포함하기 때문에 어린아이들의 놀이는 세대 간의 갈등만이 아니라 "상징들의 낡은 세계와 기술의 성취를 묶어낸다."

25   박찬욱은 전작 〈사이보그지만 괜찮아〉(2006)에서 주인공 영군(임수정)은 자신이 사이보그라고 생각하고 자판기 등의 기계에 말을 건다. 또한 사이보그이기 때문에 밥을 거부하게 된다. 〈박쥐〉나 〈사이보그지만 괜찮아〉, 두 영화에서 여성은 여자나 인간이 아닌 다른 무엇이 되길 원하며, 보이지 않는 보철로 임파워된다.

26   브라이언 마수미, 『가상계: 운동, 정동, 감각의 아쌍블라주』, 조성훈 옮김, 갈무리, 2011, 87쪽 참고.

일어날 수 있는 일이다. 하녀, 노예처럼 부려지는 감정 노동에서 정동의 퍼포먼스로의 그녀의 도박은 결국 신체, 물형(corporeality) 자체가 불타버리는 것으로 끝난다.

3. 재난 자본주의: 〈황해〉의 난민의 몸

이 '위험한 친밀성', 돌봄이나 감정 노동의 치명적 결과를 다룬 영화의 물결이 지나가자 2009년, 2010년 〈아저씨〉,[27] 〈황해〉, 〈의형제〉, 〈최종병기 활〉과 같은 '남자' 영화들이 다시 영화관을 장악했다. 〈의형제〉는 사회적 문제들과 접촉하고 있다기보다는 장르적 플롯을 위해 북한 남성을 등장시키고 있는 경향이 있는 반면, 〈황해〉의 연변의 조선족 남성 구남(하정우)의 이동 경로, 경계 넘기는 흥미롭다. 한국사나 한국 영화에서 두만강, 압록강을 건너 만주로 가거나 아니면 귀환하거나, 또는 현해탄을 건너거나 돌아오는 것은 기록되거나 재현된 예들이 많다. 수사적으로도 '압록강아 울지 마라', '현해탄은 알고 있다'와 같은 제목만으로도 심금을 울리는 것이 있으나 〈황해〉는 근대사에서 그런 정도의 역사적 공명을 가지고 있지는 않다.

영화에서 황해는 연변 조선족과 남한을 잇는 뱃길이며 죽음길이다. 이렇게 황해, 서해가 월경(border crossing)의 공간으로 기능하는 것은 영화에

---

27 〈아저씨〉에서 원빈의 스펙터클한 몸은 그가 특수부대의 교관이던 시절 만들어진 것으로, 구타를 비롯한 각종 폭력에도 죽을 지경에 빠지지 않는 무한 강성, 사이보그 같은 성질을 가지고 있다. 바로 이러한 점이 〈아저씨〉를 실제의 현실보다는 장르적 현실로 보게 한다.

서 제시하듯 연변 조선족들의 남한으로의 이주 노동의 경로이기 때문이다. '바다를 건너자 모두 적이 되었다'는 영화의 주요 광고 문안은 황해를 건너는 이주 경로가 불러일으키는 적대를 노골적으로 전달한다. 영화는 현재를 시간으로 취하고 있지만 고대, 선사 시대의 황해 문화권의 신화를 가리키는 마냥 원시적일 만큼 주먹과 뼈, 칼, 도끼 등을 휘두르는 폭력을 사용한다. 연변에서 택시 기사를 하고 있는 구남에겐 남한으로 일하러 간 아내가 있는데, 그녀는 6개월째 소식을 전하지 않고 있다. 구남은 아내를 남한으로 보내느라 약 천만 원 정도의 빚을 지고 있다. 빚을 마작으로 갚아볼까 하고 있으나 그도 여의치 않다. 살인청부업자 면정학(김윤식)은 그런 구남에게 천만 원을 준다며 남한으로 가 사람을 죽인 후 손가락을 잘라오면 된다고 말한다. 구남은 남한의 조직이 자신의 청부살인 대상을 먼저 살해하자 피해자의 손가락을 잘라 챙기긴 하지만 경찰과 갱 집단 양자로부터 추적당한다. 기존의 〈추격자〉가 유영철 연쇄살인 사건과 느슨한 관련을 맺고 있다고 한다면 〈황해〉는 우리가 알고 있는 신자유주의 시대, 불법 이주노동자의 세계와 닿아 있다. 구남은 이 연변 이주노동자의 불법 이주 경로를 따라오긴 하지만, 남한에서 노동력으로 포섭되는 것은 아니며 살인청부업자, 즉 히트맨(hitman)이 될 뿐이다. 살인청부를 수행하지도 못하고 죄를 뒤집어쓴 채 쫓기는 대상이 된 구남은 그야말로 중국이나 남한의 법적 보호를 받지 못하는 헐벗은 인생이 된다. 이렇게 쫓겨 다니면서도 구남은 아내를 찾는 일 또한 계속한다.

〈황해〉의 구남은 재일 조선인 최양일 감독의 〈수〉(2007)에서 주인공이 몸을 최대한 사용하고 소진하는 방식과 유사하다. 〈수〉는 해결사인 남자 '수'(지진희)가 동생의 복수를 위해 몸의 피가 다 빠져나가고 모든 뼈와 세포가 으스러질 정도의 싸움을 치르는 영화다. 그러나 소모성 액션 영화는 아니다. 영화를 보노라면 지독한 복수욕이 뿜어내는 에너지가 관객의 폐부를 파고든다. 일본 사회의 소수자, 재일 한국인으로서의 뼈아픈 경험 없이 이렇게 지독한 육체의 재현이 가능할까. 이런 깨달음이 불현듯 머리를 스치고 지나간다. 일본 사회의 소수자로서 최양일 감독의 이력이 증명하는 바다. 그는 〈피와 뼈〉(2005), 〈개 달리다〉(2000) 등을 만들었다.

〈수〉의 주인공은 재일 조선인이라는 정체성을 갖고 있지는 않지만 감독이 재일 조선인 문제를 다루었던 최양일이라는 면에서, 그리고 이 영화가 처음부터 '대한민국'의 주변, 잉여적 존재로서 강조하고 있는 살인청부업자 '해결사 수'라는 면에서 여전히 난민과 국민 사이에 있는 중간자, 식민 이후 남성 주체의 신체를 다룬다고 볼 수 있다. 이 〈수〉에서 가장 놀라운 것은 해결사 수, 그 남성 몸의 견딤, 버팀, 파괴다. 그야말로 몽둥이로 맞고, 칼에 찔리고 총에 맞는 몸으로 마지막 결투까지 감행하는 것이다. 살과 근육이 신경을 통해 신체로 뇌로 이어지지 않은 것처럼, 마치 고통을 모르는 몸, 사이보그처럼 해결사 수는 복수를 위해 몸을 던진다. 이 몸은 이상한 몸이다. 강박적 몸, 게임기의 컨트롤 장치에 붙들린 듯, 조정당하는 양 이 육체는 단 하나의 일만을 한다. 정해진 목표를 향해 몸을 철저히 부수면서 정동이나 고통은 내보이지 않은 채 끝까지 액션을 한다. 영화적이라기보다는 게임이나 카툰적 재현에 가까운 이러한 몸은 그러나 최양일이 이러한 재현 전략을 〈피와 뼈〉에서 구사한 것을 생각하면 재일 조선인 난민, 하층의 가진 것 없는 주변적 남성의 몸이 취할 수 있는 것이기도 하다. 해결사 수에서는 이러한 난민적 위치는 설정되어 있지 않고, 다만 영화의 초반부 월드컵 경기 당시 대한민국을 연호하는 '국민'들의 스펙터클이 장식처럼 제시되어 있다. 그래서 일견 단순히 무의미한 폭력의 연속, 그 최대치인 것처럼 보이는 이 영화는 무의식 깊이 난민 남성의 어떤 드라이브, 죽음 충동을 숨기고 있다고 볼 수 있다. 사회적으로 하잘것없이 취급되는 자신의 몸(zoe)을 유기체에서 비유기체로 이끄는, 이 죽음의 드라이브는 복수라는 하나의 감정을 빼고는 모든 감정과 육체의 구성요소를 재로 만들어버리거나 뼈만 남긴다. 즉 그는 헐벗은 삶, 뼈만 남은 삶으로 변해가는 것이다. 이 영화에는 동시에 비디오 아케이드 게임에 보이는 프로그램화된 적의 무한증식, 컨트롤러가 있는 좌석에 앉은 게이머의 육체적 안위, 안전이 보장된 거리, 결과에 책임질 필요 없는 리스타트의 가능성, 불가능한 육체의 힘(이라기보다는 견딤, 폭력의 빈도나 강도에 구애받지 않는 영화적 시간 안에서의 유사 불멸성), 육체적 불가능성의 재현을 가능하게 하는 애니메이션, 카툰의 세계를 전유한 디지털 문화의 육체적 코드들이 스며들어 있다.

포스트콜로니얼의 하이브리드로서의 〈수〉와는 대척점에 서 있는, CGI로 '도배'된 영화이자 월드스타 '비', 정지훈이 닌자로 등장하는 〈닌자 어쌔신〉을 통해 액션영화에서의 이 같은 남성 신체의 파괴를 보론하려 한다.

뱀이 자기 꼬리를 먹어 들어가 포식자와 피식자가 오직 치켜든 머리 하나로 남듯, 자신이 딛고 선 지반을 허물어 그 흙으로 집을 짓듯, 파괴의 과정이 생산의 기반이 되는 영화를 카타스트로프, '재난' 영화라고 하자. 예컨대 이런 악순환을 오히려 자신의 자양분으로 삼는 영화들 말이다. 〈2012〉(2009)는 영화 관객, 자신의 관객 자체가 급격히 줄어들 그날을 D-Day로 삼아 달려간다. 〈닌자 어쌔신〉은 닌자가 등장하는 액션영화 장르 자체를 가능하게 하는 육체들을 체인, 단날 검, 양날 검, 수리검, 표창, 그리고 CGI와 총탄으로 산산조각 낸다. 조련사가 스펙터클을 위해 동물들을 조련하다 그 동물들을 잔혹하게 도살할 지경에 이른 마냥 굴곡 있는 인간 육체를 어떤 방식으로 새롭게 커팅할까? 이것이 이 영화의 무술 지도와 CGI 용법의 지침이다. 〈2012〉과 같은 영화가 기후 재난이라면 〈닌자 어쌔신〉은 육체 재난영화다. 두말할 것도 없이 20세기 이후는 인간이 발생시킨 대규모의 재난, 카타스트로프의 시대다. 두 차례에 걸친 세계대전과 수많은 대량살상이 가능한 국지전 그리고 미래를 위협하는 환경 재난 등. 이런 재난 영화들은 '재난 자본주의'의 시대에 하이퍼리얼하게 다가온다.

조르조 아감벤은 제1차 세계대전 이후 사람들의 경험의 빈곤화를 발터 벤야민에게서 인용한 뒤 오늘날 경험의 파괴엔 전쟁과 같은 재앙이 필요하지 않다고 말한다. 도시에서의 단조로운 일상사만으로 충분하다는 것이다. 현대인의 일상에는 경험으로 번역될 수 있는 어떤 것도 없다는 뜻이다. 오늘날 경험 자체가 더 이상 존재하지 않는다는 것이 아니라, 개인 외부에서 경험이 일어난다. 개인은 안심한 채 단순히 그것을 관찰한다. 알함브라 궁전과 같은 경이로운 곳을 여행하면서도 대다수의 사람들은 그것을 경험하는 것을 선택하지 않는다. 오히려 카메라가 그것을 경험하는 것을 선호한다. 사람들은 예의 재난영화를 통해 카메라가 재앙을 경험하게 하는 셈이다.

라이조(정지훈)는 오랜 역사를 가진 닌자 자객단 오즈누파에서 훈련을 받고 있는데, 자신과 '마음'인지 '심장'인지를 나눈 소녀가 탈출하다 잡혀와 심장에 칼이 찔린 채 죽자 오즈누파를 떠난다. 별로 동기화나 심리적 깊이가 중요하지 않은 영화에서 유일한 감정선은 소녀에 대한 라이조의 끝없는 애도의 감정이다. 오즈누파를 떠난 라이조는 형제, 자매처럼 함께 자라난 동료 닌자들의 추적을 받게 된다. 닌자의 신화를 소개하는 도입부나 라이조가 벌이는 싸움 장면에서 몸통이나 팔다리는 난자, 도륙, 흉한 기하학적 모양으로 잘려나간다. 이 영화엔 인공 혈액이 넘친다. 만화형 혹은 CGI형 고어.

애도도 있고 인공 혈액, 인공 육체 장기 파편, 인공 피부도 넘쳐나지만 이 영화에서 애도와 같은 감정은 빈약하다 못해 제로 플롯인 닌자의 복수담의 연료와 같다. 몸을 조각조각내고 정지훈의 '환상 복근' 몸도 늘 상처투성이로 가학적으로 제시한다. 예컨대 '비'라는 남성 스타의 몸은 한 번도 환상적으로 완벽할 때가 없다. 늘 어딘가 상흔으로 갈라져 있다.

처음 인용했던 발터 벤야민의 경험의 빈곤을 이야기하는 끝부분에는 다음과 같은 성찰이 있다. (전쟁 이후) "맨 하늘 아래, 구름 말고는 변치 않고 남겨진 것이 하나도 없는 풍경 속에 서 있고, 그 가운데에 파괴적인 흐름들과 폭발들의 역장 속에 왜소하고 부서지기 쉬운 인간의 육체가 있다."[28] 경험의 빈곤과 왜소한 그러나 연민을 불러일으키는 인간 육체의 공존.

반면 비, 라이조의 몸은 상처를 지니고 있으나 부서지지 않는 몸이다. 영화 안과 밖에서 훈련된 완벽에 가까운 몸을 처음부터 칼집 낸 채 제시한다. 그는 자신을 추격하는 닌자들에게 난자되어 죽을 지경에 이르나 마음의 힘으로 몸을 재생시킨다. 여기에서 보이는 사회적 판타지는 천년이 넘은 닌자 클랜의 훈련으로 닦아낸 근대 의학이나 근대 생체 과학으로부터 완벽하게 자유로운 몸의 비과학적 자기조정 능력이다. 〈디스트릭트 9〉(2009)이 외계인과 인간의 DNA가 결합된 군산복합체, 생체 과학기술의 초관심 목표가 되는 현재에서 미래로 열린 낯선 몸을 다루고 있다면, 비의 몸은 과거, 고대의 몸이다. 병원 치료를 받지 않고도 자가치료가 가능한 신체다. 그러나 동시에 벌거벗은 몸이며 배제된 신체다. 시민권도 국민성도 부여되지 않는다. 일종의 난민인 셈이다. 닌자 역을 한국인 정지훈이 연기하고, 할리우드 영화가 생뚱맞게 독일을 배경으로 전개되는 것은 이러한 맥락에서 보자면 나름의 논리가 있다.

동시에 첨단 생체 과학이 신과학의 생체 신호 광자 등 '비과학적' 요소

---

28   발터 벤야민, 「경험과 빈곤」, 『역사의 개념에 대하여 | 폭력비판을 위하여 | 초현실주의 외』, 최성만 옮김, 길, 2008, 173쪽.

들까지 흡수해 근대과학이 비가시화한 동양 무사들의 몸의 비밀까지를 통합해 몸과 정신의 통제를 한 번에 하고자 한다면 영화에서 라이조의 몸은 생체 과학에서 〈디스트릭트 9〉의 인간 플러스 외계인의 몸만큼이나 첨단적이다. 이 같은 라이조의 몸을 지배하는 데 일본의 클랜은 실패했다. 영화에서 보자면 독일의 공권력은 아직 이 몸의 비밀엔 별 관심이 없다. 그의 몸의 상처나 재생력에 집요한 관심을 보이는 것은 할리우드의 카메라다. 옷으로 몸을 감쌌던 중국의 무인들과는 달리 근육을 전시하는 에로틱한 맨몸의 이소룡[29]이나 포스트포드주의 시대에 걸맞은 유연한 몸이나 첨단장치가 내재된 턱시도가 필요한 성룡과는 다른, 완벽하나 상처 난 몸. 상처가 그치지 않는 몸. 자기 재생이 가능한 신비 육체. 트랜스지방 제로라는 표현처럼 이상화되어 있는 반면 어둠 속에 잠긴 채 상처를 드러내며 출현하고 치유를 요구하는 듯한 이러한 몸은 일종의 포스트 액션 장르영화 — 액션영화의 기반인 몸을 훼손하는 것뿐 아니라 파편화해 해체하면서 동시에 치유가 필요하다고 울부짖는 — 의 한 규범이 될 것 같다. 닌자 클랜의 거주지/훈련장은 독일군의 폭격으로 초토화되고 한국인 닌자가 독일을 주 배경으로 설정한 할리우드 영화에 종횡무진하는, 역사적이거나 당대적인 지리적, 정치적 표식이라고는 하나도 없는 초국적 포스트 액션영화는 지구 종말을 다룬 환경 재난영화들과 더불어 예의 경험의 파괴 이후 카메라가 대신 경험하는 컴퓨터화된 스크린 경관 위 육체 재앙적 스펙터클이다. 재난이 재난영화의 장르를 먹어 들어가, 다리나 몸통 없이 이제 머리만 매달려 있는 카타스트로프다.

---

29   크리스 베리, 「스타의 횡단: 초국적 프레임에서 본 이소룡의 몸, 혹은 중화주의적 남성성」, 『트랜스: 아시아 영상문화 — 텔레비전과 스크린을 통해 아시아를 횡단하고 통과하기 그리고 넘어서기』, 김소영 엮음, 현실문화연구, 2006, 367~395 참고.

〈황해〉에는 한편으로는 〈수〉와 같은 재일 조선인 남성 육체의 재현에서 길어 올린 식민화된 하층 남성의 몸의 파괴가,[30] 다른 한편으로는 〈닌자 어쌔신〉과 같은 초국적 포스트 액션이 최대치로 끌어올리고자 하는 액션영화의 폭력과 잔혹함이 엿보인다. 또한 감독 자신의 전작 〈추격자〉의 연쇄살인범의 잔혹함과도 경쟁하고 있다. 이 영화에서 폭력이 남성의 몸을 파고들어가 파열시키는 방식은 〈닌자 어쌔신〉과 같은 CGI나 그것의 전신인 쿠엔틴 타란티노(Quentin Tarantino)나 미이케 다카시(三池崇史)의 소위 만화같이 유머스러운 과잉 폭력 혹은 〈차가운 열대어〉(2010)의 소노 시온(園子温)처럼 냉정하게 살점을 도려내는 그런 것이 아니다. 〈람보〉(1983)처럼 근육 가득한 육체가 아니라 몸의 살들이 거덜 난, 피가 빠져나가고 금이 간, 뼈뿐인 육체다. 이렇게 스펙터클한 근육이 아니라 단순히 뼈로 남은 육체(just bare bones)로 재현되는 남성 주인공, 난민(bare life)을 주인공으로 선택한 〈황해〉의 영화적 재현 태도는 묘사적이기도 하지만 투사적이다. 즉 언어 소통이 불가능한 절대적 타자가 아닌 연변 조선족이라는 친밀한 타자에게 신자유주의 시대에 양산되는 비정규직과 경제적 난민이 야기하는 불안이 투사된 것이라고 볼 수 있다. 구남 역을 맡은 하정우는 같은 감독에 의해 연출된 영화 〈추격자〉(2008)에서 연쇄살인마에 근접한 역을 맡고 있다. 영화는 사회적 불안과 공포의 무드, 미로화된 도시 공간 속의 피해자 여성을 거의 원시적 검은 숲 속의 신화적 폭력처럼 담아낸다. 인간의 운명에 가해지는 힘의 표명으로서의 신화적 폭력 말이다. 도끼, 칼, 주먹, 족발 뼈 등이 닥치는 대로

---

30 두 영화에 관해 중국학 연구자 백원담 선생과 나눈 대화에서 구남에게 살인청부를 지시하는 면가가 개장수로 등장하고 하는 것 등이 조선족에 대한 편견의 재생산이라는 지적을 들었다.

무기로 사용된다. 그러나 이 폭력이 멀티플렉스 안에 모여 있을 관객/시민과는 다른 하층/난민의 몸에 쏟아질 때, 그 폭력은 거리와 안전을 얻게 된다. '나'는 단지 '그'가 파괴되는 것을 보는 것이다. 그러나 그 거리와 안전 역시 보장된 것은 아니다. 난민은 더 이상 외부인이 아니다. 그는 이주·이동해 내부에 있다.

파괴당하기는 하지만 그에게는 모종의 능력이 있다. 연변에서 서울로 처음 건너왔지만 그는 세계화된 도시, 글로벌시티화된 서울에 적응을 잘한다.[31] 그의 인지적 매핑 능력은 뛰어나다. 서울만이 아니라 연길에서 울주 횟집, 서울 논현동, 경기도 안산, 서울의 가리봉동을 헤매지 않고 찾는다. 또 영화의 후반 퇴각로에서 서울을 벗어나 배를 타고 처음 도착했던 횟집을 찾고 시내버스를 타고 인천을 나와 충청북도 보은에서 경찰 검문에 걸려 탈출하는데, 왼쪽 팔에 총상을 입은 채 전국지도 한 장 들고 충북 보은에서 울산까지 산을 타고 간다. 살해 대상을 서울에서 찾고, 연락이 닿지 않는 아내를 찾는 두 개의 임무를 구남에게 부여한 영화는 길눈 밝고 눈치 빠른 인지적 인물로 그를 재현한다.

사실 아내의 시신을 수습하지 않아도 되었다면 수십, 수백 명의 사람과 주먹질과 맞대결 이후 심지어 연변으로 돌아갈 수도 있었을 것이다. 구남은 연변에서 황해를 건너 서울로 왔지만 길을 잃지 않는다. 목표물도 정확히 찾았지만 시간이 어긋났을 뿐이다. 목표물은 다른 집단에게 먼저 죽음을 당한 것이다. 그는 능수능란하게 매사에 적응하는 능력이 있다. 택시 운전기사로 설정된 구남은 길눈이 밝게 발달되어 인지 능력이 비상하다.

31　이것을 물론 영화가 안이하게 그의 적응 부분을 다룬다고 볼 수도 있으나, 표준화된 버스, 지하철 등의 글로벌시티적 매핑이 전제된 것이라고 볼 수 있다.

그는 〈본 아이덴티티〉의 주인공처럼 글로벌 시티든 주변부 도시든 어느 곳에서나 인지적 지도를 그린다. 한눈에 반한 사랑(love at first sight)이 로맨틱 영화의 공식이라고 한다면 인지자본주의, 포스트포드주의 시대의 공식은 한눈에 알아채기(sighting at first sight)가 될 것이다. 인지적 매핑 능력, 즉 한눈에 모든 것을 알아내버리는 듯한 천부적 재능은 이런 영화들이 남자 주인공에게 부여하는 덕목이다.

포스트포드주의 시대, 자본이 노동하는 다중에게 요구하는 자질로는,

> '이동성에 대한 익숙함, 극히 돌출적인 전환에 대처할 수 있는 능력, 능수능란하게 매사에 적응할 수 있는 능력, 어떤 규칙군에서 다른 규칙군으로 나아가는 이행에서의 유연함, 평범하면서도 다면적인 언어적 상호작용의 소질, 제한된 선택지 사이에서 무언가 갈피를 잡는 것에 대한 익숙함' 등이 포함된다. 가변성에 대한 이 적응의 요구들은 메트로폴리스에서의 삶의 사회적 불안정성을 초래할 뿐 아니라 생산에서의 불안정성을 초래한다. 가령 적시 생산은 시장의 불안정한 수용에 공장이 유연하게 적응하는 불안정 생산의 형태다. 어떤 안정된 기반도 없이 상황의 비예측성에 대응해야 하는 생산에서의 이 정조를 비르노는 생산 속으로 들어온 허무주의라고 부른다.[32]

---

32 포스트포드주의 상황에서 파올로 비르노(Paolo Virno)는 칸트의 위험에 대한 지각과 하이데거의 불안을 가지고 온다. 조정환, 앞의 책, 152~154쪽. "칸트는, 세계-내-존재 자체에 각인되어 있는 일반적 위험으로부터 자신을 지킬 수 있는 방어 기제는 도덕이라고 말한다. 우발적 위험(눈사태)에 대한 경험적 방어(대피소)가 숭고감(안도감)을 불러오듯이, 세계-내-존재가 직면하는 일반적 위험에 대한 도덕의 방어는 절대적 숭고감(무

이런 노동 과정의 불안정과 다중의 불안정한 정념을, 영화는 노동 과정 밖 난민들의 회로에 치환하는데, 구남은 이것을 기가 막히게 잘 헤쳐나가는 능력을 보여주다가 그야말로 '박살'이 난다.[33] 그래서 구남은 능수능란한 몸과 인지력 그리고 불안정, 불안, 파괴를 동시에 구현하는 인지자본주의의 프로타고니스트로 볼 수 있다. 신자유주의 시대가 양산하는 불법 이주 노동자, 난민이면서 인지적 인물이라는 위치를 갖고 있다.

〈황해〉는 포스트포드주의, 신자유주의 시대, 인지자본주의 시대 공포가 어디에서 오는가에 대한 진단적·구조적 이해라기보다 스릴러 액션이라는 장르적 관행 속에서 연변 조선족, 이주 노동자의 바닷길이며 고대사의 황해 문화권, 현재는 동북아 문화 중심이라는 구호 아래 있는 황해 경제자유구역과 떠도는 불안이 연결된 공간을 찾고, 택시 기사에서 살인청부업자로 변한 조선족 구남의 몸을 철저하게 부수는 것이다. 구남의 아내 역시 남한의 자신의 남성 스폰서에게 살해당한 것으로 처리된다. 구남이 빚을 갚기 위해 떠맡은 살인청부업은 마치 하청업의 위계처럼 황해를 경계로 남한이

조건적 안전)을 불러온다는 것이다. 하이데거는 두려움과 불안을 구분한다. 이것은 분명한 원인을 갖는 위험(두려움)을 피하려는 욕망과, 분명한 원인을 발견할 수 없는 위험(불안)을 피하려는 욕망을 구분하는 것이라고 볼 수 있다. 칸트와 하이데거의 생각을 참조하면서 비르노는 상황이 변했고 이러한 구분이 어려워졌음을 역설한다. 포스트포드주의 상황에서는 구체적 위험과 일반적 위험 사이, 두려움과 불안 사이, 상대적 공포와 절대적 공포 사이, 공동체 내부에서의 위험 지각과 공동체 외부에서의 위험 지각 사이에 그어진 경계선이 사라지고 양자가 서로 포개진다." 같은 책, 152쪽.

33 유럽과 다른 지역의 메트로폴리스들을 횡단하며 능수능란하게 첩보를 진행하는 〈본 아이덴티티〉 시리즈 역시 포스트포드주의 시대의 예의 이동성에 대한 익숙함이 능력으로 전제된다. 이 시리즈에서 제이슨 본은 나폴리, 런던, 마드리드, 뉴욕, 모로코 등의 도시에 들어가 그곳의 감시 카메라 체계 및 도로 교통망 등을 정확하고 신속하게 인지한다. 그는 여러 가지 인포메이션을 프로세싱하는 데 탁월하다.

〈황해〉(2010)

〈황해〉(2010)

연변을 부리는 것에 다름 아니다.

　이 난민 살인청부업자의 몸에서는 피가 흘러나가고, 협박당해 강제로
탄 배는 황해를 건너며, 그의 아내는 기차를 타고 고향으로 돌아온다. 구남
의 마지막 핏방울은 남한 땅이나 연변에 뿌려지지 않는다. 마치 그의 피는
남한 땅과 결합할 수 없는 것마냥. 또는 연변에 속하지 않는 것마냥. 예컨대
나치 구호에 "피와 땅의 결합"이라는 파시스트적 민족적 단일성을 강조하
는 것이 있는데,[34] 재중동포인 구남은 남한 땅을 떠나고 마지막 피를 뿌린다.

　이렇게 피가 빠져나가고 뼈만 남은 구남의 몸 위에 〈박쥐〉의 한 장면이
오버랩된다. 그것은 영화의 엔딩 장면이다. 상현은 태주의 뱀파이어 포식 활
동이 유희와 게임의 정점으로 가자, 그녀와 자신을 아침 태양광에 노출시켜
동반자살하려 한다. 태주는 이를 거부하나 상현은 자신의 뜻을 관철시킨다.
강한 아침 햇살에 피부가 녹아들어가고, 살과 뼈가 산화한다. 육체는 마치
소지(燒紙)하듯 타올라 흩어진다.[35]

34　"나치 이데올로기의 반동적 운동엔 '피와 땅의 결합'이라는 슬로건이 있다." 빌헬
름 라이히, 『성혁명』, 중원문화, 2011, 28~29쪽 참고. 독립 영화 〈댄스 타운〉은 전규환 감
독의 작품으로, 탈북 여성이 남한에서 겪는 일을 다루고 있다. 2010년 부산국제영화제에
서 상영 후 2011년 9월에 개봉했다. 출연 라미란(리정림), 오성태(오성태). 이 영화에서
는 탈북 여성이 남한의 경찰에게 데이트 중 성폭행을 당한다. 남한 경찰은 자신들이 평생
일해도 가지기 어려운 아파트를 무상으로 제공받는 등 탈북자들이 남한 정부로부터 과
분한 대우를 받는다고 말한다. 성폭행은 이런 내용의 대사가 나온 뒤 일어났다. 북한 여
성이라는 민족/젠더적 정체성에 자원의 분배 문제, 시민권의 문제가 얽혀드는 영화다. 새
터민 문제와 조선족 동포 문제 사이에는 차이가 있으나, 여러 가지 방식으로 급증하는 동
족 이주, 이동을 다룬다는 측면에서 함께 언급했다.
35　이런 방식의 뱀파이어 육체 소멸의 장면은 〈블레이드〉(1998) 등과 같은 뱀파이어
장르 영화들에서 CGI를 통해 구현된 것이기도 하다.

4. 인지자본주의 시대 몸의 몰락

인지자본주의 시대, 육체는 〈황해〉의 구남처럼 피가 땅과 분리된 채 뼈만 남거나 〈박쥐〉의 종잇장처럼 산화하는 예시를 영화에 남긴다. 자신도 죽지만 주인도 함께 죽음으로 끌고 들어가는 1960년의 〈하녀〉와는 달리 리메이크 작에서 '하녀'가 발언을 할 수 있는 유일한 방법은 자신의 죽음을 가족들 앞에서 전시하는 것이다. 〈하녀〉, 〈박쥐〉가 여성의 돌봄, 감정 노동을 생산하거나 조정하는 노동의 정동으로의 변이와 파괴성을 시대의 눈, 인지적 스타일로 다루고 있다고 한다면 〈황해〉와 같은 영화에서는 인지력과 남성 몸의 파괴됨을 다루고 있다. 여성은 감정 노동에 소진된 상태에서 정동적 전이를 일시적으로 이루지만, 근간이 되는 물형성이 불타버린다. 남성은 인지력을 잔혹하게 시험받고 몸의 근육, 에너지를 완벽하게 소모한 채, 피를 잃고 뼈만 남긴 채 죽는다. 두 영화 모두 인지자본주의 시대의 우화로 읽어도 그리 부족하지 않을 것이다.

죽음 말고는 아무런 방법도 없다는 듯이 이 영화들은 모두 죽음으로 끝나지만 비판적 개입이라는 측면, 내셔널 시네마의 증후로 보자면 절망적 형세는 아니다. 세 죽음의 재현은 사회적인 죽음이면서 자살인 부분이 혼재되어 있고 죽음 충동의 배경과 미장센을 잘 보여주고 있기 때문이다. 영화들은 대안을 제시하지는 못하지만 진단적 이해는 제공하고 있는 셈이다.[36] 또

---

36   예컨대 호주 영화계가 할리우드 영화계에 배우와 감독, 기술자들을 공급하는 거점이 되기 시작할 때 호주의 내셔널 시네마는 갑작스런 해피엔딩으로 끝나는 예가 급증했고, 홍콩 내셔널 시네마의 경우 〈무간도 4: 문도〉(2010)의 해피엔딩 버전이 그러한 우려를 낳게 한다는 지적이 있다. 역설적이게도 이치에 닿지 않는 해피엔딩은 한 내셔널 영화의 조종이 되는 것이다.

한 이 영화들은 인지자본주의 시대 인지적 '놀이'의 공간(게임, 퍼포먼스, 도박)을 증후적으로 조망해주고 있다.[37]

재현의 테크놀로지로서의 영화는 재앙의 파고가 높아가는 현재, 재난 자본주의의 여러 양태들을 인지 가능한 스타일로 번역해내고 있는 것이다.

---

37 앞에서 벤야민이 영화라는 매체가 '놀이(spielen)의 공간'을 열어준다고 했을 때의 그 놀이로서의 게임, 퍼포먼스, 그리고 도박을 의미한다. Hansen, 앞의 글 참고.

2장 얼굴, 클로즈업, 괴물성
: 다인종, 다문화 사회[1]

1. 타자와 얼굴

　　다인종, 다문화 사회인 한국 사회의 외국인 노동자를 다룬 영화들이 있다. 〈로니를 찾아서〉(심상국, 2009)와 〈반두비〉(2009) 등이 있으며, 국가인권위원회 프로젝트로 만들어진 단편 〈믿거나 말거나, 찬드라의 경우〉(2003), 〈잠수왕 무하마드〉(2006)가 있다. 장률 감독은 한국의 외국인 노동자를 다루지는 않았으나 중국 내 소수 민족으로서의 조선족을 다룬 〈망종〉(2005), 탈북자가 등장하는 〈경계〉(2007) 등을 통해 한국 영화를 넘는 트랜스 한국 영화를 만들고 있다. 한국 영화계가 재중 동포 감독인 장률이나 〈수〉의 최양일과 같은 중국이나 일본에서 활동하고 있는 한국계 감독들을 수용하는 것은 긍정적이다.[2] 그러나 〈경계〉는 한국, 몽골, 프랑스 3개국이 공동 참여한 영화

1　이 글은 《작가세계》 2010년 봄호, 308~322쪽에 게재한 글을 수정한 것이다.
2　이안젤라, 「민족담론과 세계화담론의 경합지점에서 재외 한인 문제」, 한국예술종합학교 영상원 영상이론과 전문사 학위논문, 2010 참고. 한국 대중영화에서 재외 한인, 이주노동자를 재현하는 사례로는 〈깊고 푸른 밤〉(배창호, 1984), 〈파이란〉(송해성, 2001), 〈댄서의 순정〉(박영훈, 2005), 〈나의 결혼 원정기〉(황병국, 2005), 〈달콤한 인생〉

이며 언어도 한국어(북한어)와 몽골어가 공존하는 작품이니 그 자체가 기존 '한국영화'의 '경계'를 넘나드는 작품이다.

〈로니를 찾아서〉는 안산에서 태권도장을 운영하는 사범이 자신을 시범 경기에서 한방에 날려버린 노동자 로니(마붑 알엄)를 찾아 그의 고향 방글라데시까지 가는 이야기다. 이 영화를 즉각적으로 읽는 방식은 명백하게 태권도로 무장한 한국 남성성의 좌절이다. 그것도 백인이 아닌 남아시아인이며 유색인 남성 타자의 도전을 받아 30대의 태권도 사범이 '홈그라운드'에서 무방비로 무너져 내리는 이야기다. 영화 〈반두비〉는 방글라데시에서 온 이주노동자 카림(마붑 알엄)이 임금을 받지 못하면서 겪는 어려운 상황과 그가 여고생 민서(백진희)와 나누는 우정을 보여준다.

〈로니를 찾아서〉와 〈반두비〉는 기본적으로 타자를 친구로 받아들이자고 제안한다. 우정과 환대를 길잡이 삼아 가고 있다. 이 방향의 영화는 '우리'의 편협함을 드러내고 타자를 긍정하는 쪽으로 나아간다. 이 방향을 부정적이라고 생각하지는 않지만, 이와 같은 긍정 속에서 무엇이 제기되고 무엇이 사유되지 않고 있는가를 다시 보고자 한다. 장률 감독의 영화들은 이 두 영화에는 잘 드러나지 않는 나와 타자, 그리고 국가 내부의 경계성과 파국을 다룬다.

영화 매체를 통해 타자성을 사유하는 방식으로는 보다 정치적으로 이슈 지향적인 것이 있고, 또한 영화라는 매체와 타자의 재현 문제를 복합적

(김지운, 2005), 〈역도산〉(송해성, 2004) 등이 있다. 재외 한국인이 다른 국가의 영화 또는 영상에서 재현되는 경우는 다음과 같다. 일본: 식민의 경험, 분단 상황, 현지화의 문제가 지속적으로 제기되는 현실. 〈고〉(유키사다 이사오, 2001), 〈가족 시네마〉(박철수, 1998), 〈피와 뼈〉(최양일, 2005), 〈박치기〉(이즈쓰 가즈유키, 2004) 등. 중국: 다민족 국가에서 문화적 디아스포라의 문제.

으로 제기하는 방향이 있을 것이다. 이슈 지향의 경우 〈로니를 찾아서〉가 안산 지역주민들의 이주노동자에 대한 폭력적이고 편협한 태도를 보여주면서 관용을 시사하는 사례를 지적할 수 있다. 〈반두비〉는 임금을 체불당하고 강제 출국당해야 하는 암담한 처지에 놓인 이주노동자의 상황을 보여준다. 장률 감독의 영화에는 중국 소수민족으로서의 조선인과 죽음을 무릅쓰고 탈출하는 탈북자 등이 등장한다. 영화 속 이러한 정치적 이슈들을 보면서 영화 매체와 타자 재현의 관계를 동시적으로 생각해보고자 한다.

1990년대에 여성·퀴어 등의 소수자 운동이 있었고, 2000년대 후반 이주노동자, 결혼이주 등 다문화, 다인종 사회에 대한 정책이나 사회적 인식이 논의되고 있다. 소수, 타자의 정체성 정치를 공유하고 그것에 연대해야 함과 더불어 방글라데시를 비롯한 동남아시아 이주노동자들의 인종적 타자성이 더욱더 가시화하고 있다는 사실에 대한 근본적인 사고가 요구된다. 얼굴과 피부색의 인종적 차이는 내부의 민족주의와 우월적 참조체계로 존재해온 백인 문화에 익숙한 한국 사회가 가지고 있지 않은 인식과 감성의 틀을 요구하고 있다. 예컨대 카림이나 로니 그리고 무하마드의 얼굴은 한국 사회의 기존 소수자들과는 다른 얼굴 색깔과 물성(physiognomy)을 가지고 있다. 다른 인종, 다른 피부색에 근거한 타자성은 그들의 얼굴이 하나의 이질적 기호로 한국 사회에 부각되면서 감지된다. 계급과 젠더, 섹슈얼리티 같은 정체성의 구성요소이자 표식과 더불어 인종적 차이는 다문화 사회 한국에서 중요한 지표로 작용할 것이다.

레비나스(Emmanuel Levinas)의 윤리학에서 '얼굴'은 이 같은 인종적 차별성과 표상(representation)에 대한 직접적인 지칭은 없으나 영화를 통해 이러한 인종적 타자들의 재현을 생각하는 데 영감을 준다.[3] 레비나스에게 얼굴의 외재성(l'exteriorite)은 무엇으로도 환원할 수 없는 차이, 절대적 차이를 나타낸다. 이 차이는 타인의 얼굴이 나의 인식, 나의 지배로부터 끊임없이 벗어난다는 데서 존립한다. 레비나스가 말하는 타인의 얼굴의 출현과 영화 클로즈업에서 얼굴의 문제는 20세기에서 21세기에 이르는 영화라는 매체와 타자성의 문제를 근본적으로 함께 생각하게끔 하는 흥미로운 지점이다. 장 엡스텡(Jean Epstein)은 1924년에 「포토제니의 몇몇 조건에 관하여」(De quelques conditions de la photogénie)를 발표했다. 얼굴의 클로즈업에서 나타나는 포토제니를 이야기하던 1920년대, 곧 1914년 제1차 세계대전 이후 유럽에서의 이주를 생각한다면, 그의 글에서 맥락화되어 있지는 않으나 포토제니에서의 얼굴의 클로즈업은 많은 부분 당시 유럽 내에서 이주하던 유럽인들과 미국으로 이주한 유럽인들이 주는 어떤 친숙한 낯섦(unheimlich·uncanny)과 관계가 있을 것이다. 장 엡스텡 본인도 1897년에 폴란드 바르샤바에서 태어나 프랑스와 스위스에서 교육을 받았고 당시에 프랑스의 대표적인 감독이자 이론가로 활동했다. 레비나스에게 윤리적 사건은 타인의 얼굴의 출현으로, 나에게로 환원할 수 없는 '전적으로 다른 타인'의 출현이다. 타인은 그야말로 '벌거벗음 가운데 나타나는 얼굴'이며 '자기 자신에 의한 현현'이며 '맥락 없는 의미화'요 '전체성의 깨트림'이다. 타인은 단적으로 나에게 '낯선 이'다.[4] 얼굴의 나타남을 레비나스는 '그 자체 스스로 드러내어 보여줌'(la manifestation du kath auto)으로 그려낸다. 이는 국민국가 주권 외부의 벌거벗은 생명으로서의 이주노동자의 영화적 재현과

---

3   윤대선은 레비나스의 타자 얼굴론이 이미 유대인 공동체의 '디아스포라적 운명'을 전통적으로 반영하고 있는지도 모른다는 점을 시사하고 있다. 윤대선, 「레비나스의 얼굴 개념과 타자 철학」,《철학과 현실》61, 2004, 115~116쪽 참고.
4   강영안, 「레비나스 철학에서 주체성과 타자: 후설의 자아론적 철학에 대한 레비나스의 대응」,《철학과 현상학 연구》4, 1990, 253~259쪽 참고.

관계시켜 생각할 수 있는 대목이다. 지젝의 괴물성에 대한 경고도 인종적 타자성을 급진적으로 생각하는 데 고려해야할 피할 수 없는 지점이다.[5]

2. 난민

영화 〈경계〉의 마지막, 탈북여성 최순희(서정)와 아들 철수(신동호)가 몽골의 모래사막을 걷고 있다. 우리가 보는 것은 이들의 뒷모습이다. 걸음이 힘겹다. 모래 바람은 사납다. 이윽고 초원 지대를 지난다. 잠시 블랙아웃, 암전이 있고 철수가 말한다. "엄마, 앞에 큰길이 보여요." 철수의 말대로 큰길이 프레임 중앙에 보인다. 큰길은 실상 교량이다. 양쪽으로 강이 흐르고 있다. 다리로 들어가는 도로 앞부분이 길게 패 있고 교량 난간의 적갈색 철재, 시멘트 골조가 황막하다. 큰길을 보여준 카메라는 패닝을 시작한다. 초원, 반대쪽 방향의 길, 풀을 뜯는 말들. 카메라가 다시 큰길에 왔을 때 변화가 보인다. 적갈색 철재가 그대로 드러나 있던 교량 난간에 비닐 재질의 푸른색 술들이 달려 온통 바람에 날리고 있는 것이다. 이 장면은 쁠랑 세깡스(plan-

---

5   "한마디로, 레비나스의 얼굴과 엄격히 프로이드-라캉적인 의미의 "이웃"이라는 주제를 결합하여 나타나는 이웃(Nebenmensch)이라는 괴물 같은, 침투 불가능한 사물, 나에게 히스테리를 일으키고 나를 분개하게 하는 사물에 대해서는 어떻게 생각해야 할까? (…) 그 얼굴은 '인간 얼굴'의 눈부신 현현이 만들어내는 조화로운 전체가 아니다. 그 기괴하게 왜곡된 얼굴을 우연히 마주쳤을 때 잠시 어렴풋이 엿보게 되는 그것은 혐오스러운 틱 또는 찡그림이 번진 얼굴이며 이웃이 체면을 잃고 부끄러워할 때(면목이 없을 때 [loses face]) 나타나는 얼굴이다. 대중문화에서 유명한 사례를 상기하자면, '얼굴'을 가스통 르루(Gaston Leroux)의 『오페라의 유령』에서 주인공이 처음으로 가면을 쓰지 않은 유령을 볼 때 감지하는 것이다." 슬라보예 지젝, 『시차적 관점』, 마티, 2009, 229~230쪽.

sequence·long take, 하나의 숏으로 이루어신 씬)이기 때문에 이러한 환상의 기습적 틈입이 놀랍다. 갑자기 난간에서 펄럭이는 푸른 술들은 이들을 환영하는 것처럼 혹은 불길한 전조처럼 보이기도 한다. 바람의 방향 때문에 왼쪽 푸른 술은 잠자코 있고 오른쪽 푸른 술들만 흔들리고 펄럭거린다. 경계에 펼쳐진 경관이다.[6]

평양에서 출발해 중국을 거쳐 중국과 몽골의 변경 지역으로 걸어 들어온 탈북 여성 순희와 그의 아들이 바라보는 이 큰길은 그야말로 이들을 다른 세계로 건너가게 하는 다리일 수 있다. 반면 그들이 지나온 몽골 내륙과 같은 유목적 장소와는 달리 국적과 정체성, 여권이 문제되는 공안 지역으로의 진입일 수도 있다. 교량으로 들어가는 길목에는 말뚝과 경계선 표시가 보인다. 이 영화는 사막과 초원으로 이루어진 경계 없는(없는 듯한) 몽골의 경관으로 시작해, 바로 길이기도 하고 교량이기도 한 어떤 경계에서 끝난다. 〈경계〉의 원제는 '히야츠가르'(Hyazgar)로 몽골의 사막과 초원 지대의 경계를 가리킨다. 영화 〈경계〉에서 탈북 모자는 사막과 초원의 경계를 횡단하고, 그 히야츠가르의 경관에 긴장한다. 국가의 공간으로부터 탈출한 모자, 탈북한 최순희와 철수는 필사적으로 국경을 넘지만 다른 국경, 경계를 만난다.

---

6   영화 〈경계〉에 대한 분석은 김소영, 『영화평론가 김소영이 발견한 한국 영화 최고의 10경』, 현실문화연구, 2010의 「1경 경계」에도 다른 맥락으로 일부 수록되어 있다.

  *An Accented Cinema*의 저자 하미드 네피시는 장소로부터의 이탈과 장소로의 정착의 변증법(the dialectics of displacement and emplacement)이 디아스포라와 망명의 영화의 시간과 공간의 배열에서 작동하고 있는 것에 주목하면서 바흐친의 크로노토프 (chronotope, 시간-공간) 개념을 활용해 이러한 이주의 경로들을 제3공간 혹은 경계 크로로토프라고 명명한다. Hamid Naficy, *An Accented Cinema:Exilic and Diasoric filmamking*, Princeton: Princeton University Press, 2001, 152~153쪽 참고.

긴장을 넘은 공포의 순간이다. 탈북자, 난민[7]의 박해에 관한 충분히 근거 있는 공포(well-founded fear for persecution)[8]의 순간이다.

오늘날 전 세계적으로 난민의 숫자는 약 2700만(환경난민 포함 시 1억 5천만) 명이다. 이 중 탈북자[9]도 국제난민법에 의해 난민으로 인정된 경우에는

---

7   난민에 관한 국제적 협약은 다음과 같다. UN 난민기구 난민 관련 국제조약집 참고. http://www.unhcr.or.kr/unhcr/html/001/001001003003.html.

① 1926년 5월 12일과 1928년 6월 30일 협정 또는 1933년 10월 28일과 1938년 2월 10일 협약, 1939년 9월 14일 의정서 또는 국제난민기구헌장(the Constitution of the International Refugee Organization)에 의해 난민으로 간주된 자.

② 1951년 이전에 발생한 사건의 결과로 인해 인종, 종교, 국적 또는 정치적 의견을 이유로 박해를 받을 현저한 우려가 있는 위협 때문에 자신의 국적국 밖에 있으면서, 국적국의 보호를 받을 수 없거나, 또는 그러한 위협이나 개인적인 편의가 아닌 다른 이유로 인해 국적국의 보호를 받기를 원하지 않는 자 또는 무국적자로서 이전의 상주국 밖에 있으면서, 상주국으로 돌아갈 수 없거나, 또는 그러한 위협이나 개인적인 편의가 아닌 다른 이유로 인해 상주국으로 돌아가기를 원하지 않는 자. 임무를 수행하는 동안 국제난민기구가 정한 난민 적격자에 대한 결정을 이유로 해서 당해 조항의 요건을 충족하는 자에 대해 난민의 지위를 배제해서는 안 된다.

8   난민 지위에 관한 협약(Convention relating to the status of refugee)에 의하면 난민은 박해를 받을 우려가 있는 충분한 근거가 있는 공포를 가진 자로 인종, 종교, 국적, 특정 사회 집안의 구성원 신분 또는 정치적 의견을 사유로 자신의 출신국 밖에 있으며 박해의 공포로 인해 출신국의 보호를 받을 수 없거나 받기를 원하지 않거나 또는 출신국으로 돌아갈 수 없거나 돌아가기를 원하지 않는 자를 말한다. 유엔 난민고등판문(UNHCR)이 보는 박해는 국제적 기준하에서 납득할 수 없을 정도로 인간의 생명성과 존엄성, 신체의 자유를 침해하는 것으로 되어 있다. 장복희, 「탈북자(자발적 북한이탈자)의 인권보호와 국제인권법」, 《토지공법연구》, 2008, 483쪽 참고.

9   법률적으로는 북한이탈주민이라는 명칭을 사용하기도 하고, 정부 내 공식 명칭으로 새터민이라고 불리기도 하지만 한국 사회의 소수자로 탈북자 문제에 접근하는 방식을 따르고자 한다. 전영평·장임숙, 「소수자로서 탈북자의 정책개입과정 분석: 정체성, 저항성, 이슈확산성을 중심으로」, 《한국행정학회 학술대회 발표 논문집》 3, 2008, 110~111쪽 참고.

난민협약에서 인정하고 있는 권리와 자유를 향유하게 된다. 그러나 현실적으로 중국 정부는 탈북자를 단순한 경제난민 내지 불법체류자 정도로 인식하고 있다는 점에서 국제난민법에 의한 보호가 잘 이루어지지 않고 있다.[10] 〈경계〉는 강제송환의 위험이 있는 중국의 경계를 벗어나 다른 곳으로 향하는 두 모자를 다룬다. 통일부 인도협력국[11] 블로그를 보면 1989년부터 2008년 6월까지 총 1만 3,993명의 탈북자가 한국에 입국했다. 〈경계〉의 모자, 순희와 철수의 한국 입국 여부는 분명하지 않으나 이 영화는 탈북자 난민의 절체절명의 탈주를 따라간다. 이 같은 난민에 대한 이해를 돕기 위해 저자 본인이 반 난민임을 발화의 지점으로 설정하며 통렬한 성찰을 담은 재일 조선인 서경식의『난민과 국민 사이』의 발췌문을 소개하고자 한다.

> 옛날에 탄광의 갱부들은 갱내 일산화탄소 농도를 알기 위해서 카나리아 새장을 들고 갱으로 들어갔다고 한다. 카나리아는 사람보다 먼저 고통을 느끼고 죽음으로써 위험을 알린다. 식민 지배의 역사 때문에 일본 사회에 태어난 재일 조선인은 말하자면 '탄광의 카나리아'와도 같다. (…) 재일 조선인은 그 역사적 경험 때문에, 그것이 일본 것이든 조국 것이든 모든 국가주의의 허위성과 위험성에 대해 가장 민감한 존재라고 말할 수 있으리라. 어떤 의미에서 일본인뿐 아니라 조국 사람들에게도 재일 조선인은 '탄광의 카나리아'인 것이다. 조국의 독자들은 이 카나리아의 목

---

10   이용호, 「난민의 개념과 그 보호」, 《국제법학회논총》 52(2), 2007, 323~333쪽 참고.
11   2009년 5월 당시 통일부 인도협력국(1995년 12월 '인도지원국'으로 최초 개설)이 폐지되었다.

소리를 어떻게 들을 것인가?[12]

'국민'이 원칙적으로 국가에 의해 '시민권'을 보장받고 인권이나 생존권도 국가와의 관계에서 규정되는 근대 국민국가의 약속을 받는 자라고 할 때, 그와 같은 약속의 외부로 내몰린 자를 바로 '난민'이라고 할 수 있다. 그래서 서경식은 난민 캠프에서 살고 있는 사람들만 난민이라고 보는 시각은 왜곡이라고 지적한다.[13]

서경식은 재일조선인이란 일본에 의한 식민지 지배의 결과 구 식민지 종주국인 일본 영토 내에 남겨져 살게 된 조선인과 그 자손들을 가리킨다고 말한다. 자유의지에 따른 이민이 아니라 식민지배의 결과라는 것, 그리고 바로 자기 민족을 식민지배한 구 종주국에 살고 있다는 것, 이 두 가지 요건이 중요하다고 지적한다.[14]

그는 재일조선인을 '조국', '고국', '모국'이 분열된 존재로 정의하는 것이 가능하다고 말하면서 언어학자 다나카 가쓰히코(田中克彦)의 개념을 소개한다. '조국'은 조상의 출신지(뿌리), '모국'은 자신이 실제로 국민으로서 소속되어 있는 국가, '고국'은 자신이 태어난 곳(고향)을 의미한다. 이것은 조국, 모국, 고국이라는 세계의 단위들이 직조해내는 근대 국민국가 성립 이후 디아스포라들의 다중적 정체성 혹은 세 군데 모두에 속하지만 속하지 못하는 네트워크를 이해하는 데 유효하다. 그리고 이러한 세계의 스키마(schema)는 근대 국민국가가 설정하고 있는 국민이라는 균질적 정체성이

---

12   서경식, 『난민과 국민 사이』, 임성모 옮김, 돌베개, 2006, 10쪽.
13   같은 책, 204쪽 참고.
14   같은 책, 187쪽 참고.

초월적 기표(signifiant)라는 것을 드러낸다. 이 도식에 따르면 재일 조선인 서경식의 경우 그의 조국은 조선, 모국은 대한민국, 고국은 일본이 되는 것이다. 중국 조선족과 탈북자를 다룬 영화는 그리 많지 않으나 재일 조선인에 대한 영화 만들기는 증가 추세다. 홋카이도 조선초중고급학교를 다룬 다큐멘터리 〈우리 학교〉(2006), 재일 조선인 감독인 김덕철 감독의 다큐멘터리 〈강을 건너는 사람들〉(2006), 그리고 극영화 〈박치기〉(2004) 등이 있다. 〈푸른 강은 흘러라〉(2008)는 중국 조선족 제2고중학교 학생들을 다룬다.

장률 감독은 〈망종〉, 〈경계〉에서 각각 중국 조선족과 탈북자를 다루고 있다. 〈경계〉에서 순희와 아들 철수는 몽골을 걸어서 건너가고 있다. 평양에서 몽골까지 정말 멀고 먼 길을 떠난 난민들이다.

근대 국민국가의 약속의 외부, 난민, 탈북자들이 주로 체류하는 지역은 중국과 연해주를 비롯한 러시아 지역 및 몽골 등이다. 중국에서는 지린 성, 랴오닝 성, 헤이룽장 성 등 3성에 주로 거주하며, 중국에 있는 탈북자들은 주로 결혼, 불법 고용, 친인척 집 거주 등 한국으로 가기 위한 일시 체류 및 몽골과 태국으로 가기 위한 경유지 등의 이유로 체류하고 있다. 연해주를 비롯한 러시아 지역에도 탈북자들이 상당히 많이 존재한다. 탈북자들은 또한 몽골로 넘어가거나 중국의 운남성 곤명에서 타이, 미얀마, 라오스 국경을 이루는 메콩 강을 건너 태국 북부 치앙마이를 통해 동남아시아의 다른 지역으로 가게 된다. 〈경계〉는 이 같은 탈북자의 문제뿐 아니라 사막화되어가는 몽골에서 나무를 심는 항가이와 그를 도와 함께 나무를 심는 순희를 통해 지구 생태계에 관해서도 근심하고 있다.

〈경계〉에서 '경계'가 가지는 의미는 다중적이다. 사막과 초원, 사막과 초원에서의 노마드적 삶과 울란바토르(Ulaanbaatar)와 같은 도시에서의 삶, 대지의 노모스[15]와 비노모스의 경계, 예컨대 영토적 주권질서의 주변부

〈경계〉(2007)

〈경계〉(2007)

에서 관측되는 경관 말이다. 앞서 언급한 교량은 다가오는 새 길이기도 하고 엄습하는 긴장, 공포의 서곡이기도 하다. 유목의 끝이며 국경의 시작일 수 있다. 아니, 갑자기 교량 위의 푸른 술을 살려낸 영화적 재현 방식에 빗대어 말하자면 그것은 어떤 신기루, 환상일 수도 있다. 파국, 카타스트로프(catastrophe) 상황 속으로의 환상의 틈입, 혹은 '카타스트로프 속의 환상'. 나는 이 장면을 끊임없는 전쟁과 식민화, 독재를 거쳐 오며 '근거 있는 공포'의 정치학 속에서 살아온 한국 관객들이 영화나 문화와 맺는 정서적 교량, 정동의 교량의 응축으로 읽는다.[16] 주변, 경계에서 보는 환상 그리고 경관. 이때 경관은 경치라기보다는 집합적이며 문화복합적인 현상이다.[17]

경계란 무엇인가? 많은 사람들이 사유를 거듭했다. 경계를 지리학의 주요 과제로 삼은 라첼(F. Ratzel)은 지리적 위치가 3개의 중요한 구성 요소,

---

[15]　"노모스는 '분할하는 것'(teilen)과 '목양하는 것'(weiden)을 의미하는 말인 네메인(nemein)으로부터 왔다. 따라서 노모스는 그곳에서 한 민족의 정치적, 사회적 질서가 공간적으로 가시화되는 그러한 직접적인 형상, 목초지에 대한 최초의 측량과 분할, 즉 육지의 취득과 육지의 취득으로부터 나오게 되는 것과 마찬가지로 육지 취득 속에 존재하고 있는 구체적 질서다. 칸트의 말로는 '토지 위에서 내 것과 네 것을 분배하는 법률'이며 적절한 표현인 또 다른 영어 단어로는 근본적 권원(radical title)이다. 노모스는 대지의 토지를 특정 질서 속에 분할하게 해 자리 잡게 하는 척도이며, 그와 더불어 주어지는 정치적, 사회적, 종교적 형상이다. 척도와 질서와 형상은 여기서 하나의 공간적인 구체적 통일을 형성한다." 칼 슈미트, 『대지의 노모스: 유럽 공법의 국제법』, 민음사, 1995, 52쪽.

[16]　한국의 근대성과 젠더, 공포의 문제에 관해서는 졸저 『근대성의 유령들: 판타스틱 한국 영화』, 씨앗을뿌리는사람들, 2000의 제1장 「한국 판타스틱 영화와 근대성」과 제2장 「근대성과 성애」 참고.

[17]　이정근, 「특집: 역사적 도시에 있어서의 경관 ― 도시미와 경관」, 《건축》 36(1), 1992, 20~22쪽 참고. 예컨대 영화는 19세기 말부터 21세기 오늘에 이르기까지 극장의 스크린상에 그리고 관객의 심상의 스크린에 가상적 경관을 만들어왔다. 영화관은 도시의 경관으로 경역(景域)을 만들어왔다.

즉 영역의 크기, 형태 그리고 인섭영역과의 활발한 관계에서 이루어신다고 보면서 운동론에 입각해 상호관계에서 생긴 위치로서 중심, 주변적 위치 등을 내세운다. 중심과 주변의 개념은 국경에 대해서 생각할 때도 적용된다.

삶의 정치에서는 이런 질문과도 부딪힌다. 경계 너머의 타자성과 어떻게 더불어 살아나갈 것인가?[18] 경계는 서로 다른 영역이 마주치는 곳이다. 서로 다른 영역들이기 때문에 갈등과 불화가 완전히 해소되지 않는 한 경계에는 긴장이 사라지지 않는다.[19]

재중동포 감독 장률의 〈경계〉를 비롯한 일련의 영화들은 다중적 사유를 촉발한다. '한국' 혹은 남한의 '내셔널' 시네마의 경계를 질문하게 한다. 〈경계〉의 주요 인물들은 탈북자와 몽골인(항가이)으로 설정되어 있다. 남한의 배우들(서정과 신동호)이 탈북자 역을 맡았으며, 제작자는 한국인(박진원)이며, 감독은 재중동포다. 그의 영화에 등장하는 한국계 중국인들(〈망종〉, 〈중경〉)과 탈북자들(〈경계〉)의 재현 문제는 종족적·민족적 사회인 한국에서 한국계 중국인이 만든 영화에서의 재현의 정치학을 새롭게 사유하게 한다. 이는 다문화 사회로 진입한 한국의 정치적·문화적 상황 인식에 기여할 것이다.

난민을 포함한 이산, 디아스포라는 장률 감독을 비롯해 당대의 영화감독들이 신중하게 다루고 있는 문제다. 하미드 네피시는 2001년에 저서 『액

---

18   김성택, 「르네 샤르의 '경계'와 '지평'」, 《한국 프랑스학 논집》 27, 1999, 69~84쪽 참고.

19   유리 로트만이 1984년 처음 발표한 논문 「기호적 영역에 관하여」라는 논문의 논지를 〈망종〉의 중국 내 조선족 여성의 삶을 담아내는 기호적 영역을 이해하기 위해 도입해보자. 유리 로트만은 내부적 그리고 외부적 공간에 대한 이해는 고정된 것이 아니라고 말하면서 경계의 존재가 있다는 사실이 중요하다고 말한다. Yuri Lotman, "On the semiosphere", trans. by Wilma Clark, *Sign Systems Studies* 33, no.1 (2005) 참고.

센티드 시네마: 망명과 이산의 필름 메이킹』을 발간했다.[20] 이 책은 비서구에서 영화를 만드는 사람들이 자국에 한정되지 않고 국가의 경계를 넘어 영화를 만들고, 그 영화들이 또한 서구의 영화제와 영화관 그리고 텔레비전에서 나타나고 있음에 주목하면서 식민 이후 제3세계 영화감독들이 1960년 이래 서구에 머물며 만든 영화들을 다루고 있다. 크게 보아 장률의 영화, 그리고 〈수〉의 감독 최양일의 영화 등은 액센티드 시네마[21]라는 망명, 이산의 영화라고 볼 수 있으나 제3세계 영화, 제3의 영화 그리고 액센티드 시네마와는 다른 측면을 지니고 있으며 새로운 국면을 열고 있다. 이들은 서구에서 펀딩을 받거나 서구에 머물며 고향을 그리는 것이 아니라 아시아권에서 모국으로 이동했다. 그들의 부모 세대는 일제강점기에 일본이나 중국으로 건너갔으며, 이후 탈식민 시기에 장률 감독 등은 한국의 자본을 활용하고 한국 관객을 포함하는 이산의 영화를 만들고 있다. 액센티드 시네마가 서구와 비서구의 경계를 두며 이름 지어졌다면 장률의 영화는 동아시아에서의 일본의 침략사와 조선에서 중국으로 이주한 이주민의 역사 그리고 한국으로의 일시적 귀환 등을 모두 아우른다는 의미에서 한국, 중국, 일본의 역사와 현재를 환기시킨다. 〈경계〉는 탈북자의 문제를 다루고 있어 북한, 남한의 분단 상황과 중국, 몽골을 가로지르는 탈북 난민들이 처한 상황을 생각하게 한다.

---

20   Hamid Naficy, 앞의 책.

21   하미드 네피시는 액센트라는 언어적 개념을 사회의 지배적 생산 양식에서 생산된 표준적이고 중성적인 지배적 영화와는 '다른' 종류의 영화를 강조하기 위해 사용한다. 그런 정의로 보자면 모든 대안적 영화는 액센트가 강조되는 영화이지만 무엇을 특정하게 강조하는가의 차이는 있다. 액센트가 찍힌 영화에서 그 액센트는 영화감독과 관객의 탈영토화된 위치성에서 비롯한 장인적이고 집단적인 생산양식으로부터 기인한다. 모든 액센티드 시네마가 망명과 이산의 영화는 아니지만 모든 망명과 이산의 영화들은 액센트를 가지고 있다.

트랜스 아시아. 아시아를 횡단하면서 가라앉지 않은 역사적 먼지와 소요, 동요를 불러내는 영화인 것이다. 즉 서구와 비서구의 경계만이 아니라 아시아 내부의 역사적 짐들을 짊어진 채 현재의 차이와 차별을 가리키고 있다.

장률 감독은《씨네21》과의 인터뷰[22]에서 한국을 방문해 할아버지 고향인 경북 의성을 찾아갔는데 완전히 산골이라 할아버지께서 거길 떠나 만주 벌판까지 어떻게 걸어가셨을지 생각했다고 말했다. 이후 그의 아버지는 중국에서 태어났고 어머니는 한국 출생이다. 장률 감독은 국적의 문제에 대해 "국적은 정치가들이 주는 것이고 실상 아무것도 아니"라고 이야기한다.

2007년에 그는 이리역 참사를 다룬 〈이리〉(2008)를 남한 익산에서 촬영하고, 그와 짝을 이루는 〈중경〉(2007)을 중국 충칭(중경)에서 찍었다. 그가 한국 영화계에 알려지게 된 것은 〈당시〉(2004)라는 영화를 통해서다. 〈당시〉는 북경에서 촬영되었고 사실 이 영화에는 한국에 관한 어떤 직접적 레퍼런스도 없다. 〈당시〉는 한국영화진흥위원회 예술영화제작 지원을 받았다. 영화진흥위원회 신청 기준에 따르면 한국에서 사업자 등록을 마친 영화제작 업자라면 누구나 신청할 수 있기 때문에 〈당시〉의 제작을 맡은 최두영 씨가 제작자로 지원을 받은 것이다. 제작자가 한국인이기는 하지만 중국어로 진행되는 영화에 왜 제작 지원을 해야 하는지에 대한 논의가 있었다고 하는데 당시 영화계의 상대적으로 개방적 분위기 때문에 장률의 영화가 만들어졌다. 이 경로를 거쳐 장률 감독은 한국 영화계에 소개된다.

그의 영화에서 언어의 문제는 사적이면서도 정치적이고, 경계를 짓는 문제다. 〈망종〉에서 주요 인물들은 이중어를 사용하거나 해야 하는 환경에

22　정성일, 「장률 vs 정성일 대담: 적막과 슬픔과 폐허가 있는 풍경」,《씨네21》543, 2006년 3월 21~28일 참고. 이하《씨네21》인터뷰 인용 출처 동일.

놓이게 된다. 〈망종〉의 주인공 조선족 최순희(류연희)는 조선어를 구사할 수 있으며 중국어를 기축 언어로 하고 있다. 〈경계〉의 주인공 탈북자 최순희는 탈북 후 몽골어를 사용하는 항가이와 그의 이웃들과 생활하게 된다. 몽골어를 모르는 그녀는 몸짓으로 언어를 대신한다. 〈중경〉(2007)에서 한국인 김광철은 충칭에서 북경어 강습을 받고 있다. 그리고 여주인공 쑤이(郭柯宇·궈커이)는 북경어 강사인데, 아버지는 그녀가 충칭 지역어 대신 북경어를 사용한다며 집을 나가 버린다. 즉, 이중언어 사용자가 아니라고 하더라도 장률의 영화에서 인물들은 언어가 지닌 특정한 뉘앙스와 소통 가능성을 민감하게 가늠한다.

〈이리〉에도 중국어를 가르치는 여자가 등장하지만 디아스포라 문제가 영화의 중심은 아니다. 디아스포라는 먼 곳으로의 이민, 식민화를 뜻하는 말이며 또한 유태인의 집단 강제 이주와 망명지의 고통, 그로 인한 집합적 상흔과 모국에의 갈망 등을 의미한다. 디아스포라는 이민이나 국제적인 인구 이동을 뜻하는 말로 사용되기도 하고 강제 이주나 비극적 종족 이산 경험을 지칭하는 말로도 사용된다. 1990년대 이후 서구에서는 디아스포라 개념을 통해 이전에는 서로 연계되지 못하고 개별적으로 연구되었던 국제 이동, 사회 적응, 민족 정체성, 인종/민족 관계, 이민 문화 등의 주제 등을 통합적으로 연구하고자 했다. 디아스포라는 '귀소 본능이 강한 국외로 추방된 소수 공동체'라는 협의의 개념에서, 이주민, 난민, 외국인 노동자, 망명자 공동체, 소수 민족 공동체를 포함하는 넓은 의미로 확대 해석된다.[23]

---

23 이정남, 「동북아의 차이니스 디아스포라와 국가 정책: 한국과 일본의 사례를 중심으로」, 《국제지역연구》 12(3), 2008. 디아스포라 정의에 대한 부분은 이수자, 「이주여성 디아스포라: 국제 성별 분업, 문화혼성성, 타자화와 섹슈얼리티」, 《한국사회학》 28(2),

3. 소수민족, 조선인: 〈망종〉

장률 감독의 영화 중 재중동포의 디아스포라 문제를 가장 직접적으로 다루고 있는 영화는 〈망종〉인데, 거기서 최순희는 아들 창호에게 "너는 조선족 새끼다. 조선말을 알아야지"라고 말하면서 말을 가르친다. 창호는 ㅁ, ㅂ, ㅊ을 '므브츠'라고 발음하면서 조선어를 학습하는데, 별로 내켜지는 않으면서 TV를 사달라고 조른다. 최순희는 남편이 사람을 죽여 감옥살이를 하고 있는 관계로 고향을 떠나 베이징 근처 공장 지대, 기찻길 옆 버려진 집에 성매매 여성들과 이웃해 살면서 김치 행상을 하며 생계를 이어나간다. '조선포채'라고 쓰인 자전거를 끌고 다니며 행상을 하는 그녀의 모습은 어김없는 중국 소수민족 중의 하나인 조선인이다. 그녀는 허가증이 없어 경찰에게 자전거와 김치를 모두 빼앗기기도 하면서 힘들게 살아간다. 이런 최순희에게 김치를 사러오는 남자들은 이러저러한 호의를 베풀거나 그녀의 육체를 요구한다. 김치를 사러오던 경찰은 음식 판매 허가증을 내주고, 조선족 자동차 기술자 김씨는 그녀를 노래방에 데리고 간다. 또 아들이 유리창을 깬 데 대한 사과차 찾아갔던 이웃집 남자는 김치 납품을 주선하겠다면서 자신과의 육체적 거래를 요구한다.

이런 와중에 최순희가 어느 정도 마음을 여는 것은 조선족 남자 김씨다. 처음 김씨가 김치를 사러 왔을 때 최순희는 그의 조선어에 반응하지 않고 중국어로 말한다. 김씨는 최순희가 담배를 꺼내 물자 조선 여자가 웬 담배냐며 질책하듯 말하다가 괜한 간섭을 했다고 말을 거둔다. 이후 김씨가 김

2004, 194쪽에서 재인용.

〈망종〉(2005)

치를 사러 다시 오자 최순희는 "뭐 사겠습니까?"라고 조선어로 묻는다. 그가 배추김치를 사자, 다른 김치를 덤으로 준다. 그리고 나서 최순희는 공안들에게 김치와 자전거를 빼앗긴다. 혼자 길을 걸어가던 최순희를 발견한 김씨는 그녀를 자신의 자전거에 태우고 가 저녁을 먹고 이야기를 나눈다. 그는 그녀의 배경을 궁금해한다. 하지만 그녀가 입을 열지 않자 이곳은 조선 사람을 보기 힘든 곳인데 조선 사람끼리 터놓고 이야기하자고 권유한다. 그리고 다음과 같은 대화가 이어진다.

"그래 남편은?"
"사람 죽였어요."
"뭣 때문에?"
"돈 때문에."
"그래서?"
"벌 받았지요."

이후 김씨는 최순희의 집을 찾아가 잠자리를 함께한다. 최순희와 이웃해 사는 성매매 여성들은 김씨가 질이 나쁜 사람이라고 만류하지만 그녀는 "나도 그리 좋은 여자는 아니지"라고 대꾸한다. 김씨의 부인이 경찰들을 데리고 오자 김씨는 최순희가 매춘을 한 것이고, 자신이 돈을 주었다는 거짓 정보를 부인에게 흘린다. 경찰은 최순희에게 김치 파는 여자가 몸도 판다는 비방을 한다. 최순희는 경찰에 끌려가서 자신의 신상명세를 털어놓는다. 지린 성 엔지 시에서 살던 조선족이며 32세다. 이후 자신의 김치를 사주며 호의를 보이던 왕 경관에게 바로 경찰서에서 성폭행을 당하고 아들을 잃는다. 왕경관의 약혼녀가 그들 결혼식 연회 음식으로 김치를 부탁하자 최순희는 김치에 쥐약을 섞어 버무린 후 배달한다. 결혼식장으로 앰뷸런스들이 많이 도착하고 최순희는 집을 나와 기차 길을 건너 보리밭을 향해 걸어간다.

조선족의 기표인 김치는 여기서 일종의 카타스트로프, 파국의 기호로 바뀐다. 김치는 쥐약과 인접한 죽음의 기호가 된다. 영화의 이러한 결말에 다다르기까지 최순희의 김치는 여러 가지 것들과 치환되는 은유이자 그 이전 7위안의 돈과 교환되는 물물이었다. 영화가 그려내는 일상은 많은 부분 김치를 담그기 위해 무를 손질하고 배추를 씻는 그녀의 노동의 과정이 차지하고 있다. 이 영화는 중국의 조선족이 구성하는 기호적 공간의 미장센을 김치 만들기와 그렇게 만들어진 김치가 팔리고 빼앗기고 또 다른 용도로 사용되는 과정을 따라간다. 김치 파는 사람이 몸도 판다는 조롱과 질타는 남편의 범죄로 조선족이 주로 살고 있는 지린 성 옌지 시에서 베이징 근처의 산업 지역으로 이주했고 가부장의 보호를 받지 못하는 조선족 여자가 무엇을 매매해야 하는가를 드러내는 부분이다.

조선족 남자에게 배신당하고 경찰에게 성폭행을 당하고 풀려난 후, 그녀는 창호가 조선어를 연습하는 것을 보고 연습장을 찢으면서 공부할 필요가 없다고 말한다. 창호의 죽음 후 그녀는 김치를 독극물로 바꾸어버린다. 장률 감독은 인터뷰에서 김치와 조선족의 관계를 다음과 같이 설명한다.

> 정성일: 〈망종〉은 김치를 파는 32세 조선족 최순희의 이야기다. 중국 사람들에게 김치란 어떤 음식인가. 별미로 찾아 먹을 수도 있겠지만, 마지막 장면에서 결혼식에 김치를 가져다달라고 하는데, 전통적인 의례인 결혼식에 김치를 올리는 것이 한국인에겐 굉장히 낯설다. 조선족 최순희가 다른 걸 팔 수도 있었을 텐데, 김치를 팔 때 어떤 울림을 가질 것이라고 생각했나.

상륙: 중국에 200만 명의 동포가 살고 있다. 한국에서 4700만 명 중 200만 명은 굉장히 크지만 그것을 14억 중국 인구 중에 흩뜨려놓으면 찾지도 못한다. 연변에만 가면 조선족이 많지만, 중국 다른 지방에선 알아보지 못한다. 생긴 것도 같고. 그런데 딱 한 부류의 사람들은 보면 안다. 전국 각지 어디나 김치 파는 아줌마들이 있는데, 보면 다 조선족이다. 조선 부녀들의 생명력은 대단하다. 김치 팔아서 잘사는 사람은 없는데, 가난해도 성실하게 계속 그 김치를 밀고 다니며 판다. 중국에서 김치를 아는 사람이 그래서 많다. 그건 〈대장금〉 때문이 아니다. 그전부터 알았던 거다. 중국에는 행상이 많은데, 그중에서 제일 깨끗한 게 바로 김치 파는 사람들이다. 그건 모두가 인정하는 거다. 먹어도 문제없고 배탈 안 난다고. 그렇게 깨끗하게 열심히 사는 사람들이다. 그래서 그들을 볼 때는, 항상 멀리서 바라본다. 고생하면서 저렇게 열심히 사는구나 하면서. 그들을 볼 때 항상 나의 친척 같고 자매 같다. 그리고 김치를 중국 결혼식에 놓는다는 게 한국인들에게는 이상할 수 있지만, 중국은 요즘 급격히 변하고 있어서, 결혼식 음식이 완전히 짬뽕이다. 중국 물만두가 올라왔다가, 서양식 요리가 올라오고 (…)

32세 최순희가 김치 파는 아줌마로 등장할 때, 그녀는 위와 같은 김치-조선족 여자-성실-청결 등의 기호적 작용 속에서 감지된다. 조선족 여성의 김치에 관련된 재현인 것이다. 그러나 그녀의 김치가 독약으로 바뀔 때, 문화적 접촉이나 번역이 이루어지는 경계를 가지고 있는 세미오스피어(semiosphere)가 카타스트로프 지대로 바뀐다. 두 세계를 잇는 마술사 대신 앰뷸런스가 등장하고, 조선족 여성과 나머지(여기에는 조선족 남성도 있다)의 적대는 폭발한다. 남편은 돈 때문에 사람을 죽여 감옥에 가고, 그래서 연변을 떠나 베이징 근처의 이 공장 지대에 왔던 최순희는 아들을 잃고, 생계의 수단이었던 김치에 쥐약을 타 몇 대의 앰뷸런스가 오는 재앙을 만든다. 청결한 맛은 치명적인 독으로 바뀐다. 김치는 두 개의 문화를 매개하는 대신 재앙이 된다. 그녀가 독김치로 의미화하는 것은 급진적 거부다. 자신의 김치를 필요로 하고 샀던 모든 남자들에 대한 부정이다. 그녀의 김치는 7위안이라는 돈으로 교환되는 것이 기본이지만, 조선족 김씨, 이웃집 남자, 왕 경관 등은 늘 덤, 잉여, 그녀의 육체를 원했다. 그래서 김치에 독을 탈 때 그녀는 그 잉여에 독을 놓는 것이다. 잉여가 저주의 몫이 되는 것이다. 특히 그녀의 독김치가 작용하는 곳은 왕 경관으로 대변되는 공안, 국가권력 집단이다. 그녀의 복수는 국가를 향한다. 그녀는 헐벗은 삶, 무능력, 즉 자유의 박탈 외에는 어떤 잠재성도 지니고 있지 않은 삶으로 가고 있는 듯 보였으나 세미오스피어의 변경을 보여주고 번역 행위의 불가능성을 보여준다. 이 영화는 정적인 카메라, 장식이 없는 미장센, 판타지의 틈입이 없는 방식을 고수하다가 한 장면에서 다른 논리를 따라간다.

다음 장면을 보자. 최순희가 일을 마치고 돌아온다. 이전 최순희의 아들 창호는 용이 그려진 연을 푸른색 스프레이로 뒤덮었다. 창호가 푸른색으로 색칠해나가는 장면이 보여주는 것은 자신만의 특이한 세계의 고집이고 창조다. 기찻길 옆, 집 앞에서 벌어진 일이다. 일을 마치고 돌아온 최순희가 프레임 안으로 들어온다. 그 프레임 속, 기찻길 옆 사람들이 모여 있고 앰뷸런스가 보인다. 사람들은 최순희를 본다. 최순희가 그들을 본다. 앰뷸런스의 닫혔던 문이 열리고, 최순희는 슬픔과 패닉에 빠진 표정이다. 이때 최순희를 보는 시선이 최순희에 포커스인했다가 포커스아웃되면서 그들의 집에 맞

추어진다. 망자의 시선, 죽은 창호의 시선이다. 이 소년 망자의 엄마 최순희
는 연변에서 살다가 남편이 사람을 죽여 감옥에 가자 북경의 외곽 지대에서
김치 행상을 하게 된다. 조선족들이 모여 사는 연변을 떠나 베이징 외곽 지
대에 있는 최순희는 두 번의 이주를 겪은 것이다. 한 번은 그녀 부모나 더 먼
조상들이 조선에서 중국으로 이주한 것이고, 또 중국 내에서 다시 한 번 조
선족 집단 거주지를 떠난 것이다. 최순희는 창호와 이곳에서 성매매 여성들
과 이웃해 지냈다. 사는 집은 온기 없이 황량하고 쥐가 출몰한다.

　나는 망자의 시선, 이 같은 집을 드나드는 죽은 어린 소년의 시선으로
포착되는 엄마, 집, 그것의 유령성, 〈망종〉이 사유하는 모국, 엄마, 집의 문제
가 흥미롭다. 친숙한 것이 낯선 것으로, 낯선 것이 친숙한 것으로 동요하는
이 운동. 예컨대 이 집, 폐가는 이들의 집이 아니지만 또한 집인 것이고 망자
의 시선이 엄마에게 머물다 이 집에 머문 후 떠날 때 익숙한 것의 부재와 현
존(un-homeli-ness)의 느낌이 지극하다. 친밀한 낯섦의 깊은 동요라고 부
를 수 있는 망자의 시선으로 포커스인되는 이 장면은 살아서도 죽어서도 머
무르거나 소유할 수 없는 집과 소수자의 관계를 보여준다. 자리를 잡았으나
머무르지 못하고 떠나야 하는 자의 시선이다. 나의 삶의 거주지로서의 세계
(oikos), 나의 존재 노력으로서의 거주의 관리(oikonomia). 이 '홈리스' 사태
가 종결되는 순간 엄마에게 부여되었다가 집으로 이동하는 시선.

　엄마의 얼굴과 집이 포커스인, 포커스아웃되는 이 장면을 레비나스 윤
리학과 영화적 재현을 가능하면 관통해 생각해보기로 하자.

　레비나스는 광학으로서의 윤리학, 즉 윤리학이 존재론적 철학이라기
보다는 주체와 타자의 구체적이고 다양한 관계를 조명하는 광학(optics) 혹
은 영혼적 광학이라고 본다. 이때 일종의 광학으로서의 윤리학은 전체화하
고 객체화하는 시각의 특성을 배제한 이미지 없는 또 다른 시각이며 완전히

다른 종류의 도상이나 관계라는 점이 흥미롭다. 영화에서 얼굴의 클로즈업은 유리 로트만에게는 '친밀함'과 '내밀함'이다.

> 영화의 클로즈업은 매우 가까운 거리에서의 관찰이라는 일상의 경험을 자동적으로 연상시킨다. 매우 가까운 거리에서 사람들의 얼굴을 관찰하는 것은 어린아이의 세계나 지극히 친밀한 세계의 특징이다. 영화는 이를 통해 모든 등장인물(친구와 적들)이 관객과 친밀한 관계를 맺고 있는 세계로 우리를 옮겨놓는다. 그리고 이 경우에 있어서의 친분 관계란 인물의 특징을 상세히 알고 있는 것뿐 아니라 핏줄의 불거짐과 얼굴의 주름을 직접적으로 보는 것까지를 포함하는 매우 내밀한 관계인 것이다.[24]

반면 엡스텡, 발라즈(Bela Balazs), 그리고 바르트(Roland Barthes)는 바로 얼굴에서 의미심장한 '타자성'을 확인할 수 있었다. 클로즈업된 인간의 얼굴, 그것은 기호학의 잠재적 위협으로서의 '자족적 실재'에 다름 아니다. 언제가 엡스텡을 그토록 매혹시켰던 클로즈업(그는 클로즈업을 영화의 영혼이라고 불렀다)은 발라즈의 이른바 '인상학적'(physiognomic) 영화 이론의 중심 주제이기도 했다.

이와 같은 클로즈업의 포커스인과 포커스아웃의 운동에서 아이를 잃은 소수자 여성의 얼굴은 타자성과 내밀함을 동시에 극대화한다. 이후 그녀는 자신을 경찰서에서 성폭행한 경찰관의 결혼식에 피로연 음식으로 가져

---

24   김수환, 「영화 기호학과 포토제니: 로트만의 '신화적 언어' 개념을 중심으로」, 《문학과 영상》 208, 43쪽.

갈 김치에 독극물을 탄다. 그녀가 이렇게 얼굴을 잃을 때, 체면을 버릴 때 그녀의 괴물성이 생산한 중국 공안의 괴물성이 드러난다.

4. 디아스포라 영화의 아포리아

주변인, 비정규직, 소수자의 삶은 점점 더 벼랑으로 몰리고 있다. 〈반두비〉는 이 조건 안에서 우정과 관용 그리고 환대의 문제를 이야기한다. 영화 제목 '반두비'가 방글라데시어로 '우정', '여자 친구'를 뜻하고 있으니 우정의 문제는 자명하게 드러나는 편이고, 관용/불관용, 환대의 문제는 논의를 필요로 한다.[25]

이 영화의 짜임새는 두 재현의 방식이 맞물려 이루어진다. 한 축은 좋아지지 않는 사회적 상황에 대한 다소 관행적인 재현이다. 이주노동자의 삶에 관한 부분이 그렇다. 다른 한 축은 여고생 민서(백진희)의 이야기다. 이 부분은 비관행적이다. 이 두 개의 축이 만나 이루어내는 복합적, 양가적, 비균질적 이야기는 기존의 판박이, 그 재판이 아니라 판의 형세를 어느 정도 변동시킬 잠재력을 갖는다. 말하자면 인종과 성, 젠더가 부딪히는 축과 판을 형성하는 것이다.

방글라데시에서 온 이주노동자 카림(마붑 알언 필럽)이 임금 체불과 관련해 부딪히는 상황에 대한 플롯은 예상 가능한 수준이다. 개선되지 않는

---

25   이하의 글은《씨네21》에 실렸던 것을 이 글의 전체 취지에 맞춰 재수록한 것이다. 「[전영객잔] 그렇게 그녀는 이방인을 '체화'했다」,《씨네21》612, 2009년 7월 17~24일 참고.

고용주와 이주노동자의 관계가 반영된다. 예컨대 카림은 방글라데시의 아내에게 생활비를 보내야 하는데 이전 고용주가 임금 지급을 미루고 있어, 이혼을 당할 수도 있는 곤란한 입장이다. 그는 밀린 임금을 받으려고 전화를 해보지만 성공하지 못한다. 그래서 사장의 집을 직접 찾아다니고 있는 참이다.

영화가 시작하면 카메라가 뒤쫓는 카림의 동선, 서울이라는 도시 풍경이 드러나는 방식이 흥미롭다. 그의 뒤로 불타버린 숭례문의 외곽을 뒤덮은 숭례문 사진 모사품이 보인다. 화염으로 사라진 국보 1호를 뒤로하고 방글라데시 노동자가 길을 찾고 있다. 그 와중에 카림이 버스에 지갑을 두고 내리고 그것을 민서가 슬쩍 자신의 가방에 넣음으로써 카림과 진서의 만남이 이루어진다.

카림을 둘러싼 재현의 방식이 다소 상례적이라면 민서의 경우는 예사롭지 않다. 백진희가 연기하는 민서는 독특하다. 이 소녀는 원어민 강사가 있는 영어학원에 등록하기 위해 각종 알바를 전전한다. 그중 안마시술소는 '섹스'는 이루어지지 않지만 섹스 '서비스'를 제공하는 곳이다. 나는 민서가 안마 시술소 등을 거치면서 혹은 그것을 거치기 전 자신의 몸과 성, 섹스에 대해 언급했던 내용을 영화가 제시하는 이방인과의 우정이나 환대의 문제와 연관해 생각해보고 싶다.

민서는 자신이 슬쩍 자신의 가방에 주워 담은 지갑을 카림이 찾아내 경찰에 가자고 하자 설왕설래 및 몸싸움을 하다가, 적반하장 카림에게 가슴을 만졌다며 성희롱으로 고소하겠다고 맞받아친다. 그러나 곧 휴전을 제의하면서 자신이 한 번 카림의 부탁을 들어주겠다면서 그의 볼에 뽀뽀를 하고 사라진다. 돌아서는 민서의 얼굴 표정은 그 표현 효과를 정확히 알고 있는 눈치다.

민서는 노래방을 히는 엄마와 엄마의 실업자 남자친구의 관계에 대해 섹스 파트너라고 규정하면서, 그 남자의 아버지나 남편으로서의 대체 역할을 부정한다. 그리고 문제의 안마시술소 알바. 그녀는 말 그대로 몸의 '반사작용'으로서 성적 쾌감을 주는 서비스업을 알게 된다. 이것과 교환되는 것이 원어민 영어학원 수강증이다. 그녀는 카림을 영어 원어민에게 소개하고 둘의 영어 대화를 듣게 된다. 여기서 백인 원어민은 한국 여자들을 '스위트'하다고 표현하면서 카림에게 한국 여자친구가 없느냐고 묻는다. 카림은 민서에게 이 '스위트'란 한국 여자를 쉬운 여자, 창녀로 표현한 것이라는 '문화적 번역'을 해준다. 크게 따져 오역은 아니지만 이슬람 문화권에서 바라보는 남성 시점적 과장이 있는데 민서는 이것을 더 적극적으로 과잉수용해 원어민 교사에게 행동으로 앙갚음한다. 바로 자신이 배운바, 반사작용이 일어나는 곳에 대한 '공격'을 통해서다.

나는 이 영화가 사회적 경제적 제도로서는 한계가 있는 이주노동자에 대한 법적 장치들(영화에서는 3년 만기의 연수 제도, 임금체불 해결의 난항 등)을 어쩔 수 없이 평이하게 그려내면서 이것을 문화적 차원에서 보다 복합적으로 다루려 하고 있다고 생각한다. 이주노동자에 대한 편견에서 벗어나 이방인에 대한 사고를 할 수 있는 계기를 제공하고자 하는 것이다.

이애령의 논문 「이방인의 환대와 윤리」는 이방인에 대한 근대적 관용이 이방인은 "우리의 규칙, 삶에 대한 우리의 규범, 우리 언어, 우리 문화, 우리 정치 체계 등등을 준수한다"라는 조건을 제시한다고 분석한다.[26] 그래서 관용은 권력의 불평등에 기초하고 있는 가부장적 덕목에 기초한다고 비판

26　이애령, 「이방인과 환대의 윤리」,《철학과 현상학 연구》39, 2008, 196~197쪽 참고.

하면서 저자는 절대적 환대라는 데리다(Jacques Derrida)의 환대의 윤리를 그리고 레비나스의 친밀한 타인으로서의 여성이란 존재를 비판적으로 소개한다. 데리다는 "관용은 환대의 한계에 불과하다"라면서 초대의 환대가 아닌 방문의 환대, 즉 주인의 입장에서 초대하는 것이 아니라 도래자, 이방인, 타자의 방문에 열려 있는 절대적 환대, 법제화를 넘어선 절대적 환대의 윤리를 강조한다. 레비나스에 따르면 주체적 자아가 성립되기 위해서는 회복하기 위해 돌아오는 주체를 환대하고 영접하는 친밀한 타인이 필요한데, 이 친밀한 타인은 말없이 부드럽게 수용하고 이해하는 거주 공간 내의 존재로 '여성'이다. 이와 관련해 데리다의 『환대에 대하여』는 창세기 19장에서 롯이 천사를 환대하고자 할 때 소돔의 남자들이 몰려와 그들을 내어줄 것을 요구하고 '상관'하겠다고 하자 손님들을 대신해 자신의 딸들을 내놓겠다고 한 부분을 상기시킨다. 이애령은 "(남자) 손님을 대신해 내 집의 (여자인 — 딸이거나 아내인) 타인을 내어놓는 환대를 우리는 어떻게 이해해야 하는가?"라고 질문하면서 환대에 따르는 가부장적 위계를 지적하고 있다.

환대의 성정치적 관점에서 보자면 이 영화는 아버지가 없고, 대체 아버지를 어머니의 섹스 파트너로 기능 환원시킨 미성년 소녀와 이주노동자 사이에 일어나는 우정과 환대의 미묘한 지역, 제3의 경계 공간을 탐사하는 것으로 볼 수 있다. 두 소수자의 경계 경험에 관한 이야기가 되는 것이다. 이방인에 대한 한국의 법제도는 관용이나 환대 쪽으로 열려 있지 않다. 그리고 영화에서 보면 이방인을 환대해야 할 '아버지'는 부재하거나 체불 중이다. 민서는 카림을 이해할 문화적 레퍼런스가 없다. 카림이 민서가 아플 때 해먹이는 음식이 그들의 주 레퍼런스가 된다. 그리고 카림은 '마음의 문을 열어라'라는 레퍼런스를 준다. 이 음식과 마음의 태도를 즉각적으로 버무려 민서가 자신의 방식의 우정과 친밀성을 실연하는 것이 예의 그 반사작용 부분을 건드리는 것이다. 카림은 수용하고 흥분하는 듯하다가 곧 거부한다.

민서는 여기서 돈이 매개되지 않는 성적 친밀성과 안마시술소 서비스 사이의 간극을 깨달아야 한다. 민서에게 카림이 만들어준 방글라데시 음식의 풍요로움과 대비되는 민서의 실패한 환대의 경험이다. 카림은 민서에게 방글라데시에서는 친구가 집에 오면 아무리 오래 있어도 언제 가느냐고 묻지 않는다고 말하면서 절대 환대라는 그들의 문화적 원칙을 이야기한다. 나중엔 "친구를 웃게 하면 천국에 간다"는 방글라데시의 속담도 들려준다. 그러한 방글라데시에서 손님 노동자로 한국에 왔을 때 받는 천대의 양태, 손님의 등골을 빨아먹는 착취 상황에는 사실 등골이 오싹해진다.

이방인이란 자신이 속해 있지 않은 공동체가 절대적으로 믿고 있는 모든 것에 대해 질문을 던져 비교의 관점을 제시해 통상적 생각과 타당성을 흔드는 사람이라고 할 때 카림이 은서에게 던지는 질타(한국인의 영어권 백인에 대한 환대와 동남아권 유색인에 대한 천대)가 기존의 질문 방식을 크게 바꾸어내지는 못한다. 그래서 이 영화가 어떤 정치적 윤리를 새롭게 제시하는지 모호할 수 있다. 또한 카림이 '스위트'한 한국 여자를 영어권 백인들이 쉽게 여긴다고 몰아세울 때, 이것이 싱글마더와 살면서 영어학원비를 벌기 위해 안마시술소 알바를 하는 소녀가 꼭 들어야 하는 정치적 진술로 판단되지는 않는다. 또 그녀가 안마시술소에서 배운 '기술'로 학원 강사를 공격할 때 그것은 한국 남성을 위한 일종의 대리전으로 보인다.

현 정세로서는 찾아도 없는 법제적 해법을 제시하는 대신 영화는 카림이 제안하는 어떤 절대적 환대를 윤리적 원점으로 삼는다. 아이러니는 이러한 절대적 환대가 일어나는 카림의 방글라데시 집을 지키던 아내는 경제난으로 집을 떠난 것이다. 그곳은 친밀한 타인이 부재하고 한국엔 환대의 '남성' 주체가 없다. 환대의 아포리아!

아포리아는 환대의 문제에 그치지 않고, 이와 같은 디아스포라 영화가 찾기 어려운 관객층에도 존재한다. 세계화가 한편으로는 국민국가의 민족과 국가의 결속을 오히려 강화하고 있을 때, 글로벌화의 상층회로를 달리는 자본가와 엘리트, 그리고 대국의 디아스포라가 가시적이고 비가시적인 네트워크를 이루어가고 있을 때(중국 화교의 경우), 경계에 선 소수자들을 다루는 디아스포라 영화의 관객은 어디서 찾을 것인가?

다른 한편 민서가 방글라데시 음식점에 들어가 카림의 음식을 떠올리며, 자신을 웃게 만든 그의 제스처를 반복할 때 우리는 그녀가 타자, 이방인을 이제 '체화'했음을 이해한다. 이전의 그녀에게 가능하지 않았던 경험이다. 반두비의 체험.

5. 인종적 타자성과 한국계 디아스포라

한국 사회 내외부의 가까운 타자들에 대한 영화적 생산물인 〈경계〉, 〈망종〉, 〈반두비〉를 중심으로 한국계 디아스포라, 탈북자 그리고 방글라데시 이주노동자의 재현을 살펴보았다. 영화라는 매체의 영화성(cinematic specificity)은 클로즈업의 친밀성과 타자성이라는 스펙트럼을 횡단할 수 있으며 이런 횡단 안에서 주체성으로 통합되지 않는 타자, 그 얼굴의 현현은 지젝이 말한 '괴물성'과 '찡그림' 그리고 레비나스적 얼굴의 '벌거벗음'이다.

〈반두비〉와 〈로니를 찾아서〉처럼 우정을 다문화 사회를 구성하는 필수요소로 적극적으로 모색하는 영화들이 있으며, 국가 권력이 소수자를 어떻게 '괴물'적 타자로 만들어 나가는지를 보여주는 〈망종〉이 있다. 반면 〈경계〉는 환대와 우정에 관한 영화다.

우정과 환대, 그리고 타자의 얼굴과 괴물성, 클로즈업이라는 프리즘을 통해 영화들을 보았다. 이주노동자, 결혼이주여성 등에 대한 정책과 함께 일상 속에서 국민, 민족국가의 편협함을 넘어서는 타자에 대한 인식론적 변화가 요구되는 시기다. 텔레비전이나 사진과 마찬가지로 영화적 재현이 인종적 피부색의 인덱스를 가지고 있는 만큼 영화는 다인종 사회에서 재현에 대한 윤리적 책임을 복합적으로 수행할 것이다.

3장 비상사태

: 박정희 시대의 김기영과 이만희 영화의 활유, 고백, 무드

이 글은 남한 영화의 황금기라고 불리는 1960년대 초반 정치, 법, 경제, 문화가 부딪히는 연계 지점을 포착해 김기영 감독의 〈현해탄은 알고 있다〉(1961)와 같은 비판적 영화의 출현과 그 출현을 개념화할 수 있는 성운(constellation)을 구성하고자 한다. 또한 이 시기를 남한 영화의 원초경이 생성되는 순간으로 보고 〈휴일〉(1968)과 같은 비판적 영화의 출현의 예들을 기술하고자 한다.[1]

1. 정세적 연계: 1960~1962년

이만희의 데뷔작 〈주마등〉(1961)은 사라졌다. 〈불효자〉(1961)도 없다. 이만희 감독이 1961년 만든 이 두 편의 영화는 필름이 사라져 볼 수 없다. 그러나 〈주마등〉을 언급한 기사가 남아 있다. 제목은 "영화계 암투 폭력화"다.[2]

---

1   김소영, 『근대의 원초경』, 현실문화, 2010의 제1장 「근대의 원초경」 참조.
2   명보극장 포스터 선전원 3명이 서울영화사(신상옥 프로덕션) 내에서 정체불명의

〈주마등〉은 폭력에 관한 추문만을 남기고 사라진 것일까? 혹은 주마등, 칼레이도스코프(Kaleidoscope, 만화경)가 남긴 섬광이라도 있는 것인가?

1960년과 1961년은 최초의 컬러 시네마스코프 작품인 〈춘향전〉(1961) 과 74일간의 최장기 상영으로 38만 명의 역대 최고 관객 동원을 기록한 〈성춘향〉(1961)뿐 아니라 김기영 감독의 〈하녀〉(1960), 〈현해탄은 알고 있다〉(1961), 유현목의 〈오발탄〉(1961), 신상옥의 〈사랑방 손님과 어머니〉(1961) 가 만들어진 해다. 남한 영화의 원초경이 펼쳐진 순간이다. 4·19와 5·16의 1960년과 1961년은 문화, 정치, 경제, 법의 영역이 혁명, 쿠데타, '비상 체제' 안에서 '문제사'를 생성하는 순간이다.

문화, 정치, 경제 영역이 4·19 혁명과 5·16 쿠데타로 요동치던 시기, 이 다른 영역들을 가로지르며 판을 흔들던 것은, 폭력과 권력(Gewalt), 법과 문화와 경제의 결합(conjonction) 또는 정세적 연계(conjoncture)의 불가피한 힘들이다.[3] '법의 힘'(force de la loi), '법적 힘'(force de loi)이 개헌으로 발휘되며 법의 힘에 대한 호소와 폭력과 반폭력이 들끓던 시간이었다. 또한 한국영화사 측면에서 보면 이 시기는 '황금기'다. 남한 영화의 '고전'으로 남게 되는 영화들이 이때 집중적으로 만들어진다. 고전, 정전들의 생성의 순간. 양적으로도 생산이 많다. 1959년 111편, 1960년 89편, 1961년 83편, 1962년

청년들에게 납치되어 3시간 동안 철봉으로 구타당해 중상을 입었다. 화성영화사의 원선 (元善) 씨가 제작한 영화 〈주마등〉 선전 포스터를 명보극장에서 상영하는 〈이복형제〉(김화랑, 1961) 포스터 위에 붙인 것을 보고 화가 나서 이들 3명이 〈주마등〉 선전 포스터를 몇 장 찢어버린 것을 화성영화사 측에서 본 것이다. 그러나 영화계 관계자들은 근본적인 이유가 국제 극장에서 상영 중인 홍성기 감독의 〈춘향전〉과 명보극장에서 상영 될 〈성춘향〉의 동시상영으로 인한 암투가 원인이 되었다고 말한다. "영화계 폭력 암투화", 《동아일보》, 1961년 1월 23일.

3   자크 데리다, 『법의 힘』, 진태원 옮김, 문학과지성사, 2004, 23쪽 참고.

117편이 제작되었다. 이 시대가 생산한 이벤트이면서 다시 그 텍스트가 이벤트가 된 〈오발탄〉과 최근 리메이크로 반세기 만에 다시 돌아온 〈하녀〉(2010), 〈사랑방 손님과 어머니〉(2007)는 남한 영화의 근원적 텍스트들이다. 1960년 최인훈의 『광장』이 그랬던 것처럼 1961년 〈오발탄〉은 전후 영화와 1960년대 영화를 가르는 정전이 된다.

이때는 비상시다. 4·19 혁명과 5·16 군사 정변 당시 비상 계엄령이 선포되었다. 각각 4월 20일과 5월 16일 오전 9시에 선포되었다. 이런 비상사태, 혁명과 쿠데타 속에서 법 집행이 유예되고, 새로운 법이 만들어졌다.[4] 극장은 5일간 영화를 상영하지 못했다. 5·16 혁명의 여파로 서울시내 각 극장에 영업정지령을 내렸기 때문이다. 공연법이 제정되어 공포되었다(법률 제632호). 1961년 문교부 고시 제148호에 의해 64개 영화사가 16개사로 통합된다. 그리고 제2차 긴급통화금융조치가 1962년 6월 9일자 「긴급통화조치법」, 6월 15일자 「긴급통화조치법」 중 개정 법률 및 6월 16일자 「긴급금융조치법」에 의해 실시되었다.

1968년 8월 《월간 중앙》에 발표된 박태순의 「무너진 극장」은 이러한 비상사태에 대한 '느낌'을 다음과 같이 말한다.

> 1960년대에 들어서자마자 일어났던 4·19 사태에 대하여 우리가 갖는 정직한 느낌은 무엇이었을까? 우리는 그것을 알지 못했다. 때는 바야흐로 계엄령이 선포된 비상시국이었으며 모든 기성 질

---

4   1960년 당시 영화계에서는 4·19 이후 통합 윤리위원회가 8월 5일에 창립되었다. 조준형, 「박정희 정권기 외화 수입 연구: 1960년대를 중심으로」, 《한국극예술연구》 31, 2010, 96~99쪽 참고.

서들이 무시되는 혼란의 시기였다.[5]

「무너진 극장」이라는 제목대로 극장이 무너졌다. 일부가 무너졌다. 4월 26일 임화수의 평화극장이 불타올랐다. 분노한 군중들이 정치 깡패이자 평화 극장주이며 한국연예주식회사 사장인 임화수에게 3·15 부정선거의 책임을 물은 것이다.[6] 「무너진 극장」의 장면을 보자.

> 우리는 바깥으로 나왔다. 거리는 깊은 정적에 감싸여 있었다. 상점들은 모두 문을 닫았다. 그러자 그때 사이렌 소리가 들려왔다. 날카로운 음향이었다. 우리는 정신을 차렸다. 조금 뒤에 우리는 함성이 들려오고 있음을 감득했다. 그 함성은 차츰 이쪽으로 가까워 오고 있었다. 갑자기 사람들이 나타나기 시작했다. 산적처럼 사람들은 어둠 속으로부터 뛰쳐나왔다. 큰 거리는 이내 인파로 가득히 메워져 있었다. 주위가 온통 시끄러워져 있었다. 우리는 어느덧 술이 깨버렸으나, 우리의 피부에 부딪쳐지는 거대한 힘의 무게에 압도되어 다시 몽롱해져왔다. 수분기처럼 적셔지는 분노, 부정, 부패와 학정에 대한 씻을 수 없는 혐오가 한 덩어리로 뒤엉켜, 어느덧 우리는 사람들의 성난 대열에 가입돼버리는 것을 느끼고 있었다. 3·15 선거는 불법이다, 부정이다, 하고 사람

---

5   박태순, 「무너진 극장」, 《월간 중앙》 1 (8), 1968, 409쪽.
6   1950년대 당시 임화수는 전국 극장 연합회 부회장, 서울시 극장 협회장, 한국 영화 제작자 협회 부회장, 한국 연예주식회사 사장, 반공 예술인 단체장, 평화극장 사장 등을 역임했다. 임화수와 극장 문화에 대해서는 이승희, 「흥행장의 정치경제학과 폭력의 구조, 1945-1961」, 『한국 영화와 민주주의』, 선인, 2011 참고.

들은 외치고 있었다. 임화수의 집이 결딴났다는 것이 마치 부정
선거에 대한 규탄 구호인 것처럼 복창하는 것이었다. 이정재의
집도 결딴났다 하고 어떤 녀석이 고함을 질렀다. 평화극장을 부
쉬라, 사람들은 절규하고 있었다. 임화수의 평화극장을 때려 부
쉬라, 사람들은 평화극장을 향하여 맹렬한 속도로 달려가고 있
었다. (…) 극장의 관람석으로 들어가는 출입구가 우선 요란한
굉음을 내면서 부서지고 있었다. (…) 우리는 부서진 출입구를
통해서 관람석으로 발을 들이밀었다. 마악 누군가가 쇠창살 같
은 것으로 스크린을 찢고 있었다. (…) 아니 그 모든 것에 앞서서
고고한 승리를 목전에 두고 있는 사람만이 가질 수 있는 크나큰
쾌감, 흥분이 엄습해왔다. 나는 무의식중에 앞에 보이는 물건들
을 부수기 시작했다. (…) 그들은 눈앞에 닥친 무질서에 환장해
버려서, 마치 사회와 인습과 생활 규범을 몽땅 망각한 것 같았
다. (…) 사람들은 부정부패의 한 상징인 임화수를 생각할 때 이
극장에 대한 질서를 허용하지 않는 것이었다.[7]

    극장은 무너지고, KBS TV 방송국이 1961년 개국한다. 또한 유현목 감
독의 〈오발탄〉이 당국의 재검열 지시로 인해 상영이 중단되었다. 〈오발탄〉
은 1961년 3월 부산을 비롯해 지방에서 먼저 개봉했다가 4월 중순 서울에
서 개봉했으나 5·16 쿠데타 이후 상영이 금지된다.[8] 1962년이 되자 최초의

---

7   박태순, 앞의 글, 412~414쪽.
8   1963년 7월 26일에 《동아일보》는 1961년 5·16 군사 쿠데타 이후 2년 3개월째 상
영 보류되었던 〈오발탄〉의 상영 허가 여부를 검토하고 있다는 기사를 게재한다. 재상영

영화법이 선포된다.[9]

〈오발탄〉의 병든 어머니가 외치는 "가자! 가자!"에서 4·19 당시 시위하던 학생들이 남북문제 해결을 위해 판문점으로 가자고 외치던 것의 반향을 들었던 것은 사실 검열 당국만은 아닐 것이다.

1960년 4월 26일 이승만 대통령이 하야하자 6월 11일 의원내각제로 개헌이 이루어진다. 제3차 헌법 개정을 통해 만들어진 헌법 제4호다. 헌법 제4호는 국민의 기본적 권리의 보장을 강화한 것으로 자유권에 대한 유보 조항을 삭제하고, 언론, 출판, 집회, 결사의 사전 허가 또는 검열제를 금지하는 등 자유권의 강화가 많이 이루어졌다.

그해 11월 29일 반민주행위 처벌을 목적으로 하는 제4차 헌법 개정이 이루어졌다. 5·16 군사 정변 이후 6월 6일 국가재건 비상조치법이 제정 공포되고 그 해 11월 5일 국가재건 최고회의는 헌법 개정안을 공고한다. 제5차 개헌이다. 이어 1962년, 1차 경제개발 5개년 계획이 공표된다.

비상사태를 통한 법의 유예와 개정이 진행되고 영화법이 만들어지는 등의 격동 속에서 4·19의 서사적 이미지는 마산 앞바다에 떠오른 김주열의

을 위해 1천 피트가량의 자막을 넣어 이 작품이 구정권 당시의 암울한 사회상을 그렸다는 점을 명시하고, 엔딩 부분에 혁명 공약을 삽입해 희망이 동틈을 암시했다고 한다. "햇볕 보게 되려냐? 상영보류 이년삼개월의 〈오발탄〉", 《동아일보》, 1963년 7월 26일.

9   1961년 5·16 쿠데타를 통해 집권한 군사정권은 장면 정권에서 해결하지 못했거나 지지부진했던 현안들을 빠른 속도로 해결했으며 사회 각 방면의 제도화를 빠른 속도로 구축해나갔다. 영화계에서도 이는 예외가 아니었다. 영화제작의 난립을 막고 자본의 안정화를 꾀한다는 목적으로 1961년 문교부 고시 148호를 통해 65개의 제작사를 16개사로, 28개의 외화수입사를 7개사로 통합했다. 이후 1962년에 제정된 영화법을 통해 정부는 영화사에 등록 기준을 제시함으로써 일정 규모 이상의 회사들만 영화업을 수행할 수 있도록 강제했다. 그러나 이와 같은 조치는 사실상 전초전에 불과했다. 박정희 정권기의 영화정책은 1963년 3월에 발효된 1차 영화법 개정안에서 진정한 실체를 드러냈다.

시신, 그 눈에 박힌 최루탄이다. 죽어 이미 볼 수 없는 희생자의 눈에 박힌 조준탄 혹은 오발탄. 보지 못할 것을 보아야 하는 것의 목격자-관객의 슬픔과 분노, 저항이 4·19의 첫 장의 시각장(視覺場), 정동장(情動場)에 그늘을 드리운다. 유현목의 〈오발탄〉은 다음 해 3월 마산에서 가까운 부산을 비롯한 지방에서 먼저 개봉된다.

한편에는 폭력과 죽음에 대한 목도, 저항, 혁명이 있는 반면, 다른 한편에는 법의 힘, 개헌이 있으며 괴기하고 수상한 매개항으로 비상계엄, 비상사태가 벌어진다. 제1차 경제개발 5개년계획이 1962년 시작된다. 1948년 여순, 4·3 이후 1972년 10월 유신을 거쳐 1979년 10월 26일, 1980년 5·18 민주화운동 등 1991년까지 계엄은 총 19회, 경비계엄은 7회가 선포되었다.

이 같은 비상사태는 예외 상태로 치닫는다.[10] 긴급성, 긴급피난은 어떤 법도 알지 못한다(necessitas legen non haber). 아감벤은 예외 상태의 정치적 출현이 필연적으로 긴급성의 실존, 즉 특이한 사례와 특수한 사례에 따라서 판단하고 지시하는 긴급의 실존을 창출한다고 지적한다.[11] 그것은 시간과 공간적 인지와 감각에 변화를 가져온다. 시간적으로는 다급함이며 공간

---

10   아감벤은 어원상으로나 언어상으로나 예외 상태가 독일의 긴급 상태, 영미의 계엄령과 비상대권 그리고 이탈리아의 비상포고령 개념 및 프랑스의 계엄 상태와 연결되어 있는 '일군의 지속적인 법적 현상들'을 가리킨다고 지적한다. 계엄 상태는 정부의 형태이면서 동시에 법의 지배다. 감추어진 법의 힘, 법이 아닌 법의 힘, 이른바 '법의 힘'에 의해 영속화되는 법의 지배인 것이다. 조르조 아감벤, 『예외 상태』, 김항 옮김, 새물결, 2009; 칼 슈미트, 『정치신학』, 김항 옮김, 그린비, 2010; 자크 데리다, 『법의 힘』, 진태원 옮김, 문학과지성사, 2004; 발터 벤야민, 「폭력 비판을 위하여」, 『역사의 개념에 대하여 | 폭력비판을 위하여 | 초현실주의 외』, 최성만 옮김, 길, 2008 참조.
11   아감벤, 앞의 책. 김상운, 「아감벤에 관하여」, 《오늘의 문예비평》 60, 2006, 174~176쪽에서 재인용.

적으로는 포위, 시각적으로는 감시의 체제다. 해방 이후 국가보안법과 함께 다급함은 이후 산업화의 동력 속도가 되며, 후기산업사회 인터넷의 질주학 (dromology), 사회적 정당화의 근간을 일부 이룬다. 영화는 이 같은 감시 체제, 시선의 동학과 연루되거나 긴장관계를 구성한다.[12]

남한 영화의 황금기는 이 용광로의 가동 속에서 주조된다. 혹은 남한 영화의 황금기, 그 원초경이 이 용광로를 보게 한다. 시시각각 변화무쌍하던 시기. 아, 무슨 일이 일어났던 것일까? 정치, 문화, 경제, 법의 강화된 정세적 연계 속에서. 선포, 계획, 담화문이 언어적 명령의 최상위를 점령하고 시위하던 시절, 영화가, 크게는 문화가 이 같은 법, 사회, 정치, 군사 문화와 마주치는 방식은 무엇이었는가? 4·19 혁명으로 민주주의에 대한 요구는 발아되었으나 유예되고, 그 유예 속에서 현재적 긴급성이 남한 영화의 황금기다운 영화 작가, 장르의 성숙과 만난 곳은 어디인가? 그곳은 전쟁의 기억장이다. 이 시기 한국 영화는 전쟁기를 다시 살며, 1960년대 초반 현실의 전장과 맞서거나 마주한다. 비상사태가 초래하는 공포와 그것을 야기하는 정동의 정치학, 예외가 규범이 되는 일상, 혁명 등이 가까운 기억이 될 때, 그 정치적 서스펜스는 미스터리로 변하고, 전장이나 전쟁에 관한 트라우마의 영화가 만들어진다. 안병섭은 「이만희에 있어서의 리얼리즘」에서 49편에 달하는 이만희의 작품 중 〈돌아오지 않는 해병〉(1963)과 〈시장〉(1965), 〈삼포 가는 길〉(1975) 세 작품을 리얼리즘의 대표작으로 꼽는다. 안병섭은 여기에 홍

---

12 김기덕의 〈나쁜 남자〉(2001), 〈숨〉(2007), 〈빈집〉(2004) 등은 이 같은 사회의 감시 체계를 영화장치로 치환하고 중첩해 그려낸다. Earl Jackson, Jr. "Otherness Becomes You: Accommodation and Self-Construction in Kim Ki-duk and Kim Kyungmook," 'Korean Cinema Conference' at University of Pécs, Hungary, March 2012 참고.

미로운 범주를 제시한다. 50년대 말에 시작된 '사회적 리얼리즘'(1955~1965) 경향이다. 이 사회적 리얼리즘의 특징이 동족상잔의 비극으로서 한국전쟁을 다루는 것인데, 〈돌아오지 않는 해병〉이 그 전통을 잇고 있다는 것이다. 그리고 이만희 영화의 중요한 원체험으로 한국전쟁을 언급한다.[13] 1959년을 보면 한국전쟁 때 헤어졌다가 재회한 모녀의 이야기인 권영순의 〈가는 봄, 오는 봄〉(1959), 전쟁미망인이 등장하는 이봉래의 〈행복의 조건〉(1959), 여섯 살짜리 아이가 1·4 후퇴 때 행방불명이 된 엄마를 찾아 휴전선을 건너오는 변순제의 〈내 품에 돌아오라〉(1959), 전쟁으로 몸에 상처를 입은 사나이와 뜻하지 않은 불행으로 마음의 상처를 안게 된 여자가 서로 사랑의 힘으로 행복을 찾는다는 김응천의 〈영광의 침실〉(1959) 등이 엇비슷하게 이 범주에 해당되는 듯이 보인다.

김기영 감독의 영화들은 이제까지 한국영화사의 리얼리즘 계보, 담론 체제에 속하지는 않았지만 위 '사회적 리얼리즘'의 한국전쟁, 넓게는 대동아전쟁 등을 포함해 전쟁을 매개항으로 해방 이후 한국영화사를 되감으면 초창기 영화 〈나는 트럭이다〉(1953)와 〈죽엄의 상자〉(1955) 등이 대동아전쟁 시기인 1944~1945년을 배경으로 한 〈현해탄은 알고 있다〉가 재고를 요청하는 텍스트로 등장한다. 사회적 리얼리즘을 재확인하기 위해서라기보다는 '전쟁과 영화'라는 장치로 한국영화사를 다시 판독하려고 할 때 말이다. 박태순은 「무너진 극장」에서 다음과 같이 기술한 바 있다.

1950년대에 사람들은 전쟁이라는 것을 통해 잔학과 무질서를

---

13   김수남, 「어두운 영상, 청순한 이미지의 영화작가: 이만희의 영화예술세계」, 《영화연구》 10, 1995에서 재인용 및 재해석.

익혔다. 그리고 1960년대로 넘어가는 이 해에는 한국에 있어서
또 하나의 큰 변혁이 오고 있었다.

1960년대, '전쟁과 영화'라는 장치는 한국전쟁을 통해 당시 관객들에게
역사와 현재, 폭력적 전화와 반-전화를 위한 폭력을 맞닥뜨리게 한다.
미국 공보원(USIS)의 〈리버티 뉴스〉에 근무하면서 전쟁과 영화 장치
를 동시에 경험한 김기영은 폴 비릴리오가 기술하는 '전쟁과 영화'의 세계에
서 그리 멀지 않다. 알려진 것처럼 폴 비릴리오는 안전과 영토성, 속도와 정
치, 전쟁과 영화의 관계 등을 다룬다. 폴 비릴리오의 사유는 시각 테크놀로
지와 전쟁기계, 빛의 절대적 속도와 이미지의 운동이 제공하는 현기증, 파괴
적 매혹, 탈현실화와 마주하게 된다. 테크놀로지와 무기, 빛, 속도, 이미지가
비릴리오의 사유 전개와 불가분의 관계를 이루는 주제라면, 그것은 또한 전
쟁과 영화라는 두 영역으로부터 비롯되어 그것으로 귀환한다.[14]
유실되거나 사라진 필름들이 근래 여기저기서 재발견되면서 우리는
어떤 영화들과 예상치 않은 어긋난 시간의 우발적 만남을 하게 되는데 최근
귀환한 김기영의 〈나는 트럭이다〉(1953)와 〈죽엄의 상자〉, 〈현해탄은 알고
있다〉는 이전 전근대/근대, 섹슈얼리티, 젠더, 권력의 배열을 보여주는 〈양
산도〉(1955), 〈하녀〉, 〈이어도〉(1977) 등과는 또 다른 계보의 매핑을 가능하
게 한다. 예의 '전쟁과 영화' 기계장치의 맥락 속에서 파악하는 것이다. 한국
전쟁 이후 지속되는 냉전의 체제 속에서 만들어진 작가 체계와 정전이 전쟁
과 영화의 장치 속에서 구성되는 것은 놀라운 일이 아니다. 이전 한국영화

---

14   폴 비릴리오, 『전쟁과 영화』, 권혜원 옮김, 한나래, 2004, 8쪽.

를 배경으로 한 '사회적 리얼리즘'이라는 표제와 표상은 이 절합을 다른 방식으로 주제화했던 것이다.

한국 영화사 기술에서 사라진 필름, '팬텀 시네마', 유령 영화의 문제만이 아니라 이러한 실종된 영화의 '우발적' 발견은 한국 영화사를 전체적으로 사유하고 연구하는 데 관여하는 반가운 손님이며 불확정적 요소다. 현재 기술된 한국 영화사 연표의 연대기적 흐름과는 달리 현재 시간, 재발견의 이런 우발성 자체가 불가피하게 아카이빙, 역사 기술에서 배태된다. 연대기에 틈입하는 이러한 우발성 등으로 한국 영화의 역사 기술은 (그리고 비슷한 곤궁에 처한 후기식민지의 아카이브들과 함께) '문제사'가 될 수밖에 없는 '운명'인 것이다.

남아 있는 영화들이나 귀환하는 영화들은 또한 팬텀 시네마의 재출현을 기다리는 쾡한 아카이브의 선반 위에서 이 같은 실종과 귀환을 촉발시킨 사회사를 증언하는 가공된 근현대사의 재료로 기능한다. 영화의 불가피한 인덱스적 기호성은 대중 기억의 아카이브다. 예컨대 이만희의 〈주마등〉을 다시 등장시켜보자. 〈주마등〉은 "영화계 암투 폭력화"라는 기사를 남기고 필름째 사라졌고 우리는 궁금해한다. 〈주마등〉은 어떤 영화일까?

이 질문과 동시에 한국 영화사 기술의 문제로 돌아가자면 이것은 사라진 영화에 대한 역사 기술, '쓰이지 않은 것을 읽기', 그리고 '보이지 않는 것을 보기'라는 후기식민지 아카이브의 문제 틀[15]에 귀속된다. 또한 한 감독의 필모그래피의 첫 줄을 차지하고 있는 사라진 영화에 대한 이론적 탐색이기도 하다. 특히 개봉 당시의 영화평도 남은 것이 없이 외부 사건으로 추문화

---

15   김소영, 앞의 책, 제1장의 첫 번째 논문 「한국 영화의 원초경: 사진, 활동, 계보, 계모」 참고.

된 영화에 대한 궁금증이 유현목과 함께 나운규를 잇는 리얼리즘 감독 이만 희일 때는 더욱 그렇다. 영상자료원에서 제공하는 줄거리는 다음과 같다.

> 늦게까지 자식을 못 본 권진사는 소실을 얻어 두 남매를 얻는
> 다. 그런데 본부인은 소실과 소실의 몸에서 난 소실 남매를 학대
> 하기 시작한다. 소실은 그 학대를 견디다 못해 집을 나와 서울로
> 올라온다. 그 후 20여 년의 세월이 흘러 장성한 두 남매가 성공
> 하는데 그즈음 본처는 가산을 탕진하고 곤경에 처한다. 소실과
> 두 남매는 지난날을 용서하고 그녀를 따뜻하게 맞이한다.

2. 전쟁과 영화: 〈현해탄은 알고 있다〉

김기영 감독의 1961년작 〈현해탄은 알고 있다〉는 학병을 싣고 가는 군함으로 시작한다. 보이스오버 내레이션이 위의 정보를 전한다. 정면으로 군함의 풀 숏이 보이고, 조타 중인 조정실이 보인 다음 숏이 바뀌어 일본 장교(김승호)와 등을 보이고 앉은 군인이 보인다.

일본 장교가 묻는다. "네 이름이?" "아로운입니다." 일본 장교는 "아로운!"이라고 말한 후 그가 요주의 인물로 분류되어 있음을 알린다. 군함에 경계경보가 울리고 선실의 병사들은 경계 태세에 들어간다. 처음부터 거의 인물들을 정면 숏으로 프레임에 넣고 기둥 등으로 프레임을 정확하게 나누는 이 영화는 군인들이 경계 태세를 갖추는 이 장면을 트레킹으로 처리하는데, 카메라가 트레킹으로 두 선실을 수평으로 가로지름으로써 두 선실의 한쪽 벽이 카메라를 향해 개방되어 있는 세트임을 전경화한다. 이어 바다가 보이

고 현해탄(玄海灘)이라는 타이틀 자막이 뜬다. 배우를 비롯한 스태프 소개 크레딧이 물결치는 바다 위로 중첩된다. 일본에서는 현계탄(玄界灘, 겐카이나다)이라고도 부르는 이 현해탄을 아로운(김운하)을 비롯한 학병들이 1944년 나고야로 가기 위해 건넌다. 공중 숏으로 도열한 군함들이 미니어처 촬영을 통해 보인다. 이와 같은 세트의 전경화와 미니어처 촬영으로 어느 정도 비평적 거리감 혹은 반대로 어떤 영화적 위용(spectacle)이 만들어진 후, 우리는 이들 학도병이 나고야의 수송부대로 배치되고 내무 생활을 하는 것을 보게 된다.

일본군 모리(이예춘)는 다시 문제아로 아로운을 호명한다. 이후 모리는 아로운을 사디즘의 대상으로 삼아 구타하고 자신의 똥 묻은 군화를 혀로 핥고 삼키게 하는 등의 군대라기보다 수용소의 전쟁포로처럼 취급하는 것이다. 아로운은 식민 비체 남성, 비인간으로 전락한다.

〈현해탄은 알고 있다〉를 이해하기 위한 몇 개의 중요한 참조 틀이 있다. 이 영화의 원작자인 한운사의 이 영화 관련 소설 TV, 라디오 방송극 등이다. 한운사는 경성대학 예과와 서울대학교 문리대 불문과에 재학 중 방송극작가로 데뷔했고 한국일보 문화부장을 지내다가 최초의 장편 소설『이 생명 다하도록』(1957)으로 작품 활동을 시작했고 소설, 시나리오, 라디오/TV 드라마 작가로 1960, 70년대에 활동했다. 〈현해탄은 알고 있다〉, 〈남과 북〉(1965), 〈아낌없이 주련다〉(1962), 〈빨간 마후라〉(1964), 〈잘 돼 갑니다〉(1968), 〈나루터 3대〉(1978) 등의 작품이 있으며 노래 〈잘 살아보세〉(1962)와 〈누가 이 사람을 모르시나요〉(1965)의 작사가이기도 하다.[16]

〈현해탄은 알고 있다〉의 주인공 이름을 딴 아로운(『아큐정전』의 그 아(阿)다) 삼부작『현해탄은 알고 있다』(1961),『현해탄은 말이 없다』(1961),『승자와 패자』(1961) 연작은 '현해탄 3부작'으로 불리기도 한다.

3. 활유법과 현해탄

한국 영화의 타자와 경계라는 주제와 관련해 〈현해탄은 알고 있다〉를 한반도의 지리적 경계이자 정동의 장소인 두만강, 압록강, 황해 등과 나란히 놓고 보면 현해탄은 두만강과 더불어 '현해탄 서사'라 불릴 만큼 사연을 많이 가지고 있다. 〈현해탄은 알고 있다〉의 주인공 학병뿐 아니라 수많은 청년들, 중장년들이 현해탄을 건넜다. 『현해탄』(1938)이라는 시집을 쓴 임화 역시 1929년 도일했다. 그는 연극 공부를 위해 현해탄을 건넜고 1930년 다시 카프(KAPF)의 책임자로 돌아왔다.[16] 임화의 시집 『현해탄』은 절절하다.

> 이 바다 물결은 예부터 높다
>
> 그렇지만 우리 청년들은 두려움보다 용기가 앞섰다
>
> 산불이 어린 사슴들을 거친 들로 내몬 게다
>
> (…)
>
> 청년들은 늘
>
> 희망을 안고 건너가
>
> 결의를 가지고 돌아왔다

---

16   김진희, 「반성과 거울의 양식: 1930년대 후반 임화의 시」, 《한국근대문학연구》 5(1), 2004, 64쪽 참고.

17   한운사의 작품에 관한 연구로는 윤석진, 「방송극 작가 한운사의 '통일 연습 시리즈' 고찰 1: 반전 드라마를 중심으로」, 《한국문학연구》 39, 2010; 김예림의 「치안, 범법, 탈주 그리고 이 모든 사태의 전후(前後): 학병로망으로서의 『청춘극장』과 『아로운』」, 《대중서사연구》 24, 2010; 이경숙의 「한운사의 '아로운(阿魯雲)' 삼부작 연구」, 《한국문학이론과 비평》 33, 2006 등이 있다.

〈현해탄은 알고 있다〉(1961)

임화의 『현해탄』이 1930년대 후반 일제 파시즘의 그림자 안에서 쓰인 것이라면 한운사의 『현해탄은 알고 있다』는 4·19 이후 KBS 방송드라마 형식으로 방영된 것이다. 한운사는 일본 주오 대학에 유학 중 학도병으로 징집되어 해방될 때까지 운전병으로 일했다. 일본 유학시절인 1943년 12월, 학도병으로 징집된 조선 학생들이 입대 전날 모여 있던 부민관에서 그는 고이소 총독에게 조선인들이 학도병으로 나간 이후 조선인들의 미래를 보장해줄 수 있는가 하고 따지다가 중징계를 받을 뻔했으나 모면했다고 한다. 아로운이라는 인물에 자전적 요소가 많은 셈이다.

한운사의 현해탄 서사는 임화의 『현해탄』보다 몇 년 뒤에 일어난 학병 경험을 소재로 하고 4·19 혁명이라는 청년 정치의 파고 속에서 만들어진 역사적 배열, 거울 쌍을 만들 뿐 아니라 소설, 라디오, 영화 등의 멀티미디어로 다종다기하게 파생하는 예를 만들어낸다. 말하자면 40년대 중반과 50년대 말에서 60년대 초의 두 시간대가 만나 역사적 짝패를 이루고 서로를 비추는 거울이 생성되고, 역사적 쌍과 거울 쌍은 소설, 라디오, 다매체를 횡단하는 트랜스 미디어가 된 것이다.

이런 복합성 속에서 흥미로운 부분은 화자의 문제다. 곧 시대를 종단하고 매체를 횡단하는 복합적 텍스트가 되는 『현해탄은 알고 있다』는 제목에서 소위 활유법(prosopopeia), 무생물을 생물에 빗대어 표현하는 방식을 택하고 있다. '바다가 힘차게 달려간다'든지 하는 것이 활유법이다. '현해탄은 알고 있다'라는 활유법에서 인식, 지각의 주체는 현해탄, 즉 무생물이다. 비유법인 만큼 이것은 당연히 여러 가지 해석을 가능하게 한다. 무생물인 현해탄이 정보나 지식을 가질 리 없다. 인지나 지각을 할 리 없다. 그런데도 현해탄은 알고 있다고 하는 것은 한편으로는 한 많은 식민지 역사의 목격자로서의 위치를 현해탄에 부여하는 것이며, 식민지 역사의 앎의 장소로서 현해탄을 호명하는 것이다.

이 활유법에 대해 마이클 리파테르(Michel Riffaterre)는 폴 드 만(Paul de Man)이 니체(Friedrich Nietzsche)의 「진실과 거짓에 관하여」(On truth and Lie, 1873)에 대해 분석하면서 서정시를 마치 활유법의 특성처럼 다루는 것에 주목한다. "우리가 서정적, 서정시라고 부르는 것은 (…) 비유를 의인화로 전화하는 것이다." 그러면서 리파테르는 활유법이 수사적 본질로 보아 가정적이라면서 그와 같은 활유법과 두 개의 서술문적 양식(묘사적인 것과 내러티브적인 것)과 맺는 관계의 문제를 제기한다. 만약 서정시가 비유를 의인화한다면 독해는 그 과정을 뒤집는 것인가? 내러티브나 묘사적인 인터텍스트 없이도 활유법에 의미가 있을 수 있는가? 활유법은 내러티브를 발생시킬 수 있는가? 이어 리파테르는 퐁타니에(Pierre Fontanier)의 활유법에 대한 글쓰기를 환기시키면서 이것이 의인화와 달리 부재한 것, 죽은 것, 초자연적인 것 혹은 비생물적인 존재들을 무대화한다고 말한다. 마치 우리가 습관적으로 하는 것처럼 이것들이 행동하고 말하고 대답하게 한다는 것이다. 적어도 이들은 우리가 마음을 털어놓을 수 있는 친구, 증인, 고소인, 복수하는 사람, 판사 등등이 된다고 설명한다.[18]

『현해탄은 알고 있다』에서 현해탄은 목격자, 증인이자 일종의 식민지의 침묵, 무언의 아카이브이지만 언젠가는 입을 떼고 문을 열 수 있는 아카이브가 된다. 왜 현해탄이 살아 있는 것의 자리에 오를 수 있는(예컨대 앞의 주어일 뿐 아니라 잠재적으로 말할 수 있고 증언할 수 있는 생명체로서 기능이 부여되는) 활유법을 증여받는가는 명백하다. 살아 있는 것, 식민지의 하위주체, 서발턴은 말할 수 없기 때문이다. 살아 있으나 식민화된 주체는 오히려 말할 수 없는 비인간이 되고 생명을 갖지 않는 현해탄은 활유를 통해 살아난다. 이 같은 역설을 드러내기 위해 현해탄이 알고 있다고 말하는 것이다. 현해탄이 알고 있다는 것은 또한 훗날 복수의 근거가 된다. 현해탄이 증인이고 증언이기 때문이다. 대륙활극을 연 정창화의 만주 철광 지대를 배경으로 한 〈대지여 말해다오〉(1962), 임권택의 〈두만강아 잘 있거라〉(1962) 등의 영화들이 그 제목에서 활유법을 채택하고 있다. 반면 김기영 감독의 1954년 작 〈나는 트럭이다〉는 한국전쟁을 위해 미국에서 온 트럭이 화자인 의인법을 채택하고 있다.

현해탄이 이런 화자의 위치를 점하는 것은 현해탄이 임화 때나 한운사 때처럼 식민지 조선과 제국 일본을 잇는 뱃길이기 때문이다. 논문 「현해탄과 제일 디아스포라의 비극적 형상화」는 현해탄이 1905년 9월 부산과 시모노세키를 연결하는 관부연락선의 첫 취항 이후 근대 문물이 들어오는 통로이기도 했지만 일제의 조선 경제 침탈과 동북아로의 군국주의 확장을 위한 길이면서 노동 이민자들의 '도일' 행로이기도 했다는 점을 지적하고 있다. 이런 노동 이민자들의 삶을 다룬 작품으로 김석송, 정노풍, 심훈의 '유민시'들을 들 수 있다.[19] 앞서 지적했듯이 〈현해탄은 알고 있다〉는 전시 학도병의 도일 행로로서의 현해탄을 전제한다.

---

18   Michael Riffaterre, "Prosopoperia," *Yale French Studies* 69(1985), 107~108쪽 참고.
19   박경수, 「현해탄과 제일 디아스포라의 비극적 형상화」, 동북아시아 문화학회·동아시아일본학회 공동 주최 "바다와 인문학의 만남" 연합 국제학술대회 발표문, 2008년 11월 29일, 141~142쪽 참고.

4. 고백, 진실, 섹스

　　영화는 학병 아로운을 다루면서 활유의 공간으로서의 현해탄과 대구를 이룰 만한 하나의 양식을 적절히 활용한다. 그것은 고백이다. 아로운은 평범한 일본 여성 히데코(공미도리)와 연인 관계를 맺게 되는데 이들의 관계가 시작되고 지속되고 발전되는 방식은 아로운이 히데코에게 자신이 일본군에게 구타당하고 학대받은 데 대해 고백하는 것이다. 히데코 역시 처음에는 조선인들이 도둑질을 일삼는 민족이라는 인식을 가진 일본 여자였으나 아로운이 당한 폭력의 내용을 듣고 그것을 지켜봄으로써 아로운을 사랑하게 된다. 위의 활유화된 현해탄이 학병으로 끌려가는 조선인들을 지켜본 무언의 증인으로 설정되었다면, 일본 여성 히데코는 증언을 듣는 자, 청자로 설정되어 있다. 인종적, 권력적 폭력이 매개한 이 관계는 식민자와 피식민자의 사랑으로 이어지고, 이런 고백의 양식은 1910년대에 발흥되어 1920년대 한국문학에서 번성했던 지식인의 고백 소설, 지식인의 번민을 내면 고백의 형태로 서술한 것과 맥을 같이하면서도 다른 양상을 띤다. 예컨대 1900년대 주요한 소설 유형이던 역사 소설이나 신소설이 퇴조하고, 1910년대나 1920년대의 단편소설의 경우 작가의 개인적 체험을 직접적으로 표출하거나 소설의 주인공이 자신의 삶을 고백하는 서술이며 '고백'이라는 양식은 한국 소설사에서 새로운 현상이었다.[20] 주인공이 지식인인 고백소설은 지식인의 번민을 내면 고백의 형태로 서술한 것이다.

　　일본에서 자연주의가 현실을 그리는 리얼리즘 소설이 아니라 '사생활'

20　　우정권은 고백이 내면성을 발견하고 형성해나가는 문학적 장치였음을 지적한다. 우정권, 『한국 근대고백 소설의 형성과 서사 양식』, 깊은샘, 2004 참고.

을 제재로 하면서 '내면'을 그리는 고백소설로 변모하는 반면, 한국에서는 고백이라는 문학적 장치를 통해 표현되더라도 단순히 내면의 사생활에 관한 고민을 토로하는 데 그치지 않고 식민지 현실을 보여주게 된다. 1920년대 여성 작가의 경우, 고백체 소설은 전통적인 가부장적 가족제도를 기반으로 한 성적 금기에 도전한 것이었고, 이 때문에 상당한 비난을 받았다.

〈현해탄은 알고 있다〉가 만들어지던 당시 〈어느 여대생의 고백〉(1958), 〈그 여자의 죄가 아니다〉(1959), 〈어느 여배우의 고백〉(1967) 등에서 이런 고백 장치가 나타난다. 이러한 고백 장치들은 식민지 시기 신여성의 고백을 계승하면서도 한국전쟁 이후 미국에 경도된 근대화 시기의 여성 고백 장치의 계보를 새롭게 구성한다. 1930년대의 고백 담론이 수필, 소설 등 문학장을 중심으로 전개되고 신여성이나 모던걸과 같은 교육받은 여성들을 중심으로 전개된 데 비해, 1950~1960년대의 영화들은 여성을 잠재적 관객으로 설정하는 경우가 많았다. 문학장에서는 엘리트 여성들에 한정되는 데 비해, 이후 영화에서는 여성 관객층을 포괄하려는 태도를 볼 수 있는 것이다.

이렇게 여성을 주인공으로 하는 고백 영화의 계보 속에서 〈현해탄은 알고 있다〉는 제국의 여성과 식민지 남성으로 그 대상을 바꾸어 남성을 고백하는 자리에 놓음으로써 식민지 남성의 여성화를 보여주고, 이후 연속적 고백과 육체관계를 통해 이 남녀가 이 권력 관계를 어떤 방식으로 바꾸는가를 보여준다. 고백과 진실과 섹스가 식민지의 담론으로 배치되는 순간이다. 이 담론의 복잡한 역학을 현해탄인들 알 수 있었겠는가? "진리는 현해탄을 건널 수 없다?"[21]

---

21   허우성, 「진리는 현해탄을 건널 수 없다: 니시다(西田) 철학을 중심으로」, 《철학과 현실》 43, 1999 참고.

5. 비판적 무드의 영화 〈휴일〉

〈현해탄은 알고 있다〉를 활유법을 사용하는 1961년의 후기 식민 텍스트로 읽었다면 이만희의 〈휴일〉은 영화라는 문화적 생산물이 자아내는 어떤 '무드'(mood)에 대한 예시를 시사하기 위해서다. 현재 프린트가 남아 있지 않은 〈다이알 112를 돌려라〉(1962), 〈만추〉(1966) 등은 당시《영화세계》나《주간한국》,《조선일보》등의 평을 보면 평단의 호감이 이만희가 자아내는 무드에 집중하고 있다. 〈만추〉에 대해《조선일보》는 "짜릿한 시정과 함께 가슴 메는 인간의 고독, 뛰어난 영상과 '무드'의 66년도 수작"이라고 평했다. 〈휴일〉은 개봉되지 않아 평을 확인할 수 없으나 이만희 감독의 다른 작품들과 이 무드를 공유하고 있는 것으로 보인다.

이만희의 영화들, 특히 〈휴일〉과 더불어 내가 생각하려는 것은 명확하게 조직화되지 않은 '저항'의 감각과 인지 부분이다.[22] 발터 벤야민은 영화가 갖는 혁명적 기능을 사물세계의 초현실주의적 얼굴('시각적 무의식'의 세계)을 읽어내고 나아가 어쩔 수 없는 운명처럼 보였던 현실을 행동을 바꿀 가능성을 열어 보여주는 것이라고 설명한다. 미학(Asthetik)이 아닌 감각학(Aisthetik)에서 이미지는 단순한 지각의 대상인 것만이 아니라 신체의 신경

---

22   한국예술종합학교 영상원 영상이론과 한국 영화사 수업의 학부 1학년 20대 학생들 대부분은 영화 〈휴일〉에서 88만원 세대 자신들의 자화상을 발견했다. 무기력함을 보기도 하고 소극적 저항을 보기도 했다. 저항의 맹아라도 찾으려는 리뷰가 더 많은 편이다. 당대 검열은 매우 특권화 된 오독과 냉전의 컨텍스트를 텍스트보다 우위에 두는 광역의 읽기를 통해 〈7인의 여포로〉(이만희, 1965)의 제목을 바꾸게 해〈돌아온 여군〉으로 만들었다. 검열은 권력으로 기운 강박적 읽기이며 검열 당국은 이만희 영화의 반골적 무드를 가장 '민감'하게 오독한 평론가였던 셈이다.

감응을 통해 의지를 활성화시키는 포괄적 의미를 가진다.[23]

나는 질문을 제기하고 싶다. 영화는 자본주의 물질문화에서 어떤 대항, 조응, 순응 감각을 무드로 제시하는가? 그리고 이 무드는 어떤 '깨어남', 산뜻하거나 섬뜩한 각성을 은연중 제시하고 있는가? 무드는 레이먼드 윌리엄스(Raymond Williams)가 말한 감정의 구조와 연결되어 있다. 감정의 구조란 어떤 시기의 감정과 경험이 일반적으로 조직되는 것을 말한다. 공통의 가치 혹은 공유된 세대별 경험이 주체 경험을 구성하는 방법이다. 윌리엄스에게 어떤 사회적 실천, 예술작품, 문학은 그와 같은 구조들의 주요 기록이다. 이데올로기와 매우 유사하지만 윌리엄스는 감정 구조가 경험들을 구성하는 '형성의 과정들'의 층위에 속한다고 보았다. 이데올로기는 보다 발전된 구조와 사회적 위치들이다.[24] 무드는 감정의 구조나 '이즘'(모더니즘이나 리얼리즘 재현의 체계)에 근접해 있기는 하지만 시대의 어떤 기운, 냄새를 슬쩍 풍기는 것, 기분, 정조, 분위기를 타는 어떤 지향 내지 지향하지 않음이다. 과잉성이나 휘발성을 갖기도 하지만, 침잠되었거나 어떤 잔여, 지속으로 남아 있는 것을 무드라고 하자. 이것은 동시대인들이나 이와 유사한 역사적 조건을 만난 사람들이 눈치 챌 수 있는 감각화된 그 무엇이다.

무드에는 잔여적 힘과 지배적 힘, 부상하는 힘들이 다소 판독 불가능하

23   발터 벤야민, 「기술복제시대의 예술 작품」, 『기술복제시대의 예술작품 | 사진의 작은 역사 외』, 최성만 옮김, 길, 2007; Miriam Hansen, "Room-for-Play: Benjamin's Gamble with Cinema," October 109(2004); 최성만, 「기술과 예술의 열린 변증법: 발터 벤야민의 "기술복제 시대의 예술 작품" 읽기」, 《뷔히너와 현대문학》 32, 2009; 강수미, 『아이스테시스』, 글항아리, 2011 등 참조.

24   레이먼드 윌리엄스, 『마르크스주의와 문학』, 박만준 옮김, 지식을만드는지식, 2013은 감정의 구조에서 계급적 요소를 본다. 이렇게 경험을 이데올로기로부터 괄호 치는 것은 문화연구를 지배하게 되는 구조주의나 탈구조주의 연구와 어긋나는 것이기도 하다.

게 섞여 있지만, 또한 감각적인 주선율이 있다. 나는 이 무드라는 용어를 자본주의적 근대화, 발전주의 모델에 맞설 만한 공고한 대항 이데올로기가 없는 1960년대, 그 누구를 막론하고 생기 있는 숨구멍을 지닌 자들이라면 공개적 독재 체제의 표적이 될 수 있다는 생각이 팽배한 시기,[25] 자본주의가 개발 독재의 형태로 남한을 지배하던 '박정희 체제'[26] 시기 어딘가 반골적이고 저항적인 영화들의 기운을 설명하는 것으로 사용하고자 한다. "노동자계급 조직률, 계급으로의 주체 형성이 낮고, 분단 의식의 내면화로 노동 운동, 노동자 계급이 불온시 혹은 적대시하는 사회적 관념이 재생산"되던 시대 (1963~1972),[27] 선명한 계급의식보다는 반골의 무드를 가진 감독과 텍스트와 관객의 삼위일체의 형세를 보려는 것이다.

예컨대 이만희의 일련의 영화들에서 내가 찾으려고 하는 것은 조직된 진보 좌파 정치라고 부를 만한 장이 상대적으로 부재한 시대, 그리하여 자본에 대항해 자신들의 권리를 요구하는 것이 거의 불가능한 시절, 박정희 체제가 체제로서 강화되어나갈 때 문화, 예술 특히 산업과 대중의 절합이 응축된 영화의 영역에서 수동적 복종이 아닌 저항의 잠재성과 가능성을 어떻게 독해할 수 있는가 하는 점이다.

또한 좀 더 넓게 보자면 자본주의가 경제 영역에서 일어나는 것과는 다른 양가적 무드가 문화와 예술의 영역에서 어떻게 조성하며, 그것이 영화라는 장에서 어떻게 재현으로 응결, 발현 되는가 하는 것이다.

25   이광일, 『박정희 체제, 자유주의적 비판 뛰어넘기』, 메이데이, 2011 참고.
26   조희연, 『박정희와 개발독재시대』, 역사비평사, 2007 참고.
27   이광일, 앞의 책, 125~126쪽의 〈표14〉는 조직노동자 추이를 분석한 것으로 1963년에서 1972년까지 조직노동자 추이를 밝힌 한국노총의 〈사업보고〉에 기반하고 있다.

무드는 또한 말의 법(法)이기도 하다. 말의 법(mood)과 시제, 인칭의 차원에서 바틀비의 소극적 저항 "안 하는 쪽으로 하겠다"(prefer not to)와 같은 부정을 긍정하는 이러한 말은 법(mood) 혹은 문법에 어긋난 진술이 아님에도 그 모든 명령의 배후에 놓인 법(law) 자체를 미궁에 빠뜨린다.[28]

6. 〈휴일〉의 무드: 죽음의 드라이브

앞서 이만희 감독의 영화를 두고 당대의 평론가들은 '무드'의 영화라는 표현을 사용했다고 전했다. 이만희 감독 영화의 무드는 개인적 관계의 감성을 뛰어넘는 시대적 공기를 묵언으로 흡수하고 그것을 영화적으로 조형, 조각하는 것이었다. 이러한 무드는 멜랑콜리아에서도 기인한다. 프로이트가 「애도와 멜랑콜리아」(Mourning and Melancholia, 1917)라는 에세이에서 밝혔듯이, 에고(ego)는 완전히 궁핍해져 사랑이나 성취를 할 수 없다. 그것은 나르시시스트(narcissist)적 대상 선택에서 퇴행해 상실된 대상과 나르시시스트적 동일화를 이룬다.[29]

〈휴일〉에서 남자는 여자가 임신 중절 수술 도중 죽었음을 듣게 된다. 그

---

28   황호덕, 「바틀비의 타자기: 한유주 혹은 어떤 "특성 없는 인간"에게 부치는 레터」, 《오늘의 문예비평》 77, 2010, 69~71쪽 참고. 이 논문과 한국의 근대 문학이란 무엇인가를 물은 김우창, 『한국문학이란 무엇인가』, 민음사, 1995를 함께 참조할 것.
29   알브레히트 뒤러(Albrecht Duerer)의 〈멜랑콜리아〉(1514)에서 땅바닥 여기저기에 용도를 잃은 채 널려 있는 일상적 도구들이 사색의 대상이 된다는 사실은 이러한 병적 상태의 비애 개념에 잘 부합한다. 발터 벤야민, 『독일 비애극의 원천』, 최성만·김유동 옮김, 한길사, 2009, 211쪽.

〈휴일〉(1968)

러나 이 죽음이 일어나기 전부터 영화를 감싸고 있던 멜랑콜리아의 무드는
상실에 대한 일반적 반응인 애도의 자리를 선점해버린다.

1960년대와 1970년대 이만희의 영화들은 우울과 명랑을 오간다. 나는
이 용어를 의료적 병리 현상으로 사용하는 것이 아니라 통속적 의미에서 사
용하고 있다. 멜랑콜리아와 무기력과 더불어 시네필적 현현에 다름 아닌 흥
분, 즉 신대륙(장르) 발견과 장르 횡단의 활력도 있다. 심리적 도착성과 유토
피아적 아나키즘이 공존하는 이만희의 51편 정도(1961년 〈주마등〉으로 데뷔했
고 1975년작 〈삼포가는 길〉이 마지막 영화다)의 영화는 그야말로 '무디'하다.

1968년 만들어져 검열 문제로 상영되지 못하다가 2005년에 관객들에
게 소개된 〈휴일〉은 일순간 당대의 시네필을 사로잡았다. 주변으로 밀려난
청춘의 모습과 모던한 영화의 짜임새가 시간을 가로질러 다가왔기 때문이
다. 영화에서 도시의 자연에 놓인 나무, 풀, 소품, 조형들은 인물과 불화한다.
휴일의 위안은 오지 않는다. 영화는 시네필적 현현의 순간이라고 부를 만한
시각적, 감정적 동요와 흥분을 불러일으킨다. 흙바람 날리는 공원에 서 있는
무기력한 연인 그리고 그 프레임을 침범하는 나뭇가지들은 치유 불가능한
듯 보이는 삶의 비극들을 슬그머니 주입한다.

영화의 오프닝, 기울어진 앵글, 사각으로 포착된 명동성당과 소나무가
실루엣으로 보인다. 이어 남자의 발걸음이 클로즈업된다. 보이스오버가 들
린다.

> 그 여자의 이름은 지연이었다. 우리는 언제나 일요일에 만나기
> 로 되어 있었다.

몇 개의 깃발이 펄럭대는 장충체육관 외부에서 남자 허욱(신성일)이 안

에서 들리는 관중의 함성을 지나쳐간다. 이 같은 사운드와 이미지의 디자인은 전체 영화의 톤을 응축적으로 전달한다.

〈휴일〉은 일요일 오전 10시 17분, 허욱이 택시를 공짜로 얻어 타는 것에서 시작해 전차 운행이 끝나는 시간, 원효로 종점 무렵에서 끝난다. 이 하루가 못 되는 시간, 우리는 허욱이 지연(전지연)과 남산에서 만나고, 그녀의 중절 수술비를 위해 친구의 돈을 훔치는 등의 사건들을 보게 된다.

이 가난한 연인의 이야기보다 이 영화를 전체적으로 조율하는 것은 어떤 무드다. 무드는 관찰 가능한 심리적 상태이자 감정의 조합이다. 예의 사각 앵글과 프레임 중앙을 벗어난 인물의 배치, 그 프레임을 틈입한 공원의 앙상한 나뭇가지들, 시멘트 빌딩, 애조 띤 음악의 반복은 이 무드를 오케스트레이션하는 스타일로 다가온다. 가난에 몰린 하릴없는 청춘. 노동도 휴식도 가능하지 않은 휴일의 죽은 시간과 공간을 배회하는 아름다운 젊은 남녀가 처한 위기, 청춘의 빛나는 삶의 약동은 여기에 없다. 우울이 지배한다.

1968년의 이와 같은 우울은 반사회적이고 무기력한 것이라기보다는 수동적인 저항의 함의를 가질 수 있다. 박정희 시대의 군대 식 개발 동원 체제하에서 노동과 생산, 동원에 부적합한 이런 정조는 오히려 반국가적 범주에 속할 수 있기 때문이다. 허욱이 머리를 깎고 군대에 가는 것으로 영화의 결말을 처리하면 통과시켜주겠다고 한 검열당국의 지적은 역설적이게도 이 영화의 정조를 잘 이해하고 있었음을 보여준다. 1972년의 10월 유신을 몇 년 앞둔 3기(1968~1972)에 만들어져 이런 검열의 요구에 응하는 대신 상영을 하지 않기로 결정한 〈휴일〉의 경우 이 우울 무드는 당시 수출 드라이브 사회, 1969년 신년사인 '싸우면서 건설하는 해'라는 사회적 조증을 거스르는 것이다.

수출 드라이브라는 경제적, 정치적 명령이 사회를 지배할 때 지식인층에 속하는 개인과 집단의 심리적 드라이브는 죽음을 향한 드라이브 (todestrieb·the death drive)로 기울어져가며 특히 청춘이 그런 비탈면의 하향선에 놓이게 되는 것이다. 벤야민은 "알레고리와 멜랑콜리는 분노의 흔적을 지님으로써 세계에 개입할 수 있는 보다 능동적인 장치가 된다"라고 보들레르를 통해 말한다.

언어로 표현하기 어려운 폭압이 전제하던 시절, 일요일이라는 노동, 생산, 동원의 시간체로부터 상대적으로 벗어난 단위의 시간, 휴일을 선택해 이만희의 무드와 스타일은 죽음의 드라이브를 수출의 드라이브와 오버랩시킨다. 그 무심한 듯 보이는 포개짐에서 드러나는 것은 수출 드라이브 사회의 죽음에 이르는 비활력성이다. 이와 같은 체제와 대응, 조응 등과 엇나가면서 이만희의 영화들은 논리나 조직과는 다른 결인 무드를 조성한다. '반골'의 무드다.

4장 한국 영화의 국경의 문제

: 경계의 정치성[1]

1. 경계와 정동: 파토스의 공간

국경에 관해 이야기해보자. 언젠가 태국의 칸차나부리(Kanchanaburi)에서 몇 시간 떨어진 태국과 미얀마의 국경 지대에 간 적이 있다. 강 위로 늘어진 흔들거리는 긴 나무다리를 걸어 미얀마로 넘어간다. 두 나라의 국경으로 흐르는 강의 수초들은 키가 크고 강둑으로는 샴 고양이들이 느릿한 걸음으로 지나간다. 나도 국경 지대에 있다는 긴장을 풀고 세상에서 가장 오래된 긴 나무다리 중 하나를 건넜다. 카렌족이 건너편 미얀마 국경 쪽에서 에스닉한 옷들과 장신구들을 팔고 있었다.

이렇게 느긋한 도강, 일종의 나른함마저 느껴지는 완만한 리듬의 강물

---

[1] 이 글은 고려대학교 민족문화연구원 웹진《민연》에 2011년 10월 24일, 2011년 11월 28일, 2012년 4월 17일, 2012년 9월 24일, 2013년 1월 24일, 2013년 6월 19일에 분재된 글을 수정한 것이다. 이 중 장률의 〈두만강〉 부분은 2011년《오늘의 문예비평》봄호에 「한국영화의 국경의 문제: 장률의 〈두만강〉을 중심으로」라는 제목으로 1차 게재 후,《민연》에 '한국 영화의 경계의 문제'를 주제로 연재를 하게 되면서 임권택의 〈두만강아 잘 있거라〉 등을 포함하는 「한국 영화의 국경의 문제」로 확장해 게재했다.

을 따라 강을 건너는 일. 여권, 사증, 도장, 검역, 질의, 감시 등이 없는 월경은 근대 이후 한반도에서는 상상하기 힘든 일이다. 물론 태국과 미얀마 사이에 분쟁이 없는 것도 아니며, 카렌족과 같은 고산 소수민족이 태국과 미얀마라는 국가에서 국민으로 제대도 대접받지 못하는 것도 사실이다. 하지만 군인들이 늘어선 삼엄한 광경이 아닌 자연경관 속의 경계를 국경으로 인지한다는 것은 냉전 체제 아래 살았던 내겐 특별한 경험이었다. 미국에 살 때도 캐나다로 국경을 넘어간 적이 있지만 같은 북미인데도 검문이 있었고 순간적으로나마 조마조마한 느낌이 들었다. 유럽에서는 이탈리아와 스위스의 국경 지대에서 기차가 끊겨 밤새 역에서 기다린 적이 있다. 동전이 없어 화장실을 사용할 수도 없는데, 새벽이 되자 경찰견을 끌고 경찰들이 다가오기도 했다.

한국에서는 물리적, 지리적으로 국경을 건너가는 경험을 하지 못한다. 금강산에 갈 때 DMZ를 통과하면서 북한 헌병의 버스 검문을 통과한 적이 있지만 그것은 남과 북의 휴전의 경계이지 국경은 아니다. 유예된 역사의 시간을 건너가는 것이다.

압록강이나 두만강을 건너 대륙으로 이어지는 국경을 통과하는 경험을 하지 못하는 해방 이후 세대들에게 주로 일제강점기와 1960년대에 만들어진 만주로 향하는 '월경'과 '이주'의 영화들, 디아스포라의 영화들은 동시대의 지리적 조건과 한계를 넘어 근대사와 현대사를 횡단하는 경험을 하게 한다.

한국 영화사에서 연쇄극을 제외하면 최초의 조선 영화라는 논쟁이 붙은 〈국경〉(1923)은 만주 안동현(安東縣)의 국경 지대를 다루고 있다. 근대 이후 한반도를 둘러싼 제국들의 지정학적 경쟁이 격렬했던 만큼이나 조선 영화, 한국 영화에서 국경은 영화사 초기부터 핵심 문제로 등장한다. 만주 안동현을 배경으로 한 1923년작 〈국경〉은 1923년 1월 단성사 개봉 후 하루 만에 종영을 한 영화다.[2] 〈두만강〉이라고도 알려진 나운규의 〈사랑을 찾아서〉(1928), 최인규의 〈국경〉(1938)과 임권택의 데뷔작 〈두만강아 잘 있거라〉(1962) 등이 두만강이라는 공간적 배경과 관련해 주목할 만하다. 중요 감독들이 국경이 자아내는 서사에 주목하면서 의미심장한 영화들을 만들어왔던 것이다. 민경식 감독은 '나라 잃은 설움'을 노래한 일제 강점기의 심금을 울리는 가요 〈눈물 젖은 두만강〉(1963)을 영화화했다. 그리고 부산국제영화제에서 상영된 장률 감독의 〈두만강〉(2010)은 북한에서 중국 조선족이 살고

---

2   "1922년을 전후하여 민간에서 연쇄극을 제작하려는 움직임이 활성화되었다. 조선활동사진주식회사(1922년 창립, 경인지역의 주요극장들을 인수하여 극장망 구축 및 자체 제작·상영 계획을 세웠으나 내지 영화자본과의 경쟁에서 밀리고 인력과 기술의 부족으로 모두 이행하지 못함)와 관련을 맺고 있던 극동영화구락부에서 최초로 그 시도를 행했다.

1922년 9월, 조선활동사진주식회사의 주요 인물들인 나리키요 다케마쓰(成清竹松), 이와모토 요시후미(岩本善文), 이와타 센타로(岩本仙太郎) 등을 중심으로 극동영화구락부(極東映畵俱樂部)가 설립되었고, 나리키요 다케마쓰의 아들인 쇼치쿠 촬영기사 나리키요 에이(成清榮)를 전속 촬영기사로, 중앙관에서 연쇄극을 공연했던 오미 후미노스케(五味文之助)가 이끄는 연쇄극단을 전속 배우로 합류시켰다.

그러나 최초로 민간에서 제작된 〈국경〉의 대중적 반응, 특히 조선의 학생들의 반응은 극히 부정적이었다. 조-만 국경지역에서 일어난 봉오동, 청산리전투의 기억이 불과 얼마 지나지 않은 상황에서 국경 지역에서 활동하는 무장 독립운동가들을 연상시키는 마적단을 토벌하는 내용이었던 이 영화는 조선인들의 공분을 사기에 충분했을 것이다. 1923년 2월 《조선공론》의 글에서는 〈국경〉이 일부 학생 관객들의 극심한 야유로 인해 상영을 중지하기까지 했음을 보도하고 있다. 특히, 〈국경〉 상영 시작 하루 전에는 경성 시내에서 김상옥이 종로경찰서 폭탄 투척 사건을 일으키기도 했다. 일제 당국은 조선인을 자극시킬 만한 내용의 영화를 상영하는 데 있어 더욱 조심스러웠고 〈국경〉 상영을 일시에 중단시켰다." 한상언, 「1920년대 초반 조선의 영화산업과 조선영화의 탄생」, 《영화연구》 55, 2013, 668~671쪽.

있는 두만강 경계 지대로 넘어가는 사람들과 그곳의 거주민들을 다룬 영화다. 두만강만이 아니라 중국과 경계를 이루는 압록강 역시 〈압록강아 말하라〉(1965)라는 제목으로 만들어졌다.

일본과의 자연적 경계이면서 상상적 국경이기도 한 현해탄을 다룬 〈현해탄은 알고 있다〉와 더불어 〈현해탄의 구름다리〉(1963), 〈윤심덕〉(1969), 〈뜬구름아 말 물어보자〉(1966) 등은 현해탄을 건너는 일본으로의 이주와 귀환의 드라마들이다. 이후 〈사의 찬미〉(1991) 등이 만들어졌다.

한국 영화에서 국경이라는 지리적 장소는 감정의 극 지대다. 그곳은 파토스의 극장, 제의적 공간에 가깝다. 압록강과 두만강, 현해탄은 눈물짓고 있고 비밀을 알고 있으며 고백해야 한다. 앞서 예를 든 태국과 미얀마 지역을 가르는 '나른한' 강과는 달리, 한국과 중국을 가르는 강들에서는 피눈물이 흐른다. 두만강에 투사된 정동의 강도는 이 강을 토포필리아(topophilia)의 장소로 보게 한다. 물리적 환경과 인간 사이에 맺어지는 감정적 연결 말이다. 이곳은 월경을 하다가 죽음을 맞게 되는 장소다. 〈두만강아 잘 있거라〉도 그렇고 〈두만강〉도 그렇다.

〈두만강아 잘 있거라〉에서 3·1운동에 연루된 고교생들은 일본 헌병의 추적을 피해 경성을 탈출해 만주로 가기 위해 두만강을 건너려 한다. 탈주의 장면이 연출된다. 1960년 당시에도 물론 두만강을 갈 수 없기 때문에 한국의 눈 덮인 작은 강에서 로케이션된 이 영화에서 두만강을 건너려다 주인공의 동료들과 여자 친구는 일본 헌병의 총을 맞는다.

〈두만강아 잘 있거라〉는 한편으로는 예의 〈국경〉에서 시작된 중국과 한반도의 경계, 국경을 영화의 클라이맥스에 두는 영화이기도 하고, 두만강을 넘어 대륙으로 가는 대륙활극 영화(주로 만주나 상해 등 한반도를 벗어난 지역, 대륙을 가상의 로케이션으로 정해 식민지시기 독립군의 활동이나 정처 없이 떠도는 유민

〈현해탄은 알고 있다〉(1961)

왼쪽 위부터 시계방향으로 〈황야의 독수리〉(1969), 〈애꾸눈 박〉(1970),
〈원한의 거리에 눈이 나린다〉(1971), 〈두만강아 잘 있거라〉(1962)..

들을 담은 액션 장르영화)의 프리퀄(prequel)로 볼 수도 있다. 대륙활극과 더불어 홍콩-한국 액션영화 합작의 길을 열었던 정창화 감독의 조감독으로 영화를 시작한 임권택 감독은 이후 〈황야의 독수리〉(1969), 〈애꾸눈 박〉(1970), 〈원한의 거리에 눈이 나린다〉(1971) 등으로 두만강이나 압록강을 건너 대륙, 황야, 상하이로 떠났던 독립운동군이나 부랑아들을 다룬다.[3]

2. 월경: 사실은 사랑 때문에

"두만강만 건너면 안심이지."

임권택의 1962년 데뷔작 〈두만강아 잘 있거라〉의 도입부 대사다. 서울에서 만주로 가야 할 독립군의 말이다. 영화에서 두만강은 재만 한인 독립군들이 있는 만주로 갈 수 있는 지리적 경계다. 독립 운동을 다루는 데 활용되는 액션, 첩보의 휘몰이 속에 잃어버린 조국과 의기에 찬 독립운동가, 비열한 일본 헌병과 군인들이 등장한다. 하지만 이 영화에서 정동을 이끌어내는 것은 '조국'이라기보다는 '청춘'과 '사랑'이다.

학생 독립단인 영우(김석훈)와 그의 연인으로 임신 2개월째인 경애(엄앵란) 사이의 애증과 오해가 이 영화를 서울(경성)에서 두만강으로 끌고 가는 동력 중 하나다. 이 청춘들은 상대에 대한 사랑이 조국에 대한 사랑과 합일되기를 원하는 애국자들이다. 그러나 영우는 경애의 배신으로 자신의 어머

---

3   대륙활극, 만주웨스턴에 대한 논문으로는 졸저 김소영, 『근대의 원초경: 보이지 않는 영화를 보다』, 현실문화, 2010; 이지영, 「1960-70년대 초 만주 웨스턴 연구: 장르적 특성 및 공간」, 한국예술종합학교 영상원 영상이론과 전문사 학위논문, 2010 참고.

니(황정순)가 고문 끝에 죽었다고 생각하고, 영우를 찾기 위해 경애는 두만강으로 향한다. 경애의 삼촌은 사업에 실패한 후 광산권을 갖기 위해 일본 헌병을 위해 일하고 있고, 경애와 영우의 관계에서 얻게 된 사진을 팔아넘긴 터다.

그 누구보다도 〈두만강아 잘 있거라〉 플롯의 사방팔방의 인간관계를 엮는 사람은 연화(문정숙)다. 그녀는 기생집을 하면서 독립운동을 하는 동생 현구(이대엽)와 연인 창환(황해)을 돕는다. 헌병대장 와키노(장동휘)가 연화를 좋아하고 있어 그녀는 그 상황을 활용하기도 한다.

이렇게 플롯상으로 보면 영화가 재현하는 3·1 운동 이후의 인물들은 독립군과 이런저런 방식으로 농밀하게 엮여 있다. 혈연이거나 연인이거나 제자다. 조선인과 일본인이라는 구분은 분명하지만 그런 민족적 경계에서 조선인의 민족적 동질성은 친일, 반일, 협조, 저항 등으로 다시 내부를 분열시킨다. 이 영화에서도 일본 헌병의 추격이 독립군들의 생존을 위협하고, 내부의 배신에 대한 의혹이 긴장을 고조시킨다.

여기서 아(我)도 타(他)도 아닌 경계인의 역할은 경애와 연화가 맡고 있다. 남성들이 아군과 적으로 뚜렷하게 나뉘어 있는 반면 여성들은 배신자, 회색인으로 의심받는다. 이들은 영화의 서사적 층위로 보자면 두만강의 국경을 건너기 전 의혹을 벗어야 하는 부당한 짐을 지고 있다. 둘 중 연화는 국경을 건너기 전 죽고 경애는 연인을 잃는다. 이 두 여자의 경계 건너기(border crossing)에 대한 리허설은 어떤 것으로의 되기, 변화, 전화를 예비하기보다는 의혹 대상이 된 자신의 덕목이 변하지 않았음을 증명하는 것이다. 예컨대 기존의 가치에 대한 재인준이다. 〈두만강아 잘 있거라〉에는 '메스티자'의 국경 건너기(border crossing),[4] 경계를 가로지르는 데 따르는 변화 대신 여성의 덕목을 재확인하는 것이다. 〈두만강아 잘 있거라〉라는 제목은 도강 성공 후 강을 등 뒤에 두고 돌아보며 작별 인사를 하는 것처럼 들리지만 영화는 도강 이전, 강변 전투가 벌어지고 주검이 널려 있는 상황에서 끝난다. 그래서 영화는 경계나 국경을 건너는 문제들에 관계하기보다는 국경에 도달하는 데 따르는 모험담, 배신의 역전극이 된다.

〈두만강아 잘 있거라〉에는 일제강점기 심금을 울리던 가요 〈눈물 젖은 두만강〉의 한이 읍소하듯 흐른다. 〈눈물 젖은 두만강〉이라는 대중가요에 따라다니는 사연[5]과 느슨하게 연결되어 있는 듯 보이기도 한다. 경애가 영우를 찾으러 두만강변과 인접 산들을 헤매는 부분이 그렇다. 이런 연상, 연결고리들과 더불어 영화는 독립군 가족의 가계를 구성하려고 애쓴다. 영우의 아버지는 상해 임시정부 별동대였고, 영우는 아버지의 털옷을 물려받는다.

중국, 러시아와의 북쪽 경계인 두만강[6]과 압록강 그리고 일본으로 향하

---

[4]   글로리아 안잘두아는 『국경지대/라 프론테라: 새로운 메스티자』에서 멕시코/텍사스 국경에 존재하는 여러 문화에 관해 이야기한다. 이 저서는 멕시코-미국 원주민의 역사, 신화, 문화, 철학에 관한 이야기이기도 하다. 이 저서는 아즈텍 종교에서 어떻게 레즈비언이 이성애 사회에 소속감을 느낄 수 있는지를 다루고 있다. 즉 메스티조(mestizo)의 여성형 메스티자는 습관적인 구성체에서 벗어나 경계를 가로지르는 고통스러운 경험을 하게 된다. "나는 다시 새로운 영토에 들어온 낯선 사람이 된다 (…) 안다는 것은 고통스럽다. 왜냐면 앎이 일어나면 나는 더 이상 같은 곳에 편안하게 머무를 수 없게 되기 때문이다. 나는 더 이상 예전의 나와 똑같은 사람이 아닌 것이다." Gloria E. Anzaldua, *Borderlands/La Frontera: The New Mestiza*, San Francisco: Aunt Lute Books, 1987, 48쪽.
[5]   독립투사 문창학의 부인이 상해 임시정부 시절 독립군에 참여한 남편을 찾아 10여 년을 헤매다가 두만강가의 용정에서 남편이 죽었다는 소식을 접하고 용정 여관방에서 서러운 울음을 토해내자 이 사연을 가지고 이웃 방에 있던 유랑극단의 이시우가 작곡을 하고 김용호가 작사를 하고 김정구가 노래를 불렀다.
[6]   중국 훈춘(琿春)에서 80킬로미터 떨어진 팡촨(防川)에서는 북한과 러시아 간 유일한 통로인 조-러 친교를 조망할 수 있다. 그 아래로 두만강물이 동해로 흐른다. 핫산(Khasan)은 중국 동북 3성과 러시아 극동지역을 가르는 수천 킬로미터에 이르는 기나긴 국경선의 출발점이다 핫산, 팡촨, 훈춘, 투먼(圖們), 옌지(延吉)는 국경 도시다. 서

는 실제 통과 공간이자 역(liminal)의 공간이기도 한 현해탄은 주로 일제강
점기와 1960년대 집중적으로 등장하고 1990년대 이후로는 간간히 다루어
진다.

　　2000년대 후반부터는 탈북자의 체험을 다룬 영화들로 〈크로싱〉(2008)
을 비롯해 〈무산일기〉(2010), 그리고 〈댄스 타운〉(2010)이 한국 사회의 계급
이나 젠더 그리고 세대와는 다른 층위를 만들어내는 탈북자/민족을 다루고
있다. 〈댄스 타운〉에서 탈북 여성이 맞닥뜨리는 한국에서의 곤혹스러운 경
계는 사회적·계층적 박탈감을 갖고 있으나 공안 권력을 가지고 있는 경찰
과의 만남에서 극화된다. 젊은 경찰은 탈북자들에게 제공되는 소형 아파트
를 오히려 남한의 경찰 월급으로는 소유하기 힘들다고 말한다. 이후 경찰은
탈북 여성을 성폭행하고, 이 장면은 북한에서 그녀의 남편이 처형당하는 장
면과 크로스커팅(crosscutting)된다. 그러나 이 영화는 고발 대신 조심스럽
고 섬세한 태도로 그녀의 욕망과 불안, 좌절 등을 들여다본다. 위의 영화들
이 분단 이후 '친밀한 타자'들을 들여다보는 영화라면, 방글라데시 이주노동
자를 다룬 〈반두비〉(2009)와 〈로니를 찾아서〉(2009) 등은 한국 사회의 '절대
적 타자'들을 우정으로 환대하라고 말한다.

쪽 끝의 국경 도시로 단둥(丹東)이 있다. 국경 지대 동쪽 러시아 쪽으로 우수리스크
(Ussuriysk), 중국 쪽으로는 흑룡(黑龙)강이 근접해있다. 중국의 대표적인 감독들 중 로
우 예(娄烨)의 〈여름 궁전〉(2006)은 바로 투먼 출신의 주인공과 조선족 소녀의 관계를
보여준다. 이와 관련해서 참고할 수 있는 아래 기사는 국경 도시 핫산이 머지않은 장래
에 항구적인 동북아 평화와 번영을 상징하는 도시로 거듭나기를 바라면서 마치고 있다.
"[특집 기사 세계의 국경을 가다 ─ 북한·중국·러시아] 뱃사공을 잃은 두만강",《한겨레
21》511호, 2004년 5월 27일. http://legacy.h21.hani.co.kr/section-021007000/2004/05/
p021007000200405270511029.html

3. 〈두만강〉

재중동포인 장률 감독의 〈두만강〉은 디아스포라 영화로서 두만강을 건너는 탈북자와 중국, 중국계 조선족의 관계와 자발적이거나 강제화된 글로벌 이주의 시대의 민족과 국민국가(nation-state)의 문제를 사유하게 한다.[7] 장률의 〈두만강〉과 중국의 독립영화 감독인 자오 리앙(趙亮)이 자신의 고향이기도 한 압록강 단둥 지역을 배경으로 만든 〈국경으로 돌아오다〉(在江边, 2005)는 한국과 중국, 북한과 중국 그리고 북한과 중국의 조선족 간의 관계를 다룬다.

〈두만강〉을 두고 한국, 북한, 중국 현대사의 접경 지대(contact zone)를 스크린상의 관계성의 역사를 통해 일별해보기로 하자.[8] 임대근은 한국과 중국의 영화 교류의 역사를 4단계로 나눌 수 있다고 주장한다. 첫째, 해방 이전 한국에 유입된 중국 영화에 관한 논의, 둘째, 해방 이전 상하이를 중심으로 활약했던 조선 출신 영화인들과 그들의 성과에 관한 논의, 셋째, 1950년대 이후 지속되어오고 있는 한국과 홍콩의 영화 교류에 관한 논의, 넷째, 1990년대 이후 시작된 대륙 중국과의 영화 교류에 관한 논의가 그것이다.[9]

이 중 1930년대 상하이 배우 김염은 영화 황제로 불렸으며 상하이에

---

7   장률 감독의 작품 세계에 대해서는 졸저 김소영, 『영화평론가 김소영이 발견한 한국 영화 최고의 10경』, 현실문화연구, 2010의 「1경 경계」 참고.

8   크리스 베리, 「파편화된 역사에 대한 한국과 중국 사이의 영화적 관계」, 《트랜스 아시아 스크린 컬처 저널》 4, 2010, 143~147쪽. 크리스 베리의 글은 2010년 11월에 트랜스 아시아 영상문화연구소에서 개최한 학술회의 '한국과 중국의 스크린 커넥션'에서 발표되었다.

9   임대근, 「초기 한중 영화 교류의 한 면모: 해방 이전 한국에 유입된 중국 영화를 중심으로」, 《영상예술연구》 10, 2007, 5~6쪽 참고.

기반을 둔 저항 문화의 일부였다. 김염 혹은 진옌(1910~1983)은 조선인이다. 김염은 "1912년 두 살 때 아버지 김필순을 따라 중국 통화로 건너가 중학을 졸업한 뒤 1927년 상하이를 건너와 민신영화사에서 현장 기록을 맡은 것으로 계기로 1928년 티안한이 주관하던 남국예술극사에서 연극 활동을 했고 1929년부터 영화배우로 활동했다. 1930년 이후 연화영화사와 신화영화사 등에 소속되어 영화를 찍었고, 1937년 중일전쟁이 발발하자 충칭 중화영양촬영소로 건너가 활동했으며, 전쟁이 끝난 뒤 다시 상하이로 돌아와 역시 배우로 활동했다. 사회주의 중국 수립 이후에는 상하이 영화제작소 배우, 배우 극단 단장, 중국영화인협회 제4회 이사 및 상하이 분회 부주석 등을 역임했다."[10]

크리스 베리는 한국과 중국의 영화적 교류의 첫 번째로 위에서 지적한 중국 상하이에서의 조선인의 활동과 만주국 창춘에 세워진 만주영화협회(만영)와 식민지 조선 사이의 영화적 관계에 주목한다. 예컨대 만영의 이향란(리코란, Shirley Yamaguchi, 야마구치 요시코, 리샹란, 오타카 요시코 등 다양한 이름을 갖고 있다)은 일제 군대와 군에 자원한 대만 원주민 남성들을 돕는 대만 원주민 여성으로 〈사욘의 종〉(サヨンの鐘, 1943)에 출연했고, 1940년대 초 일본이 점령한 상하이에서 제작된 〈만세유방〉(萬世流芳, 1943)에도 출연했다. 이향란의 생애를 통해 일본 통치하의 한국-중국의 영화적 관계의 이데올로기적 분화와 제도적 작동을 추적하는 것이 가능할 것인가를 묻는 것이다.

중화인민공화국과 북한, 한국과 중국의 영화적 관계의 세 번째 지배적 이미지는 한국전쟁이다. 중국인들은 이 전쟁을 미국의 침략에 저항하고 한

---

10   임대근, 「김염: 1930년대 상하이 디아스포라와 국족 정체성의 (재)구성」, 《트랜스아시아 스크린 컬처 저널》 4, 2010, 148쪽 참고.

국을 도운 전쟁이라는 의미로 강미원조전쟁이라고 기억한다. 미국의 침략에 대항했던 이와 같은 사회주의권 통일의 이미지는 오늘날까지 매력적인 모습으로 중국에 남아 있다. 그래서 수많은 전쟁사를 다룬 영화들은 이 한국전쟁, 강미원조전쟁의 흔적을 따라 만들어졌고 이는 옛 영화를 방영하는 중국 TV 채널에서 계속 방영되고 또 DVD로 판매되었다. 그 매력 중 하나는 미국이 패배했다는 것, 혹은 미국의 압도적 승리는 아니었다는 사실이다. 그리고 이 매력의 다른 부분은 동생 한국과 큰형 중국과의 유교적 관계다.

1960년대와 1970년대 북한 영화는 중국 본토에서 재개봉했다. 당시 중국이 소련에서 분리된 이후로 친구로 여겨졌던 국가들이 점점 감소하고 북한 영화는 중국 관객들이 볼 수 있는 몇 안 되는 새로운 외국 영화 중 하나였다. 문화혁명기 동안 영화 수입은 훨씬 더 제한적이어서, 이 시기 북한 영화에 환호했던 이국적이고 향수 어린 기억들이 있는 것이다. 사실 중년이 된 여성들은 그 당시만 해도 북한이 중국보다 더 잘 살았다고 기억한다. 영화를 관람하면서 그녀들은 그해 평양에서 유행하는 것이 이듬해 베이징에서 유행할 것으로 예측했다.

현재 중국 영화에서 북한에 관한 재현은 줄었지만, 독립영화가 북한을 언급하는 것을 볼 수 있다. 위에서 잠깐 소개한 〈국경으로 돌아오다〉는 〈청원〉(上訪, 2009) 등으로 유명한 중국의 다큐멘터리 감독 자오 리앙이 자신의 고향인 단둥으로 돌아가 북한과 중국의 관계를 반추하는 작품이다. 자오 리앙의 유년시절, 중국 사람들에게 압록강 건너편의 북한 사람들은 오랜 동지이자 형제로 서로에게 친근하게 손을 흔들어주는 사이였으나, 현재 압록강 건너편의 아이들은 중국인들의 배가 다가가면 돌멩이를 던지고 욕을 한다. 그리고 북한 군인들이 강변을 삼엄하게 지키고 있다. 북한의 경제 사정이 나빠지고 압록강을 넘는 탈북자들이 증가하자 국경이 감시와 경계의 장소로 변해버린 것이다. 자오 리앙의 〈국경으로 돌아오다〉가 포스트사회주의 중국과 북한이나 다른 민족 간의 갈등 상황을 다루고 있다면, 〈두만강〉의 탈북자들은 중국의 조선족과 적대와 환대의 관계를 오가게 된다. 중국의 조선족이 탈북자들에게 증여하는 환대, 이 환대가 탈북자와의 우정으로 호혜의 경제를 이루기도 한다. 그러나 이것은 의심, 증오, 폭행, 죽음, 자살로 이어지는 등의 비극적 배열이 된다.

〈두만강〉, 이 영화의 흐름은 이렇다. 두만강 건너 옌지쯤에 있는 조선족 마을(주민들 중에는 이전에 탈북했거나 선대에 이주한 사람, 중국 사람들이 섞여 있다)에는 북한에서 넘어오는 사람들이 많다. 주민들은 탈북자들에게 처음에는 환대를 베푸나, 염소나 말린 생선들이 없어지자 긴장한다. 국경의 이 지역에도 TV나 미디어의 영향으로 글로벌한 대중문화가 스며들어 있다. 사람들은 "한밤중에 영화 〈취권〉의 한 장면을 따라하고, 방 안에는 일본 만화 〈나루토〉의 포스터가 붙어 있고, 텔레비전에서는 북한 방송이 나오고 있는 잡종적 문화. 그러나 결코 이 땅은 다원주의의 천국이 아니다."[11] 이런 하이브리드 대중문화 '변연 문화'[12] 속에서 중국의 소수민족으로서 조선족과 탈북인들

---

11   이준희, "두만강: 순수성에 대한 오해", 트랜스 리뷰, 트랜스 아시아 영상문화연구소. http://trans-review.com/?document_srl=295&mid=critique
12   변연(邊緣)의 공간적·문화적 경계면, 즉 조선족 사회의 '변연 문화'(邊緣文化) 특성은 일반적으로 이해하고 있는 '주변인'(boundary man, 복수의 문화적 상황에서 문화 사이의 대립·모순으로 인해 어느 한 문화에 의해 완전히 귀속될 수 없는 집단) 개념과 별개의 함의를 가진다. 이 같은 주장에 근거할 경우 조선족 문화는 한반도 문화와 중국 문화가 상호 분리된 상태 사이에 끼어 존속하는 것으로서 양 문화체계 중 어느 한쪽에도 귀속감을 느끼지 못하고 말 그대로 '주변화'된다는 함의를 지니게 되기 때문이다. '변연 문화'는 단지 주류 문화에 의해 '주변화'된 문화가 아니라 서로 다른 문화체계를 초월하는 융복합적 문화체계다. 이런 문화는 양 문화체계 교류 과정에서 정보 전달의 신속성, 객관성, 정확성 등의 장점을 기반으로 문화 전환 기능을 발휘할 수 있으며, 또한 이를 토대로

간의 민족과 국민 사이의 소속감의 차이, 그에 따른 삶의 양태의 차이 등이 부각된다.

어머니가 한국으로 노동하러 이주해 할아버지, 누나 순희와 함께 사는 소년 창호는 북한 소년 정진과 친구다. 정진은 북한과 조선족 마을을 왕래하며 병든 누이를 위해 음식들을 구해 간다. 창호는 이웃 동네와의 축구 시합에 정진과 함께해 좋은 성적을 올릴 생각도 갖고 있다.

마을에는 사람들이 걸핏하면 외상으로 술을 사 가는 상점이 있고, 그 주인은 트럭에 탈북자들을 몰래 숨기기도 한다. 마을 이장에게는 치매가 걸린 어머니가 있다. 그 할머니는 고향으로 돌아간다면서 두만강을 건너려고 가출을 시도하다 공안 순찰차에 실려 집으로 돌아오거나 이장과 성관계를 맺고 있는 마을 두붓집 여자의 도움을 받는다.

창호의 할아버지는 엄한 가부장이라기보다는 자애롭지만 무기력한 상태로, 언어장애를 가진 순희와 살림을 꾸려나간다. 순희는 북한 소년을 사귀는 창호를 염려하지만 포용력을 가지고 상황을 지켜볼 뿐 아니라 탈북자들에게 음식을 주는 등의 도움을 주게 된다.

〈두만강〉은 장률 감독의 시그니처 스타일과 미장센을 구현한다. 눈으로 얼어붙은 땅 위에 엎드려 죽은 듯이 보이는 아이로 시작하는 롱 테이크는 동토에서 어린 삶의 생기와 죽음이 교차하는 것을 절묘하게 표현하고 있다. 영화의 결말와도 비극적 아이러니를 이룬다.

지속적으로 자신의 활동 영역을 넓혀갈 수 있다. 단, '변연 문화'는 개방체계라는 환경 속에서만 존속 가능하며 또한 체계 간 상호작용이 활성화될수록 융복합적인 문화적 기능도 보다 증대될 수 있다. 김강일·박동훈, 「중국조선족사회의 변연문화특성과 민족공동체 재건」, 『연변조선족의 역사와 현실 동아시아한국학연구총서 18』, 소명, 2013, 249~284쪽 참고.

〈두만강〉의 스타일은 엄격하고 과묵하며 배우들의 언변은 어눌하나, 잔혹한 행위는 영화에 돌발한다. 한 탈북 남성이 창호의 집에 와 하룻밤 머물기를 청한다. 할아버지는 잠자리를 내준다. 다음날 할아버지와 창호가 나간 사이, 순희는 남자에게 밥을 차려준다. 남자는 감사의 절을 하고 밥을 먹다가 술까지 청한다.

술이 들어가 취기가 오를 무렵, 순희가 보는 TV에서는 북한 방송이 방영되고 있다. 김정일이 등장하자 남자는 히스테릭한 반응을 보이며 순희를 성폭행하기 시작한다. 그 장면 자체는 오프 프레임으로 처리되지만, 창호의 동네 친구가 이 장면을 창을 통해 지켜본다. 이 사실을 알게 된 창호는 두만강을 건너오는 소년들을 기다렸다가 구타하며 탈북자들과 정진을 증오하기 시작한다.

순희는 임신을 하게 되고 할아버지와 함께 중절 수술을 받으러 가지만, 결국 아이를 낳기로 결심한다. 정진이 공안에게 끌려가게 되자 창호는 지붕 꼭대기에 올라가 정진의 구인 사태에 대한 항변을 하다가 눈 쌓인 바닥으로 몸을 날린다.

앞 장에서 살펴본 〈경계〉의 탈북자 모자는 심한 고생길 앞에서도 희망의 길을 찾아 계속 걸어나가지만, 이곳 국경의 탈북자들은 좌절한다. 순희와 철수라는 같은 이름을 지닌, 그러나 〈두만강〉의 남매와는 달리 모자 관계인 이들은 평양에서 출발해 중국을 거쳐 몽골의 변경 지역으로 걷는다. 몽골인 항가이의 집에서 머물다 영화의 마지막에 그들은 국경의 경계지대로 보이는 길, 다리에 도착한다. 국경이기도 하지만 그것은 교량이라는 의미에서 다른 세상으로 이들을 건네주는 문지방의 공간, 제의적 성격을 띠는 공간이기도 하다. 〈경계〉의 이런 다리와는 달리 〈두만강〉에서 창호가 항의성 투신자살을 결행한 후 관객이 보는 것은 치매 걸린 할머니의 도강, 월경이다. 늘 고

〈두만강〉(2011)

향에 가겠다고 가출해 길을 잃었던 이장의 어머니는 영화의 마지막 환상 속의 다리 위를 걸어 고향으로 간다. 치매에 걸린 노파가 눈발 속에서 판타스마틱한 교량을 휘청대며 걸어가는 것은 분명 재앙 내부로의 환상의 틈입, 카타스트로프 속의 환상이다.[13]

〈두만강〉의 월경 장면은 한국 영화사의 걸작 〈오발탄〉 속 할머니의 "가자, 가자!"라는 외침과 대구를 이룬다. 이범선의 단편소설에 기초한 이 영화는 분단 이후 월남인들의 정신세계(psychosis)를 잘 보여준다.

북한에서 부유한 지주 계층으로 지내다 한국전쟁 이후 남한으로 온 할머니는 전쟁이 끝나면 북한으로 돌아갈 수 있다고 믿는다. 언제 고향으로 갈 수 있느냐고 아들에게 묻자 아들은 38선을 보여주면서 귀향이 불가능하다고 말한다. 그녀는 어떻게 그런 경계선이 자신의 고향을 박탈할 수 있는가를 한탄하면서 일종의 병리학적 저항을 하게 된다. 할머니를 괴롭히는 것은 월남인으로서 자신의 삶이 가지는 실제적인 조건과 38선이라는 상상적인 선의 공존 불가능성, 그 모순이다. 이곳은 알튀세르가 말한 '이데올로기는 삶의 실제적 조건들과 개인들이 맺는 상상적 관계'라는 정의와 정확히 일치한다.[14]

---

13   장률 감독은 대담에서 〈두만강〉의 치매가 있는 할머니처럼 감독의 아버지도 치매로 고생하고 있고 매일 고향에 가겠다, 예전의 건물이 없어졌는데도 그곳에 가겠다고 말한다고 이야기한 바 있다. 유민, 이산민들의 귀향에 대한 바람이면서 억압된 것의 귀향인 것이다. 장률 감독과의 대담은 김소영·김태만·임대근·크리스 베리·존 에퍼제시, 「장률 감독과의 대담: 〈중국과 한국의 경계〉」, 《트랜스 아시아 스크린 컬처 저널》 4, 2010, 219쪽 참고.

14   얼 잭슨 주니어, 「You are Here: Surveying the Imaginary Borders of Japan」, 《트랜스 아시아 스크린 컬처 저널》 4, 2010, 208쪽 참고. 이 글은 "한국과 중국의 스크린 커넥션" 학술회의에서 발표되었다.

1960년 〈오발탄〉 안에서 내뱉어진 "가자, 가자!"가 2009년에 만들어지고 2010년에 한국에서 공개된 〈두만강〉에서 무언의 공명을 일으키고 있는 셈인데, 그것은 분단의 상황이 끝나지 않은 신 냉전 체제 때문이기도 하다. 휴전선이 여전히 남과 북을 지배하는 상황 속에서 경계, 국경은 정신병의 발원지 중 하나이기도 하다.

〈두만강〉의 국경, 경계 문제에 관한 맥락을 장률 감독과의 대화를 통해 짚어보기로 하자. 장률 감독은 유럽 관객들이 두만강의 지리적 국경 표상에 관한 부분, 그 지정학적 의미를 잘 알고 있지 못해 배급에 어려움이 있을 것이라는 지적을 받고도 프로젝트를 진행했다고 말한다.

> 한국에서는 그래도 누구나 두만강을 알고 있습니다. 두만강이
> 우리 민족의 역사와 관계된 것을 알고 있는 것이죠. 내가 이 영
> 화를 준비할 적에, 내가 시나리오를 번역해서 한국과 프랑스에
> 서의 합작 영화이니까 프랑스로 보냈습니다. 그런데 프랑스 프
> 로듀서가 제게 이 영화를 유럽 사람들이 이해하기 어렵다고 했
> 습니다. 두만강 이쪽 사람과 저쪽 사람들이 똑같이 같은 말을
> 쓰는데 다른 국적인 것을 유럽인들은 이해하기 힘들다는 것입니
> 다. 그래서 자기는 이렇게 하면 좋겠다고 했어요. 두만강 저쪽은
> 북한으로 설정하고 이쪽은 한족이 사는 곳으로 설정하면 이 영
> 화가 세계성이 있다. 중국과 북한의 경계를 정확히 설정하면 세
> 계 누구나 이해할 수 있을 것이라는 것이죠. 내가 그 제의를
> 듣고 한참 멍했어요. 이 사람이 무슨 소리를 하나(웃음).
> 그래서 내가 이렇게 말했어요. 영화는 가짜다. 그런데 출발
> 은 진실하게 해야 한다. 해서 내가 영화를 못 찍으면 못 찍었지

그렇게 가짜로는 못 한다. 거기에 그 사람도 동의했습니다. 그런데 이후에 이 영화가 영화제를 가나 어딜 가나 이것 때문에 좋지 않을 수도 있다고 했습니다. 그래서 영화제를 다니는데, 그쪽의 프로그래머들도 잘 몰라요. 유럽 쪽에 가보니까 아시아에 관심 있는 지식인들이 별로 조선족을 모르는 겁니다. 그래서 베를린 영화제에서 관객과 대화할 적에, 조선족이라는 게 적은 인구 민족이 아니라, 200만이다. 그렇게 말하니 사람들이 놀라는 겁니다. 이런 내용, 이런 역사도 있었구나.

재미있는 것은 두만강이 어디에 가서 소통이 잘 되는가 하면 일본에 가서 잘 통합니다. 일본에서는 보통 사람들이 다 이해해요. 관객과의 대화 등에서 말이죠. 그런데 우리 민족이 두만강으로 제일 이민을 많이 갔던 시기가 일본의 침략기입니다. 재미있게도 그 사람들과의 소통을 이뤄내는 겁니다. 침략한 사람과 침략당한 사람 간의 어떤 소통 말이죠.[15]

위 설명을 참고하면, 〈두만강〉은 국경을 사이에 둔 다른 민족, 국가 간의 갈등이 아니라 다른 국가에 속한 국민들(중국인 조선족과 탈북인)이지만 사실은 같은 민족끼리 복잡한 감정과 긴장, 증오를 갖게 되는 이야기다.

장률 감독은 중국 연변에서 무산계급 조국관(인터내셔널)과 더불어, 자신이 조선족이 아니라 중국인이라는 교육을 받았다고 이야기한다. 그런데

---

15   이상 장률 감독의 〈두만강〉 관련 대담은《한국과 중국의 스크린 커넥션》에서 장률 감독과 크리스 베리, 임대근, 김소영 등이 함께 진행했다. 김소영·김태만·임대근·크리스 베리·존 에퍼제시, 앞의 글 참고.

어릴 때 조국이라는 글자를 들여다보면 이 글자가 선조, 할아버지를 뜻하는 것이어서 조국이 중국이라는 교육과 상반되는 것 같아 고민하다가 조국을 마치 시처럼 설명한 것을 보고 답답한 마음이 열렸다고 한다. 즉, 할아버지 무덤이 있는 나라, 새가 노래하는 지방, 그것이 조국이라는 표현을 본 것이다. 이와 더불어 무산계급에게는 조국이 없다는 마르크스와 레닌의 선언을 보고 '아, 이럴 수 있다'고 생각하게 되었다고 한다.

조국이라는 혈연적, 정동적 소속감과 무산계급으로서의 인터-내셔널한 지향적 정체성이 〈두만강〉을 흐르는 내적 긴장이라고 볼 수 있겠다. 중국과 한국, 북한을 나누는 국적 분할 대신 인터/내셔널한 지점에서 〈두만강〉은 자신이 속한 모국, 국민국가와의 긴장 속에서 조국과 무산 계급적 정체성이 서로 월경, 트랜스하고 있는 것이다.

5장 근현대의 누아르

: 미국과 상하이의 밤, 〈예라이샹〉과 대륙활극 영화들[1]

1. 상하이 커넥션: 〈풍운아〉부터 〈애꾸눈 박〉까지

1970년, 〈애꾸눈 박〉이라는 영화가 상영된다. 그 유명한 박노식이 '상하이 박'으로 출연한다. 그의 상대역은 '하얼빈 김'이다. 상하이 박은 음모로 한 눈을 잃게 돼 제목처럼 애꾸눈 박이 된다. 만주와 상하이를 떠도는 남자들의 복수극을 그린 이 영화는 일제강점기를 시간적 배경으로 냉전 시기에 만들어진 판타지 활극, 대륙활극이다. 이 영화에서 박노식이 고문을 받는 장면은 가학적 도착성의 절정을 보여준다. 몸이 묶인 채 몸 여기저기에 총을 맞으며 자신이 사랑하는 여자가 폭행당하는 것을 지켜보아야 한다.

이 영화뿐 아니라 〈배반자 상하이 박〉(1965), 시나리오로 남은 〈돌아온 상하이 박〉 등 1960년대와 1970년대의 한국 영화들은 아나키적 공간으로서의 상하이와 만주를 호출하고 있다. 이때 상하이는 일제강점기의 이주와 유랑의 공간이면서, 냉전 시기 엄한 국가주의의 경계를 넘는 월경의 상상

---

1   이 글은 한국학술진흥재단 한국영화사 총서 사업으로 수행한 논문이다(사업번호 2012S1A5B4A035829).

이 배회하는 장소이기도 하다. 만주와 상하이는 일제강점기 현해탄을 건너는 것과 대구를 이룬다. 이후 후기식민의 영화적 공간에서는 식민시기 국가주의에 반해 멋대로 사는 남자들의 삶이 재현된다. 지독한 가학적 도착성은 식민 남성, 군사독재를 살고 있는 남성의 몸이 위치한 상상의 대륙, 비장소성과 결합해 그로테스크한 판타지를 만들어낸다.

대륙활극이 이렇다고 한다면, 1920년대 후반부터 1930년대 중반까지의 조선 영화는 일본 제국의 지배 아래 조선의 향토성을 드러내기도 했지만 동시에 그 향토성과 더불어 당시의 글로벌한 지리를 인지, 기호화하고 있다. 현재 필름으로 볼 수 있는 1930년대 후반 이후의 영화들, 즉 〈군용열차〉 1938), 〈지원병〉(1941) 〈집 없는 천사〉(1941) 〈반도의 봄〉(1941), 〈그대와 나〉(1941), 〈조선해협〉(1943), 〈병정님〉(1944) 등은 제국 일본과 조선의 망 속에 놓여 있다. 소위 친일 영화군이다.

반면 그 이전 조선 영화의 스크린 위에는 일국 대 제국, 식민지 대 제국의 관계뿐 아니라 상하이, 러시아, 유럽이 호출되고 있다. 위의 상하이 박, 하얼빈 김이 등장하는 1960~1970년대 대륙활극 영화와 기묘한 거울 쌍, 경관을 이루고 있다고 볼 수 있다. 당시 조선 영화에서 상하이라는 장소가 특별한 의미를 가지는 이유는 물론 식민지배하의 조선이나 제국 일본과는 '다른 어떤 곳'이기 때문이다. 또한 역사적으로도 상하이는 1920년대 전반 노동자들의 노동운동이, 1930년대 전반 그곳에 기반을 둔 한국의 독립운동이 있었던 지역이며, 1930년대 상하이 영화계의 좌익 계열의 영화 생산 역시 활발했다. 1930년대 상하이에는 '범태평양노동조합회의'라는 코민테른(Comintern)과 적색노동조합인터내셔널(Profintern) 산하에 설치된 지역기구가 있었는데, 이 기구는 코민테른 4차 대회에서 구상되고 프로핀테른 2차 대회에서 구체화되어 1927년에 출범했으며 그 본부는 상하이에 있었다. 조선의 공산주의자들은 이 코민테른, 프로핀테른의 혁명적 노동조합 방침을 지지해 1930년대 초에 생산현장과 직접 결합하면서 혁명적 노동조합 운동을 전개했다.[2] 영화인들의 네트워크를 보더라도 아버지가 독립운동가였던 영화배우 김염을 비롯해 영화인 정창근, 정기탁 등 공조가 가능한 체제가 있었고, 커넥션이 존재했다. 이러한 상하이의 네트워크와 커넥션 등은 만주와 더불어 조선 영화를 일국이나 제국의 포섭 단위로만 생각하지 않고 보다 활발한 행위자들이 있는 확장하는 장으로 생각할 수 있게 해준다. 예컨대 일제강점기 조선 영화라는 장을 생각할 때 그것을 내셔널과 제국, 조선과 일본이라는 양자의 저항과 복속의 기획, 그 경합이나 사이의 공간으로만 한정지을 것이 아니라 조선과 아시아, 조선에서의 경성과 지역들(광주, 진주, 평양, 군산 등)을 가로지르는 트랜스 방법론을 통해 보아야 내외부의 역동성을 사유할 수 있을 것이다. 이렇게 글로벌/아시아의 지도 속에서 볼 때 조선 영화계와 상하이 영화의 커넥션은 제국 일본과 식민 조선의 강제적, 자발적 영화적 네트워크 내지 지배-저항-종속의 관계와 더불어 조선/한국 영화사에 분산, 이산의 영역으로 중요하게 기재되어야 할 부분이다. 다음과 같은 영화를 보자.

조선서 낳고 만주서 자라나 러시아 용병으로 구주전쟁에 출전하였다가 독일에 잡혀가 세탁점의 일급 생활도 하다 지금은 굶주린 채 상하이를 돌아다니는 니콜라이 박. (…) 러시아의 용군으로 유럽전선에 참전했던 니콜라이 박은 그리운 조국에 왔지

2   김윤정, 「1930년대 초 범태평양노동조합 계열의 혁명적 노동조합운동」,《역사연구》6, 1998, 130~138쪽 참고.

만 며칠씩 굶주리고 거리를 헤매다가, 우연히 만난 창호의 하숙

집에 머물게 된다 (…) 니콜라이 박은 다시 방랑의 길로 떠난다.

조선키네마사에서 만든 나운규의 〈풍운아〉 개요다. 한국영상자료원에

필름은 없다. 〈아리랑〉(1926)이 나온 해 12월 18일 개봉했다.

나운규가 분한 니콜라이 박의 방황은 가히 인터내셔널하다. 조선, 만

주, 상하이, 러시아, 유럽, 또 구체적으로는 독일의 세탁소, 조선의 하숙집을

포함한다. 나운규 자신의 삶도 회령보통학교 졸업 후 만주 북간도 용정의

명동중학을 다니다가 북간도와 만주 일대를 떠돌았다. 또 만주에서는 독립

군 단체에서 활동하고 1920년에는 북간도에 사는 한국인들이 만든 대한국

민회(혹은 간도국민회)에 가입하고 회령-청진 간 철로 폭파 임무를 맡기도 하

는 등 적극적으로 항일운동에 참여했다는 주장이 있다.

나운규의 자전과 그리 멀지 않은 니콜라이 박의 이런 방황이 하위 주

체, 비체(서발턴) 남성의 것에 가까운 것이라면 당시 《조선일보》 기자 홍양명

이 보여주는 궤적은 그와 유사하면서도 명백하게 지식인의 것이다. 홍양명

은 《조선일보》 상하이 특파원으로 4개 외국어에 능통했으며 볼셰비키 혁명

(1917) 이후 노농정부가 집권한 러시아의 실상을 알기 위해 17세의 나이로

1922년 러시아로 밀항해 시베리아 등지를 오가며 3년여를 보냈다. 일본 와

세다대학 재학 중 카프(KAPF)의 중앙집행위원을 지냈으며 1928년에는 조

선공산당 운동에 연루되어 구속되기도 했다.

나운규, 그의 페르소나인 니콜라이 박, 홍양명에 이르는 제국 일본의

식민지 남성들의 방랑, 그 행보는 냉전 시기에 성장한 사람들의 지리적 봉

쇄의 감각을 뛰어넘는 것이다. 물론 자발적인 것이라기보다는 궁핍과 탄압

에 의한 월경과 망명이지만 당시의 시나리오들이 보여주는 서사와 지리의

네트워크는 조선 영화의 지리적 탈-경계를 보여준다.

나운규에 이어 김유영의 〈유랑〉(1928)을 보자. 〈풍운아〉가 개봉한 지 2년이 지나 단성사에서 상영된 이 영화는 다음과 같이 개요를 전한다.

> 고향을 등지고 칠팔 년 동안 방랑의 길을 갔던 이영진은 폐허가
> 된 고향으로 다시 돌아오나 친척들은 북간도로 떠나버렸다. 우
> 연히 옛날 가까이 지내던 노인을 만나 그의 집에 가게 된다. (…)
> 혼인 전날, 순이는 수백 척의 절벽 위에서 자살하려는데 영진이
> 나타나 순이를 구한다. 그리하여 그들은 순이의 아버지와 더불
> 어 정처 없는 길을 재촉하여 걷는다.

조선으로 귀환한 니콜라이 박처럼 〈유랑〉의 주인공은 고향으로 돌아오나 친척들이 북간도로 떠난 상태다. 이창근의 〈돌아오는 영혼〉(1933)에서도 1928년 나운규의 〈사랑을 찾아서(두만강을 건너서)〉에서 영화 속 인물들은 모두 정처 없이 북쪽으로 기차를 타고 떠난다.

〈풍운아〉, 〈유랑〉, 〈사랑을 찾아서(두만강을 건너서)〉의 남자 주인공들과는 달리 김영환 감독의 〈약혼〉(1929)과 같은 영화의 주인공은 엘리트 남성 지식인이다.

> 명국은   년(원문 누락) 이래, 조선 지식 청년의 전형이나 **상하이
> 유학**이 인연이 되어 순자와 사랑하게 되었다. 양반이며 지주계
> 급인 명국의 부모는 순자와의 사랑을 봉건 색안경으로 보고 절
> 대 반대하였으며 순자의 부모는 기독교적 편견과 경제적 야욕에
> 서 남녀의 사랑을 수긍치 않았다 (…) 소작인 쟁의가 일어나자

명국은 쟁의를 지휘하러 온 친구 병규를 설득하는데 그 후 명국은 병규와 함께 경성에 와서 주의 단체의 한 사람이 된다 (⋯) 얼마 있지 아니하여 주의 단체 회원은 어떤 사건 관계로 병규 이하 전부 경찰에 검거된다. 마침 그 자리에 없어 검거를 피한 명국은 비장한 편지를 철수에게 부치고 멀리 일할 길을 찾아간다.

지식청년 명국의 상하이 유학으로 시작한 영화지만, 결국 그도 다른 남자들처럼 멀리 길을 떠난다. 영화 속 재현이 위와 같은 방식으로 상하이를 불러왔다면 실제로 상하이에서의 조선인의 영화 활동은 주로 정기탁과 이경손, 그리고 배우 김염을 중심으로 이루어졌다. 이영일은 이들을 상하이 망명파라고 소개하기도 했다.

1930년대 상하이의 영화 황제라 불린 김염은 중국 영화사 전체에서 가장 뛰어난 배우 100인 중 완영옥과 함께 1, 2위를 다투는 배우다. 김염은 영화 〈야초한화〉(1932)에서 완영옥과 공연하면서 새로운 숨결의 배우로 칭송받았다. 일본인 스즈키 쓰네카쓰(鈴木常勝)는 『상하이의 조선인 영화황제』(1996)라는 책을 썼다. 서울에서 태어나 1930년대 상하이 영화계의 톱스타가 된 조선인 김염에 관한 전기다. 조선 독립을 위해 투쟁했던 김염의 아버지와 노신의 소설집 『납함』(1922)을 읽고 감격해하는 김염의 고등학교 시절을 기록한다. 1918년에 독립운동가였던 부친이 일본인에게 독살되자 김염은 고학을 하면서 힘들게 살다가 영화에 매료되고 1927년 상하이로 나온다. 1929년에 손유 감독의 〈풍류검객〉에 주역으로 데뷔해 스타로 부상하고 다시 손유 감독의 〈야초한화〉(1930)를 찍게 된다. 이 배역으로 김염은 다음과 같은 인상을 남긴다.

사진을 잘 받는 김염의 균형 잡힌 키 크고 날씬한 스타일, 소박하고 자연스러운 연기, 그리고 청춘의 숨결, 둥근 중국 모자를 눌러 쓰고 연신 추파를 던져댈 뿐 될성부른 기미라곤 없어 보이는 영락없는 철부지 역이었습니다. 모두들 낯빛이 변해버렸지요. 이 작품이 진정한 의미에서 김염의 스크린 데뷔 작품이었습니다. 이것으로 새로운 타입의 남자 배우로서 단숨에 1930년대의 영화 황제 자리에 등극하게 되었던 것입니다.[3]

'청춘의 숨결'이라는 표현이 인상적인데, 김염과 더불어 상하이의 조선인 영화인으로 중요한 사람은 전창근, 정기탁 감독이다.

이영일은 전창근에게 상하이라는 동양의 국제도시는 조선총독부가 짓누르고 있는 한반도와는 다른 매력이 있었고 또 애국지사, 독립운동을 하는 투사들이 있어 젊은 피를 끓게 하는 곳이었다고 전한다. 전창근은 독립 후 한국에서 〈고종 황제와 의사 안중근〉(1959), 〈아아 백범 김구 선생〉(1960) 등을 찍었다.

초창기 한국 영화 기술의 창시자로 불리는 이필우는 중국 영화계를 상하이를 중심으로 기술하면서 정기탁을 소개하고 있다. 정기탁(1905~1937)은 평양 출신으로 평양의 미곡상이자 부호의 아들로 1922년에 처음 상하이로 건너갔으나 1925년에 상하이에서 귀국해 그 당시 영화감독인 이경손과 국내에서 배우이자 제작자로서 영화 일을 하게 된다. 정기탁은 〈개척자〉(1925), 〈산채왕〉(1926)에서 배우로 출연한다. 이 영화가 신통한 흥행성적을

---

3   스즈키 쓰네카쓰, 『상해의 조선인 영화황제』, 이상 옮김, 실천문학사, 1996, 115쪽.

내지 못하고 〈봉황의 면류관〉(1926)에 제작비를 댄 것이 실패하자 상하이행을 염두에 두는데 영어를 배우고 영화 기술을 습득하고자 한다는 명목을 내세웠다. 또한 자신이 주연했던 영화 〈춘희〉(1928)의 결과 역시 그리 좋지 않자 이경손과 한창섭도 상하이로 초청했다. 정기탁은 상하이에서 활동할 때 일본의 감시를 피하기 위해 정군이나 정운파란 예명을 사용했다. 정기탁은 상하이에서 찍은 영화 12편 중에서 8편의 감독을 맡았고 주연 배우로 출연하기도 했는데, 1930년대 중국 최고의 여배우 롼링위(阮玲玉, 1910~1935)와 5편의 작품에서 함께 연기했다. 대표작으로는 리엔화 영화사에서 제작한 롼링위 주연의 흑백 무성영화 〈상하이여 안녕〉(1934)이 있다. 1934년 상하이에서 제작, 상영된 후 1936년 〈상하이야, 잘 있거라〉로 조선 극장에서 상영되었다.[4] 1933년 상하이에서 발행된 《연화화보》는 다음과 같이 정기탁을 묘사한다.

> 〈출로〉 촬영 개시
> 정기탁은 고려인으로 (…) 약간의 상하이어는 말할 수 있지만 발음이 좋지 않다 (…) 그래서 고려어를 할 수 있는 사람을 찾아내 통역을 맡겼다. 감독이 〈출로〉의 스토리 한 구절을 이야기하면 통역이 그 구절을 배우들에게 설명한다. 한난근 등의 배우들은 이런 감독을 만나 일종의 독특한 재미를 느끼고 있다. 정 감

---

4   조복례, 「1930년대 중국 영화배우, 김염 연구」, 상명대학교 예술·디자인대학원 영화학과 석사학위논문, 2005; 조복례의 네이버 블로그 중 '리뷰로그' 섹션의 「정기탁 감독의 〈애국혼〉을 찾아라」에 소개된, 1930년 1월 22일자 《조선일보》에 게재된 이필우의 상하이 영화계 실태 소개 기사 및 정기탁 관련 해제 참고. http://blog.naver.com/furey?Redirect=Log&logNo=60154221319(2012년 9월 10일).

독은 차림새에 정말로 무관심한 사람이다. 양털 같은 천연 파마
머리를 날리고 수염은 열흘을 깎지 않아도 태평이다. 내의는 매
일 갈아입는지 모르겠지만, 겉옷은 주름투성이, 먼지투성이의
단벌 신사다. 그와 같은 사람이야말로 중국에서 말하는 '자유인
의 품격'일 것이다.

마지막으로 상하이에서 활동한 영화감독으로는 이경손(1905~1978)이
있다. 상하이 대중화영편공사(大中華影片公司)에서 일하던 정기탁 감독이 그
를 촬영감독으로 스카우트한 것을 계기로 1931년 상하이로 망명, 신극(新劇)
운동의 본산이자 전국에 지사를 가지고 있던 남국사(南国社)를 창설한 전한
과 교류했다. 또 당시 상하이의 영화 황제 김염과 함께 장편 희곡을 집필하
고 발표했다. 이경손의 작품 〈양자강〉(1930)은 이후 상하이에서 한인들이 영
화를 만드는 계기를 마련해주었다.
　　상하이를 주요한 체험의 공간으로 참조하는 나운규의 〈풍운아〉에서부
터 상하이의 영화 황제 김염, 전창근, 정기탁, 이경손에 이르기까지 한국 영
화, 조선 영화의 네트워크와 커넥션을 생각할 때, 그리고 아시아와 글로벌
컨텍스트에서 볼 때 상하이는 내셔널한 영화, 문화 창조의 단위를 역사적으
로 다시 생각할 수 있는 계기를 제공한다.

2. 상하이의 밤: 정창화의 〈예라이샹〉

　　한국 영화의 동아시아 경계와 타자들이라는 주제는 넓게 이야기하자
면 한국 영화의 세계 생성, 하이데거 식의 월딩(worlding) 과정에 연루되어

있다. 한국 영화라는 내셔널한 단위의 생성물이 제국화로 가는 세계화와 그 쌍으로서의 민족주의, 다른 한편으로는 민족주의와 국족주의의 족쇄를 세계로 열어젖히는 긴장의 동학과 궤적을 역사적으로 구성해나갔다고 할 때, 동아시아라는 지역적 단위와의 접속은 그 흔적을 읽어내고 분석할 수 있는 모델을 제공한다. 그중 중요한 지역인 일본, 상하이와 관련해서는 역사적으로 두 번의 계기가 있었다. 일본과 관련해서는 일제강점기의 영화들, 그리고 김수용의 〈망향〉(1966) 등으로 예시되는 북송선을 타는 재일교포를 다룬 영화이고 상하이와 관련해서는 상하이파 조선 영화인들이 활약하던 시기와 1960~1970년대가 그것이다. 상하이파 영화인 중 이경손은 안중근 의거를 각색한 〈애국혼〉(1928)을 제작해 중국에서 크게 흥행시켰다. 정기탁, 김일송을 출연시켰는데, 김일송의 미모에다가 일본 제국 침략의 대원흉 이등박문을 만주 하얼빈 척두에서 사살하는 영웅적 장면이 중국 민중의 대환영을 받은 것이다. 또 활극 배우 전창근은 역사 영화 〈양자강〉(1931)을 제작해 본국으로 수입했다.[5] 이렇게 1930년대 후반에서 1937년까지 실제로 상하이에 거주하면서 조선과의 영화적 커넥션을 유지했던 그룹과, 1960년대 이규웅 감독의 〈양자강〉(1964), 정창화 감독의 〈예라이샹〉(1966) 등처럼 과거의 상하이를 지리적으로 호출하는 영화들이 있다. 영화 생산으로 보자면 일본, 상하이와 관계해서는 역사적 쌍, 거울들이 있는 셈이다.

일본, 상하이처럼 2번의 역사적 계기를 갖는 것은 아니지만 한국 영화와 동아시아의 접속과 관련해서는 홍콩을 다룬 영화들이 있다.[6] 〈황금 70 홍

5   김명수, 『명수산문록』, 삼형문화, 1985, 261쪽; 김광주, 「상하이시절회상기〈상〉」, 《세대》 3(29), 1965, 256쪽 참고.
6   한국-홍콩 액션영화에 관해서는 김소영, 「콘택트 존으로서의 장르: 홍콩 액션과

콩작전〉(1970)과 〈홍콩의 마도로스〉(1971)가 그것이다. 또한 대륙활극 중 만주를 다룬 영화들이 상당수 있다. 〈불붙는 대륙〉(1965) 등이 대표로 꼽을 수 있다. 이외에도 동남아시아 등이 등장하는 영화들이 있고 제국의 시대, 근대화, 식민화와 함께 진행된 한국 영화의 월딩을 읽을 수 있는 여러 예들과 계기들이 있겠지만 대륙활극을 열었던 정창화 감독의 상하이 관련 영화 〈예라이샹〉을 분석해보기로 한다.

〈예라이샹〉이라는 영화는 기묘한 구석이 있다. 영화가 시작하면 조세영(신성일)이 긴급하게 도피하는 모습이 나온다. 4·19, 혁명의 시간이다. 세영은 난희(문정숙)의 집으로 들어간다. 난희는 세영을 모르나 당시의 정치적 저항에 공감하는 그녀는 오른손을 다친 세영을 의사를 불러와 치료해준다. 이런 도입부는 정치적 긴급 상황이 로맨스의 조건이 되는 다른 해방 이후 영화들에 대한 기억을 불러온다. 예컨대 대표적인 포스트해방 영화 〈자유만세〉(1946)도 이렇게 시작하고 끝난다.

> 일제하에서 조국광복을 위하여 지하공작을 하던 한중(전창근)
> 이 어느 날 일경에게 쫓기다가 총을 맞고 급한 김에 아무 집에나
> 뛰어 들어가 숨게 되었다. 간호원인 그 집 딸 혜자(황려희)가 그
> 를 숨겨주어 위기에서 구출된다. 두 사람은 어느덧 사랑을 느꼈
> 지만 한중은 조국광복에 바친 몸이기에 미처 사랑도 외면해야
> 만 했다. 그런 어느 날 그들이 일경에게 발각된다. 악착같은 일
> 경의 추격에도 불구하고 그들은 끝까지 항전하다가 조국광복의

한국 활극」, 『근대의 원초경』(2010) 참고.

날을 눈앞에 두고 장렬하게 죽어간다.

배경은 이렇듯 1960년의 4·19이고 세영과 난희의 만남도 혁명의 시간 속에서 배태되었으나 〈예라이샹〉이 사회와 개인을 정치적으로 활용하는 방식은 물론 매우 다르다. 우선 세영과 난희는 사랑에 빠진다. 사랑에 빠진다기보다 난희는 세영을 극진하게 간호하고, 세영은 난희에게 감사와 애정을 가지게 된다. 위의 〈자유만세〉와 달리 세영은 조국을 위해 난희를 외면하지는 않는다. 이들의 계층적 위치가 일차적 문제로 등장한다. 난희는 '바걸'이고 세영은 명문 법대 4학년이라 고시를 앞두고 있다. 그러나 예상과는 달리 계층의 문제가 내러티브의 쟁투 지점은 아니다.

솜씨 좋은 감독이자 흥행사인 정창화가 조각해내는 긴급 상황 속의 남녀, 세영과 난희에게는 풀어야 할 다른 숙제가 있다. 그것은 이 혁명의 시간과 어긋나 있는 것처럼 보이는 일제강점기 시절 상하이에서 일어난 모종의 사건이다. 이 상하이의 시간과 현재(1960년) 시간의 중첩이 형성되는 시점은 영화가 공개되는 1966년 무렵이다. 그사이 1961년에 5·16이 있었으나 영화는 그 사건을 탈각시킨다. 동시대적 이벤트를 서사의 의식 안에 매립하고 〈예라이샹〉은 과거 상하이 조직 세계의 어떤 치명적 문제를 현재에 간섭하는 역사의 트라우마(trauma)로 삼고 예의 바걸과 재즈밴드를 클럽에 배치해 〈모리타트〉(moritat)를 연주하게 한다.[7] 여기서 영화는 역사와 한 시기를 전면화하는 형식과 이별하고 가정과 세계의 변증법인 멜로드라마와도 작

---

7   모리타트는 '살인이나 공포 사건을 소재로 떠돌이 가수들이 불렀던 발라드 풍의 노래'라는 뜻으로 독일 현대문학의 한 장르다. 동명의 소니 롤린스(Sony Rollins)의 연주곡이 유명하다.

별해 필름누아르의 뒤틀린 어법과 미장센으로 우리를 이끈다. 밤의 거리, 밤의 여자인 팜므 파탈, 성적 도착, 남성적 힘과 권력의 간극, 폭력의 법, 방관하거나 지나치게 참견하는 국가의 법, 음모, 돈의 어지러운 누빔이 만화경처럼 펼쳐지는 필름누아르 말이다. 그래서 〈에라이샹〉은 상하이의 프랑스 조계 지역에 주로 거주하며 독립운동가로서 그리고 문예활동가로서 살아가던 사람들보다는, 당시 가난에 못 이겨 매매춘과 아편 판매를 하던 유민들을 어느 정도 의식하지만,[8] 오히려 〈상하이에서 온 여인〉(1947)과 같은 해 오손 웰즈(Orson Welles)의 필름누아르를 인용하고 있는 듯하다. 웨스턴 장르를 참조한 대륙활극, 액션 장르, 한·홍 합작을 열었던 장르영화의 대가의 참조체계를 보자면 당연한 일이기도 하다. 필름누아르가 불려옴으로써 영화

---

[8]   한인의 상하이 이주와 초기 한인 사회의 형성은 크게 세 시기로 나눌 수 있다. 첫째, 1910년 조선 국권피탈 시기부터 1919년 3월 1일 독립운동 직전까지는 다수의 독립운동가 및 애국계몽운동가들이 상하이로 이주해 중국의 각급 교육기관에서 수학하기도 했다. 둘째, 1919년 3·1운동 직후부터 1920년대 초반까지는 상하이 대한민국임시정부 수립 시기로서 애국자와 유지인사들이 대거 상하이로 집결했다. 셋째, 1920년대 중반부터 1945년 8월 15일 광복 때까지는 일제의 중국 대륙 침략이 강화되면서 친일적 한인들이 대거 상하이로 이주했고, 또한 조선에서 생계 수단을 잃어버린 한인들이 취업 목적으로 상하이로 이주했다. 이와 같은 한인의 상하이 이주 시기별 특성에 따라 한인 사회의 성격도 변해갔다. 1920년대에는 한인들이 대한민국임시정부의 소재지였던 프랑스 조계에 많이 거주했으나 일제의 만주 침략을 계기로 이후에는 공공조계 중에서 일제의 세력 범위인 홍구(虹口) 일대에 거주하는 한인들이 증가했다. 즉, 상하이 한인 사회는 애초에는 조선 독립운동의 해외 근거지로서의 성격이 뚜렷했으나, 1932년 4월 29일 윤봉길 의거 이후 상하이 지역 한인 사회의 버팀목이었던 임시정부가 상하이를 떠나가자 홍구 지역의 친일 한인들도 적극적으로 활동하기 시작했으며 임시정부 떠나간 프랑스 조계 지역의 한인들도 관망적인 입장을 보이다가 중일전쟁과 일본군의 상하이 점령 이후에는 일제 통치체제에 편입되기 시작했다. 그리하여 점차 해외 교민사회로서의 사회·경제적 성격이 강화되었다. 손과지, 「한인의 상하이망명과 초기 한인사회의 형성」, 《한국근현대사연구》7, 1997, 26~33쪽 참고.

<예라이상〉(1966)

〈예라이샹〉(1966)

는 상하이의 밤과 더불어 미국의 밤을 서울의 밤거리에 이중인화한다. 역사적 파편과 당대 긴급성의 선택적 배치(4·19의 현존과 5·16의 부재), 장르적 관행이 〈예라이샹〉을 이질적으로 횡단하고 있다. 이것이 기묘한 복합성을 이루는 야래향(夜來香·예라이샹)의 리좀(rhyzome)들이다. 야래향의 향기 따위는 이 영화의 관심이 아니다. 환원되지 않는 이질성들이 걸출한 장르영화 감독이 만든 대중 영화의 데칼코마니적 비/재현 안에서 표출된다. 리좀들이 만들어내는 지도 그리기(cartography)는 해결되지 않은 도착적인 근대의 기억과 트라우마가 행위자의 연속적 수행에 의해 재연되며 재앙과 비극이 재생산된다.

가까운 5·16을 오히려 부재하게 한 채 상하이를 소환하는 문제는 잠깐 괄호 안에 넣고, 기묘한 시간의 중첩 부분으로 돌아가보자. 〈예라이샹〉이라는 제목 자체가 대만 가수 덩리쥔(鄧麗君·등려군)의 노래 〈야래향〉(문근영이 〈댄서의 순정〉(2005)에서 번안해 불렀다)을 연상하게 하는 것처럼 이 영화는 지리적 상상력의 배후를 서울의 클럽 풍경을 매개해 중국 상하이로 끌고 간다. 서울의 클럽에서 흘러나오는 재즈 명곡 〈모리타트〉는 미국의 밤으로의 접속이다.

시간과 공간의 이와 같은 전치적 중첩은 위에서 이야기한 필름누아르 인용과 더불어, 동시대적 한국 영화의 지형에서 보면 정창화 감독 자신이 성취한 대륙활극과도 접속한다. 대륙을 전면적으로 배경화하는 것은 아니지만 이후 이만희의 대륙활극은 비대칭적 역사적 쌍을 엮어낸다. 즉 〈쇠사슬을 끊어라〉(1971)는 일제강점기의 민족주의와 박정희 체제의 국가주의의 다른 시대적 요구들을 배치해 비대칭성을 강조한다. 이를 〈예라이샹〉에 소급 적용해보면 상하이의 1930년대와 남한의 1960년대가 어둠의 세계로 겹쳐지고 여기에 재즈와 댄스가 있는 클럽 문화로 불야성을 이루는 미국의 밤이 삼중으로 노출된다. 밤에 도착하는 꽃향기라는 야래향을 빌어 말하자면 밤들이 도착한다. 상하이와 남한의 혁명의 어둠, 그리고 미국의 밤.

다문화라면 다문화이고 한국 영화가 불러오는 세계라면 세계인데 거기에 역사성과 정치성이 없는 것은 아니다. 역사와 정치가 표준어가 아닌 다른 방식의 은어, 필름누아르를 통해 형상화되기 때문에 다른 읽기가 필요한 것이다. 이 은어는 성적 변이와 청산되지 않은 과거의 비밀을 말하기 위한 방식이다. 은어와 더불어 방언이 있다. 필름누아르의 번역으로서의 방언인 코리안 누아르는 선취된 근대의 밤인 상하이를 아메리칸 필름누아르의 형식으로 말한다.

영화의 도입부는 혼자 칵테일을 마시며 담배를 피우는 여자 난희(문정숙)의 미디엄 숏으로, 여기에 제작 등 크레딧이 올라간다. 팜므 파탈이 소개되는 것이다. 앞서 언급했듯이 바걸과 엘리트 남자 대학생의 결합은 사실 큰 반대에 부딪히지 않는다. 난희와 세영, 두 사람 모두에게 부모가 없기 때문이기도 하고, 시국이 어수선하기도 하여 세영의 지도교수도 별달리 이들의 관계를 비판하지 않는다.

관계의 문제는 오히려 예의 상하이 커넥션에서 발생한다. 난희의 단골고객들인 박 사장(최남현)과 허 상무(허장강)는 난희에게 도착적인 관계를 강요한 사람들이다. 4·19로 인해 가정교사를 하던 집이 불타버려 새로운 일자리를 찾던 세영은 박 사장 집에 가정교사로 들어갔다.

설상가상으로 박 사장과 허 상무는 상하이에서 난희의 아버지를 죽이고 재산을 빼앗았다. 박 사장은 그녀의 어머니를 겁탈해 딸까지 낳았는데 가정교사로 들어간 세영을 흠모하는 박 사장의 큰딸이 바로 박 사장과 난희의 어머니 사이에서 태어난 난희의 이복자매다.

물론 난희는 이 사실을 모르고 있다. 상하이에서 아버지의 옛 친구가 중국공산당 수용소에 갇혀 있다가 돌아와 이 비밀을 알려주는데 그는 박과 허에게 살해당한다. 난희는 클럽에서 춤을 추다가 박 사장을 죽여 복수한다. 그녀는 감옥에 갇히고 세영과 난희의 이복 자매가 그녀를 찾아온다.

복수가 이루어지기는 하지만 복수를 통한 정의의 구현이라기보다는 허망한 정서가 만연해 있다. 그러나 이것이 젊은 세대의 패배는 아니다. 팜 므파탈적 여성의 소란한 출현에도 불구하고, 이 영화는 4·19를 거친 새로운 젊은 남성 엘리트가 처한 어떤 국면, 함정, 유혹, 필요 등을 포착한다. 그가 법대생이라는 것은 우연한 설정만은 아니다. 법을 이해해야 하는 사람이 목도하고 관계하게 된 상하이에서 서울에 이르는, 과거에서 현재에 이르는 폭력적 (불)법의 존속. 난희는 그로 하여금 그것을 보게 하고 체험하게 하지만 몸으로 그 사태를 받아치고 끊어내는 것은 그녀 자신이다. 아버지가 부재한 세대, 5·16은 괄호 부호 속에 여전히 은밀하게 숨어 있고 어머니 대신 팜므 파탈적 여성이 과거의 매듭을 끊고 간다.[9]

5·16의 텍스트 속 은닉과 더불어 구조화된 부재는 일제강점기에 대한 역사적 언급이나 참조다. 필름누아르, 재즈의 문화적 형식을 빌려 미국적 모더니티는 텍스트의 형식으로 통합되어 있고 상하이는 2명의 악당 에이전시 (agency)를 통해 불려 오는데, 한국 근대사에서 상하이가 놓여 있는 자리와 맥락은 일제강점기이나 이 텍스트에는 그런 맥락에 대한 의식이 없다. 증후 라고 불러도 좋을 것이다. 언급했듯이 대륙활극, 한·홍 합작 등을 이루어낸 감독의 지정학적(geopolitcal) 역사 판타지다.

---

9   이와 같은 기능으로는 이두용 감독의 〈최후의 증인〉(1980)이 있다. 이 부분에 대해서는 김소영, 「〈최후의 증인〉: 전쟁과 여성, 파국의 판타지」, 『영화평론가 김소영이 발견한 한국 영화 최고의 10경』, 현실문화연구, 2010, 147~168쪽 참고.

이 영화에서 가장 아름다운 장면은 나이트클럽이 끝날 때를 기다려 난희를 찾아온 세영과 밤길을 걸어갈 때 난희가 그에게 사랑을 고백하는 장면이다. 앞서 이들은 고통을 겪었다. 세영의 표정을 살피며 난희가 사랑한다고 말하고 어둠 속의 거리에서 그들은 계속 걷는다. 표정과 언어와 발걸음, 카메라의 움직임이 예사롭지 않은 삶을 살아가야 하는 여성의 정동을 미묘하고 가슴 저리게 전한다. 한국 영화사에서 드문 장면이다. 사랑한다는 말을 어두운 골목길에서 움직이며 전달할 수 있는 여성의 자리, 여배우 문정숙의 탁월한 연기적 성취는 순간적이나마 여성의 새로운 자리이며 세계의 열림이다.

6장 글로벌 디지털 포메이션

: 투기성 조증과 사회적인 것[1]

1. 소셜미디어라는 트랜스바운더리

    근현대 위기 담론이 재난 사태들로 이어지며 장기 집권 중이다. 이 구조화된 위기, 재난 속에서 SNS는 일상을 네트워크화하고 정보화해 사적·공적 경계를 변주해 친구를 찾거나 만들고 이 '친구'들의 네트워크는 SNS(소셜

---

[1]   2011년 소셜 네트워크를 통한 자스민 혁명의 확산 등을 지켜본 후 한국예술종합학교 영상원 부설 트랜스 아시아 영상문화연구소 '트랜스 아카데미'에서는 3월 16일부터 5월 4일까지 "소셜 네트워크 시대: 영화와 사회의 운명 그리고 더 소셜"이라는 제목으로 7개 강좌를 열었다. 이 글은 그 강좌에서 발표(제7강)한 것이다. 그 밖에 김선하 한국외국어대 강사의 '이집트혁명과 소셜 네트워크' 강의를 시작으로 마이크 프랭고스(Mike Frangos) 스웨덴 우메아대학교(Umea University) 인문학 랩 연구원의 '소셜미디어의 미학', 얼 잭슨 주니어(Earl Jackson Jr.) 한예종 영상원 교수의 '소셜 네트워크, 디지털 판타지, 그리고 심리적 현실' 등이 열렸다. 2011년 4월 11일에는 서울국제여성영화제와 함께 "여성, 장소, 소셜"이라는 제목으로 포럼을 열었다. 김소영의 사회로 조한혜정(연세대학교 문화학협동과정), 김예란(광운대 미디어영상학부), 김현경(연세대 문화인류학), 임민욱(미술가), 박지선(평상필름)이 참여해 여성, 장소, 소셜이 복잡하게 얽혀 있는 시대를 함께 논했다. 조한혜정은 특히 히키코모리(引き籠もり)의 문제를 다루었다. 글 뒷부분에서 인용하는 강진석과 신현우의 글은 위 아카데미와 포럼 등에서 제기된 쟁점들과 연관해 자신의 견해를 밝힌 것으로, 한예종 영상이론과 전문사 수업 시간에 발표한 글이다.

네트워크 서비스)를 유기체처럼 살아 있게 만든다. 사적·공적 경계가 불분명해지고 재조정되면서[2] 빠른 속도의 소셜미디어가 구성해내는 인지적 변이인 것이다. 재스민 혁명(2010~2011년 튀니지 민중혁명)과 SNS 혁명이 교환 가능한 이야기가 되고, 버락 오바마(Barack Obama)는 페이스북 본사에서 마크 주커버그(Mark Zuckerberg)와의 토론을 거쳐 대선을 준비한다. 한국의 2011년 4·27 재보궐 선거에서는 다시 한 번 트위터의 역할이 주목된다. 일상, 사회, 정치는 소셜미디어의 등장 이후 불가역성의 길로 접어든 것처럼 보인다.

소셜미디어는 미디어 연구, 문화연구, 사회학, 미학, 인지과학의 영역을 횡단하는 학제 간 트랜스바운더리의 장으로 보이지만, 연구 대상과 영역 설정에 시간이 걸리는 학계가 디지털 인문학 등으로 숨을 고르는 사이[3] 소셜미디어에 관련된 인쇄출판물에 열광하는 것은 경영학, 마케팅 쪽이다.[4] 이

---

2   알래스테어 하네이(Alastair Hannay)는 *On the Public*, New York: Routledge, 2005에서 퍼블릭과 퍼블릭 스피어(public shpere)의 역사적, 개념적 변이를 추적한다. 라틴어 푸블리쿠스(publicus)는 로마의 정치적 삶의 다른 양상들을 가리킨다. 퍼블릭이라는 것은 사람들이 관객(spectators)으로 접근 가능한 것이다. 라틴어 포폴루스(populus)는 네이션 후드(nationhood)와 긴밀하게 연결되어 있다.

3   마이크 프랭코스는 소셜미디어를 아카이브의 테크놀로지로 설정하면서 아카이브가 적어도 19세기부터 근대성 문화의 긴 역사를 가지고 있음을 전제하고, 소셜미디어를 특징짓는 아카이브적·큐레이터적 관행(플레이리스트, 선호, 공유하는 아이템들의 창조)은 동시대 문화의 수집, 박물관, 아카이브의 역할의 전화에 기반을 두고 있다는 계보학을 세운다. 2011년 3월 23일 '트랜스 아카데미' 강의.

4   매튜 프레이져, 수마트라 두타, 『개인과 조직, 시장과 사회를 뒤바꾸는 소셜 네트워크 e혁명』, 최경은 옮김, 행간, 2010; 샤마 하이더 카바니, 『소셜미디어 마케팅 젠: 당신에게 필요한 마지막 소셜미디어 가이드!』, 이윤진 옮김, 제이펍, 2011; David Meerman Scott, *The New Rules of Marketing and PR: How to Use News Releases, Blogs, Podcasting, Viral Marketing, and Online Media to Reach Buyers Directly*, Hoboken: John Wiley & Sons, 2007

출판물들의 제목에 등장하는 혁명 운운은 물론 마케팅 혁명이다. 또한 소셜 미디어 분석가와 같은 새로운 직업도 권장되고 있다.[5]

페이스북이나 트위터와 같은 소셜미디어에는 많은 사람들이 가입되어 있어(2014년 02 19일 기준 페이스북 가입자 수 12억 300만명), 1인 미디어로서 각자의 체험에 입각한 1인 1담론 구성이 가능하다. 또 유통 및 확산이 쉽고 소셜미디어 자체가 방대한 레퍼런스와 아카이브 기능을 하고 있어 마케팅 쪽을 제외하면 굳이 학자나 전문가들의 학문적 참조 틀이 필요하지 않다는 인상을 준다. 개별적, 구체적 사례들이 로컬과 글로벌에서 개인적·집단적으로 무한하게 증식하면서 이런 현상을 이론화하기 위한 정지와 되감기가 쉽게 허용되지 않는 예다. 사용자 개별적 사례의 과잉 플럭스(flux)가 진행되고 있음을 염두에 두면서도 소셜미디어의 연구 영역을 어떻게 마련할 것인가가 이 글의 관심이다. 그래서 부상하는 소셜미디어의 복잡한 단면들을 몇

등이 그 예다. 이 중 『소셜 네트워크 e혁명』에 따르면 와튼(Wharton) 경영대학원 교수 스티븐 코브린(Stephen J. Kobrin)은 혁명의 시계를 중세로 되감고 있다. 매튜 프레이져, 수마트라 두타, 앞의 책, 14쪽.

5   김철환, 「소셜 분석의 세계, SNS가 모든 것을 말해준다」, 적정마케팅연구소 웹페이지, 2011년 4월 22일 참고. http://socialexperiencelab.com/archives/599

"트위터만 활용해도 다음 질문에 대한 답을 구할 수 있다. (…) 소셜 분석은 말 그대로 '소셜' 네트워크 서비스, SNS를 분석하는 기술이다. 풀어서 설명하자면 SNS 이용자들의 프로파일, SNS 이용자들이 생산하는 메시지, SNS 이용자 간의 사회 연결망과 상호작용에 관한 데이터를 수집하고 해석하는 과정이라 할 수 있다.

그런데, SNS에는 이미 엄청난 양의 정보들이 쏟아져 나오고 있다. 특정 사실을 발견하기 위해 정보 수집 작업을 따로 할 필요가 없다는 얘기다. 다만, SNS 정보들은 여러 가지 데이터가 혼재되어 있기 때문에 그 정보들을 데이터의 형식과 속성에 따라 구분할 필요는 있다. 엄밀히 말한다면 소셜 분석은 SNS 정보들을 '필터링'하고 해석하는 과정으로 보아야 할 것이다."

개의 핵심어들로 횡단해보려 한다. 소셜, 디지털 포메이션, 인지, 인지자본주의(Cognitive capitalism), 퍼블릭 등이 그것이다.

'사회적인 것'(the social)에 대해 지속적으로 이론적 문제 제기를 했던 브루노 라투르는 『사회적인 것을 재조립하다』(2005)에서 '자연의 조립들'(assemblages of nature)을 검토하면서 사회적 도메인에 진입하는 정확한 구성요소들을 조사하는 것이 불가능하며 오히려 사회라는 우산 아래 정확히 무엇이 조립되고 있는가를 꼼꼼하게 들여다보는 것이 필요하다고 본다.[6] 이때 소셜의 어원이 매우 시사적이다. 그 뿌리는 'seq', 'sequi'이고 첫 번째 의미는 팔로(follow)하는 것이다. 라틴어 '소시우스'(socius)는 반려, 동료를 뜻한다. 다른 언어들에서 소셜의 역사적 계보는 처음에는 누군가를 따르는 것, 그리고 명부를 올리고 동맹을 맺고 끝으로 어떤 공통점을 갖는다는 것을 의미한다[7]. 트위터(2006년 3월 개설, 블로그 인터페이스와 미니홈피의 '친구 맺기' 기능, 메신저 기능을 한데 모아놓은 소셜네트워크 서비스)의 핵심어 중 하나가 팔로·팔로워(follower)임을 생각하면 트위터가 바로 소셜의 기원적 의미로 되감기된 것임을 알 수 있다.

라투르가 추적하는 소셜의 두 번째 의미는 상업적 거래에서 한몫을 챙기는 것이다. 소셜커머스[8]는 소셜을 상업적 거래에 활용하는 예라고 볼 수

---

6   이러한 접근 방식, "어소시에이션(association)들의 사회학"은 액터-네트워크-이론(Actor-Network Theory)으로 알려져 있다. Bruno Latour, *Reassembling the Social: An Introduction to Actor-Network-Theory*, New York: Oxford University Press, 2005, 2쪽 참고.

7   같은 책, 6쪽.

8   소셜커머스(social commerce)는 페이스북, 트위터 등 SNS를 활용해 이루어지는 전자상거래의 일종으로 일정 수 이상의 구매자가 모일 경우 파격적인 할인가로 상품을 제공한다. 소셜쇼핑이라고도 일컫는다. 상품 구매 희망자들이 할인을 성사시키기 위해 공동구매자를 모으는 과정에서 주로 소셜네트워크 서비스를 이용하기 때문이다. 이 용어

있다. 소셜이 함축하는 이러한 동맹과 거래는 디지털 네트워크를 소셜미디어로 구성한다. 또한 소셜미디어는 이런 사회적 논리(동맹과 거래)로 디지털 포메이션의 핵심 장이 되어간다. 사스키아 사센(Saskia Sassen)은 소셜미디어가 디지털 테크놀로지와 사회적 논리 사이의 상호작용이 혼합되는 세 번째 조건을 생산한다고 보았다. 이러한 혼합적 영역이 전자 공간에서 구조화될 때 이것을 사회적 테크놀로지로서의 **디지털 포메이션**(digital formation)이라고 부를 수 있다. SF 영화 〈매트릭스〉(1999)와 〈아바타〉(2009)는 디지털 테크놀로지와 사회적 논리의 상호작용을 그린 디지털 포메이션의 예다. 〈매트릭스〉에서 나타나는 디지털 포메이션을 신자유주의적 자본주의 생산 양식의 시각화[9]로 볼 수 있고 〈아바타〉는 아바타적 변형을 가능하게 하는 디지털 기술과 가이아(Gaia)적 사회적 논리의 불협화음, 디지털 포메이션의 실패와 성취를 양가적으로 다루고 있다. 3D 디지털 테크놀로지의 위용을 전시하는 이 영화는 그것으로 인해 완벽한 에코 시스템으로의 침투가 가능해지는 역설을 담고 있다. 디지털 포메이션이 아닌 생태 환경 보존을 우위에

는 2005년에 야후의 장바구니(Pick List) 공유서비스 쇼퍼스피어(Shoposphere)와 같은 사이트를 통해 처음 소개되었고, 2008년에 미국 시카고에서 설립된 온라인 할인쿠폰 업체 그루폰(Groupon)이 공동구매형 소셜 커머스 비즈니스 모델을 최초로 만들어서 성공을 거둔 이후 본격적으로 알려지기 시작했다. 두산백과 참고. http://www.doopedia.co.kr

9   심광현, '제3세대 인지과학과 SF 영화: 자본주의 매트릭스 vs 대안적 매트릭스', 서울대학교 인지과학연구소·사회과학원 공동 주최 "인지과학으로 여는 21세기 시즌 3: 이성과 공감" 세미나 발표문, 2011년 4월 30일 참고. "현 상태에서 신자유주의적 생산 관계를 그대로 유치한 채, 커즈와일(Ray Kurzweil)이 『특이점이 온다』(The Singularity Is Near)에서 예견한 대로 GNR 혁명에 의해 생산 수단에 대한 인간/노동자의 통제력이 상실되고 사이보그 시스템이 지배하는 형태로 발전하게 될 경우 고급 지식 노동은 극소수화되고 대다수 인간은 '노동 가치'를 상실하게 되기 때문에 앞서 말했듯이 생체 에너지 자원으로서의 가치만을 지닐 수밖에 없다고 할 수 있다."

두는 서사와 내러티브가 환기시키는 훼손되지 않은 자연에 관한 노스탤지어는 기술적 전위를 가동시켜 가능하게 된다. 할리우드라는 자본과 기술의 집약체로서는 일종의 수행 모순(performative self-contradiction)을 실행하고 있는 것이다.[10]

사스키아 사센은 디지털 포메이션에는 자본을 위한 글로벌 마켓과 글로벌 전자 액티비스트 네트워크가 있다고 분류한다.[11] 인터넷은 중요한 정치적 실천 매체지만 1990년 초, 특히 1990년대 중반 이후 디지털 네트워크의 역사 안에서 새로운 국면에 접어들었다. 거기서 강력한 기업 행위자들과 하이 퍼포먼스 네트워크는 사적인 디지털 공간의 역할을 강화하고 퍼블릭 액세스 디지털 공간의 구조를 바꾸게 된다. 디지털 공간은 소통의 단순한 수단이 아니라 자본 축적의 중요한 새로운 극장이고 글로벌 자본이 작동하는 극장이다. 하지만 시민사회 역시 전자 공간에서 에너지가 충만한 존재감을 갖고 있다. 양자의 중요한 특성은 확장된 탈중심화와 동시적 통합의 가능성

---

10   토마스 엘세서(Thomas Elsaesser)는 영화 〈아바타〉에서의 수행적 자기모순의 한 예가 아마도 악한들(the bad guys)의 플롯 상의 특징이며 이는 그 자체로 영화에서 핵심적인 요소라고 지적한다. 판도라를 파괴하려고 하는 반(semi) 군사적 조직은 에너지원 언옵테이니움(Unobtainium, 의미상 '얻을 수 없는' 화학 원소)을 얻고자 한다. 이것은 이 영화의 감독 제임스 카메론 자기 자신이 안팎으로 '불가능한' 위치에 있다는 것을 알리고, 또 바로 그러한 이유 때문에 우리들에게 착각 모드나 수행적 자기모순이라 불리는 것을 요구하고 있음을 명백하게 밝히고 있다. 토마스 엘세서의 수행적 자기모순 개념은 칼 오토 아펠(Karl Otto Apel)의 개념에 근거한다. 토마스 엘세서, '아바타: 3D의 귀환'(Avatar: Return of 3D), 트랜스 아시아 영상문화연구소 공개강좌, 2010년 10월 22일 참고.
11   Sassen, Saskia. "Electronic Markets and Activist Networks: The Weight of Social Logics in Digital Formations," in *Digital Formations: IT and New Architectures in the Global Realm*, ed. by Robert Latham and Saskia Sassen, Princeton: Princeton University Press, 2005, 54~88쪽 참고.

이다. 로컬의 정치적 발의가 글로벌 네트워크의 부분이라는 것은 파이낸셜 센터의 네트워크와 자본 시장의 절합(articulation)과 병행한다.

2. 퍼블릭의 유령화, 소셜의 미디어화

이러한 디지털 포메이션 속에서 소셜미디어는 기존의 퍼블릭과 정치성을 어떻게 변화시키고 있는가? 기존 미디어 연구의 한편이 청중, 대중·퍼블릭, 공중(public sphere)과 짝패를 이루고 있었던 것에 비해 소셜미디어는 소셜이라는 것과 짝패를 이루고 있다. 동맹과 거래라는 어원적 의미와 더불어 한나 아렌트(Hannah Arendt)를 상기하자면, 사회적인 것은 정치적인 것, 퍼블릭(대중·청중)과 동렬에 있는 것이 아니다.[12] 이는 사회의 발생 즉, 가계(oikia) 또는 경제 활동이 공론 영역으로 부상함에 따라 가계 유지와 과거 사적 영역이었던 가족에 관한 모든 문제들이 이제는 집단적 관심으로 변했기 때문이다. 사회의 출현은 가계의 활동, 문제 및 조직 형태가 가정의 어두운 내부로부터 공론 영역의 밝은 곳으로 이전된 것을 말한다. 이로 말미암아 사적인 것과 공적인 것을 구분하던 옛 경계선은 불분명하게 되었고 두 용어의 의미와 이것이 개인과 시민의 삶에 대해 갖고 있던 의미도 거의 식별할 수 없을 정도로 변했다.

---

12   "(…) 그러나 사적인 영역도 공적인 영역도 아닌 사회적 영역의 출현은 엄격히 말하자면 비교적 새로운 현상이다. 이 현상의 기원은 근대의 출현과 일치하며 민족국가에서 그 정치적 형식을 발견한다. 한나 아렌트, 『인간의 조건』, 이진우·태정호 옮김, 한길사, 1996, 80쪽.

3. 인지자본주의와 소셜미디어

소셜미디어, 특히 트위터의 정치적 성공담은 이집트, 미국, 한국을 가로지르는 글로벌한 것이 되었다. 이 성공담은 소셜미디어 때문에 혹은 그것이 독점적으로 이루어낸 것이 아닌데도 소셜미디어가 단독 주연처럼 되면서 그 함의들은 뒤로 밀려난다. 소셜미디어가 발생하는 장을 위에서 디지털 포메이션이라고 개념화했는데 이제 그 소셜미디어를 인지자본주의의 장 속에서 살펴보기로 하자. 다음은 조정환의 『인지자본주의』에서의 인용이다.

> 우리 시대의 거대한 전환으로 지금 우리가 주목하고 있는 현상은 노동력의 인지화다.[13] 초기 자본주의의 노동력이 숙련 집약적이었다면 성장기 자본주의의 노동력은 인지 집약적이다. 노동력의 인지 집약화는, 과거에는 자본주의 노동과정 외부에서 이루어졌던 많은 활동 등을 자본 관계 속으로 끌고 들어온다. 예술, 친교, 교육, 연구, 봉사 등이 그것이다. 그리고 과거에는 정치 영역에 속해 있던 활동들도 자본 관계 속으로 끌어들인다.[14]

---

13 조정환에 따르면 인지(cognition)는 대상에 대한 지식을 의미하는 인식(knowledge)으로 환원될 수 없다. 인식은 인지 활동의 중요한 일부이지만 그 전체일 수 없기 때문이다. 인지는 지각하고 느끼고 이해하고 판단하고 의지하는 등의 활동에 포함되는 정신적 과정을 총칭하는 용어로서 감각, 지각, 추리, 정서, 지식, 결정, 소통 등의 개체적 및 간개체적 수준의 정신작용 모두를 포괄하는 의미로 사용된다. 조정환, 『인지자본주의: 현대 세계의 거대한 전환과 사회적 삶의 재구성』, 갈무리, 2011, 461쪽 참고.

14 같은 책, 126쪽.

예컨대,

> (⋯) 인지노동은 끊임없이 지속되는 것이고 관계적인 것이기 때
> 문에, 인지노동에, 일정한 지속시간을 부여하고 그 지속시간을
> 측정하고 그것을 분할하는 방식으로 착취하기는 어렵다. 그렇다
> 면 어떻게 착취가 가능해지는가? 인지자본은 다중의 인지 활동
> 들에 자유와 효율성을 부과하면서 그 분산된 활동들을 집중시
> 키고 연결시키도록 설계된 알고리즘을 독점함으로써 착취한다.
> 구글이나 사회연결망서비스(SNS)의 사례가 그것을 보여준다.
> 다중들의 자유로운 인지활동들은 광범위한 인지적 토지를 만
> 들어낸다. 그 인지적 토지를 포획할 장치—예컨대 구글의 페이
> 지랭크(PageRank)—를 만들고 그것에 대한 지적소유권을 유지
> 함(독점함)으로써 관계의 잉여가치, 흐름의 잉여가치, 소통의 잉
> 여가치, 네트워크 잉여가치를 착취할 수 있다. 구글의 경우에서
> 는 애드센스(AdSense)와 애드워즈(AdWords)가 그것을 가능케
> 한다.[15]

인지자본주의하의 인지 노동과 SNS의 관계를 분석해내는 위의 주장
은 SNS의 체험적 영역의 주이상스를 인지적 토지의 착취로 바꾸어낸다. 개
별적, 집단적 체험과 SNS의 인지적 토지의 장치 사이에는 왜 이런 간극이
생겨나는가?

---

15   같은 책, 139쪽.

조정환은 투쟁의 인지적 유통의 사례를 아랍혁명과 한국의 촛불시위에서 찾는다. 인터넷 그리고 SNS를 통해 이루어진 다중들의 실시간 전황 보고와 투쟁의 인지적 교류 외에도, 진행 상황에 대한 전문적 지식인들이 분석한 글의 유통이 투쟁에 기여했다는 것이다. 그리고 이때 전문 지식인들은 자신의 지적 생산에서 다중의 인지적 활력과 운동에 의해 자극을 받고 정보를 얻기도 했다. 조정환은 "축적을 위한 인지의 전용이 아니라 삶의 혁신과 행복을 위한 인지혁명이 필요한 때이다"[16]라고 주장한다. 한편, 홍익대 청소 노동자들과 학생들의 연대 투쟁을 분석하는 강진석은 이 투쟁에서 아장스망(Agencement) 혹은 다중체, "차이나는 본성들을 가로질러서 그것들 사이에 연결이나 관계를 구성하는 것"을 보고 있다.

이 홍익대의 학생을 움직인 것은 계급의식이나 정치적 지향이라기보다 자신이 생활하는 공간에 함께 있던 이들이 처한 폭력적 현실에 대한 분노와 그들의 처지에 대한 공감이다. 사실 대학의 청소 노동자들의 모습과 대학생들의 모습은 크게 다르지 않다. 학교에서 '매일 보고 인사 나누는' 청소 노동자들은 실은 대학생들 자신의 거울이다. 청소 노동자들의 파업이 조명될 때 가장 많이 부각된 것이 "밥 먹을 공간도, 잠시 앉아 쉴 수 있는 공간조차 없는" 그들의 환경이었고, 아무리 일해도 100만 원도 채 벌지 못하는, 그나마 언제 계약이 파기될지 모르는 불안정한 비정규직 노동자의 신분이었다. 쪽방과도 같은 원룸에서 살며, 그야말

---

16   같은 책, 500쪽.

로 미친 듯이 공부하고 경쟁하지만 앞날이 보장되지 않는 대학생들의 모습과 크게 다르지 않은 모습이다. 그런데 '다른 대학교가 파업이라면 나서지 않았을 것'이라는 말이 보여주듯이, 그의 공감에는 유사성만이 아니라 어떤 장소에 함께 있다는 경험적인 요인 역시 강하게 작동함을 알 수 있다. 이렇게 닮은꼴을 발견하고, 함께-있음을 확인하는 것은 물리적인 현실의 메커니즘만은 아니다. 소셜네트워크라는 온라인상의 현실에서도 비슷한 과정을 쉽게 발견할 수 있다. 온라인에서 마음에 드는 글이나 사진을 '퍼서' 자신의 공간에 옮겨다 놓거나, 혹은 '리트윗'하는 것은 그 자체로 자신의 공감을 표현하며 관계를 맺는 행위이다. 커뮤니티 게시판 사이트, 댓글 기능을 제공하는 포털 사이트, 싸이월드, 페이스북, 트위터에 이르는 소셜네트워크 서비스 등은 그러한 행위를 극대화하도록 구축되어 있다. 정보와 네트워크에 기반을 두는 자본주의는 오프라인상의 공고한 관계들을 헤집어 온라인상의 매우 느슨하고 유동적인 개인들로 재배열한다. 온라인에서 개인들의 느슨한 관계는 그 형성과 확산, 해체의 속도가 오프라인에 비해 비약적으로 빨라지며, 자본주의는 교묘한 알고리즘을 통하여 여기에서 막대한 반사이익을 거둔다. 온라인상에서의 관계를 유지하는 데 개개인들이 투입하는 비용들은 사회 전체에서 보았을 때 막대한 규모의 자본인 것이다. 동전의 양면이 여기에 있다. 한편으로 자본을 위해 복무하는 동시에 다른 한편으로 공감과 소통의 역량을 키우고 있다는 것이다. 실제로 세대 상으로 나누었을 때 지금의 대학생들은 그러한 자본의 기획과 모순을 시작부터 체화하고 있는 세대이다.[12]

신현우는 SNS의 텍스트에서 예컨대 호환의 경제, 증여의 경제를 본다.

쉽게 말해, 소셜네트워크에서 생산되는 텍스트들은 '교환가치'
가 아닌 '증여가치'를 띠고 있다는 점에서 개인적이지 않고 공동
체적이다. 아무도 아고라나 디시인사이드에 올리는 몇 줄 혹은
몇십 줄짜리 글에 저작권을 붙이거나 그것으로 돈을 번다는 어
리석은 생각을 하지 않는다. 그것은 교환하기 위해서가 아니라
증여하기 위해 쓰는 텍스트다. 롤랑 바르트가 말한 저자의 죽음
은 이 게시판 글쓰기의 Ctrl+C와 Ctrl+V의 입력으로 완성될
것이었다. 그렇기 때문에 누군가가 누군가의 이미지 혹은 텍스
트를 가져가 다른 곳에 퍼뜨리는 것은 지극히 자연스럽다. 이 유
통 과정에는 교환가치가 개입하지 않는다. 대중들은 때때로 이
런 증여가치를 유희의 수단으로도 사용한다. 디시인사이드에서
발생한 수많은 현상들, 이를테면 '싱하형'의 이미지와 언어의 증
식 등은 그 텍스트와 이미지가 증여적으로 생산되었기 때문에
손쉽게 공동체적 의식으로 발전해 나갈 수 있었던 것이다. 반면
에 소설가는 자신의 글을 대중들에게 발표하고 출판사는 대중
들이 지불한 돈을 자본의 회전에 투입한다. 소설가는 자신의 글
을 자신의 이름으로 발표하여 팔기 위해 글을 쓴다. 그렇기 때
문에 소설의 서사는 공동체의 기억 즉, 역사에 쉽사리 개입하지
못한다.[18]

---

17   강진석의 글은 한예종 영상이론과 수업시간에 발표한 것이다.
18   신현우의 글 역시 수업시간에 발표한 것이다.

4. 사회적 조증

　이상의 예들이 축적을 위한 인지의 전용이 아닌 삶의 혁신과 행복을 위한 인지혁명이라고 한다면 내가 생각하는 소셜미디어를 구조화하고 있는 인지적 특성에는 이런 면도 있다. SNS 사용자들은 정보를 수용하고 리트윗하면서도 '팔로우'나 '좋아요' 등의 지시어에는 민감하다. 분노나 질타에 공감하는 능력, 취향, 편 가르기 등의 능력은 뛰어난데 슬픔이나 애도에 대한 공감과 친밀함의 지속에는 비교적 덜 예민하다. 한 토픽에 대한 주목과 지속력도 변덕스럽다. 예컨대 의견을 표명하는 것은 토론에 참여하는 것과 다르다. 어떠한 개입도 없이, 개인적 참여 없이 구경꾼이나 참견하기 좋아하는 사람처럼 행동할 수 있다. 알레스테어 하네이가 인용하는 드레퓌스(Hubert. L. Dreyfus)의 견해에 따르면 "사라져가는 공중 영역의 확장으로서의 전자 아고라는 진정한 정치적 커뮤니티에 큰 위험이다."[19] 감각, 지각, 정보, 욕망, 정서, 감정, 소통, 판단, 의미, 지향성, 수행성 중 SNS를 통해 어떤 부분은 강화되고 정서, 감정, 지향성 부분에서 애도, 감정의 지속 시간 등은 상대적으로 약화된다.[20] 예컨대 조증이 장려되고 울증은 논외가 된다. 외로움은 인기 트윗의 내용이 아니다.

　사적인 것과 공적인 것의 경계가 불분명해지고 재조정되면서, 빠른 속도의 사회적 미디어가 구성해내는 인지의 변이인 것이다. 즉, 금융자본주의가 구조적으로 장려하는 투기성 조증이 지배적인 셈이다. 상징적으로 말하

19　Alastair Hannay, 앞의 책, 128쪽.
20　순수 지속, 생명의 약진, 생명과 같은 베르그송(Henri Bergson)적 배열이 재구성되는 것을 생각해볼 수 있다.

자면 친밀성과 높은 집중도는 인기 앱(app)인 말하는 고양이 톰이 맡게 된다. 이 앱의 유저들은 말하는 고양이 톰이 말을 따라하기 전에 주의를 기울여 듣는 듯한 모습이 좋다고 말한다. 독일어에서 공적(öffentlich)이라는 말은 '청중(publicus) 혹은 단체 앞에서 말하다'를 의미하며 이것은 하버마스(Jurgen Habermas)의 '공중 영역'(öffentlichkeit·public sphere) 논의 속에 잠재되어 있는 것이다. 나는 귀를 기울여 짧은 말을 듣고 그것을 반복하는 토킹 톰 캣과 대화를 나누는 이 앱의 사적 친밀성과 재잘거리는 140자로 제한된 트위터의 문자가 상정하는 청중, 대중, 공중 영역의 재구성의 전개가 흥미롭다. 이러한 복창 대화와 단문은 스토리텔링, 내러티브에 근거한 주체성과 정체성을 급격히 재배열시킬 것이다. 말하는 고양이 톰을 통해 수행되는 복창이 실어증을 부인하는 사회다.

소셜미디어가 스스로 정의하고 있는 이른바 집단 인식(collective knowledge) 프로젝트는 인지자본주의의 시간, 계급, 정치, 지성의 재구성의 프로젝트 속에서 바라볼 수 있다. 21세기형 혁명 자체가 인지적인 것의 활용을 통해 일어나고 있다. 몸이라는 미디어, 체화된 인지라는 사유가 소셜미디어와 더불어 '사회적 상상계'[21]를 이루어야 할 때다. 우발적 마주침, '활동적 삶'[22] 역시 사회적 상상계를 재조합하는 구성요소들일 것이며 또한 이러

---

21   같은 책, 62쪽, 번역은 인용자. "우리의 사회적 상상계는 '우리의 동시대인들이 거주하고 유지하는 사회들을 상상하는 방식'이다. 테일러(Charles Taylor)는 우리 자신의 상상계가 어떻게 '사회의 도덕적 질서의 새로운 개념'을 포함하게 되었는지를 설명한다."
22   한나 아렌트, 앞의 책, 65쪽. "전통적으로 '활동적 삶'이라는 용어는 근대 초기까지 '불-안정(necotium, a-skolia)'이라는 부정적 함의를 결코 상실한 적이 없다. 이러한 의미를 지닌 이 용어는 자기 자신으로부터 스스로 존재하는 것과 자신의 존재를 인간에 의존하는 존재, 자연스런 것과 규범적인 것을 근본적으로 구별하는 그리스인의 태도와 밀접한 연관이 있었다."

한 사회적 상상계는 21세기 인지자본주의의 질주 속도를 늦출 수도 있고 우회 혹은 선회시킬 수도 있을 것이다. 그리고 우리는 SNS를 브루노 라투르가 정의하는 네트워크처럼 순수한 인간적 연결망(사회적 연결망)과도, 전기 공급망과 같은 순수하게 기술적인 연결망과도 구분되는 방향으로 증식, 확장해야 할 것이다. 그것은 바로 자연과 사회, 담론의 영역을 횡단하는 트랜스바운더리라는 방향이다.

7장 파국의 지도

: 만민공동회와 스크린 실천[1]

1. 버튼 홈즈와 만민공동회 그리고 스크린 실천

영화사 연구는 영화의 전사로서의 19세기의 시각문화를 포함한다. 19세기 디오라마와 파노라마와 같은 시각 장치의 경우 근대적 테크놀로지의 문제가 중요하다. 아시아 지역에서는 영화의 선행물로 중국, 태국, 인도네시아의 인형극, 그림자극이 거론된다. 선행 형식에 대한 연구는 스크린 위에서 펼쳐지는 그림자 연행(演行) 등 구전 전통과 결합된 시각성에 주목한다. 찰스 머서는 영화의 출현 이전에 스크린 위로 펼쳐졌던 매직 랜턴(magic lantern)을 비롯한 선행 형식들을 스크린 행위, 스크린 실천(screen practice)이라고 부른다.[2] 옥양목 스크린이 인터페이스로 기능하는 셈이다.

---

1   이 글은 필자의 영문 논문 "Cartography of Catastrophe: Pre-Colonial Surveys, Post-Colonial Vampires, and the Plight of Korean Modernity," *Journal of Korean Studies* 16, no.2(2011)의 논점의 일부를 〈아리랑〉(나운규, 1926)의 유령 정전 문제 등으로 확대한 것이다. 해당 영문 논문은 2010년 10월 2일 한국현대매체연구회 주최 "4·19 혁명 50주년 기념 학술회의"와 2010년 11월 뉴욕대학교(NYU) 학술회의 "Korean Cine-Media and the Transnational"에서 발표한 글을 토대로 이후 수정해 게재한 것이다.

한국 영화사에 대한 연구는 이제까지는 전사나 선행 형식, 초창기의 변화무쌍한 추이보다는 도입 시기나 기점 연구에 주목해왔다. 1897년이나 1898년에 처음으로 영화가 상영된 것에 대한 주장(이치카와 사이·市川彩)이라든가 1919년의 연쇄극 〈의리적 구투〉나 1923년의 〈월하의 맹세〉, 〈국경〉의 상영 시기에 대한 논쟁 등이 있다.[3] 이제까지 주목받지 못했던 한국 영화의 전사나 선행 형식을 연구하기 위한 다양한 지향점이 있을 수 있으나 이 글에서는 영화 연구와 여행기, 사진, 지리, 지정학 그리고 만민공동회의 스피치, 연설 등 당대의 민주주의 발화양식과의 대화를 시도하면서 대한제국 시기(1897~1910)의 영화 출현의 장을 보고자 한다.[4] 만민공동회와 최초의 영화 상영의 시간적 인접에도 불구하고, 한국 근대 민주주의의 기원으로서 만민

2   Charles Musser, *The Emergence of Cinema: The American Screen to 1907 (History of the American Cinema)*, Berkeley: University of California Press, 1994, 15쪽 참고.

3   가장 이른 것은 1897년 설(說)이다. 우수진은 「무성영화 변사의 공연성과 대중 연애의 형성」,《한국극예술연구》28, 2008, 44쪽에서 일찍이 심훈이 기사 "조선영화총관"(《조선일보》, 1929년 1월 1일)에서 활동사진이 처음 수입된 것은 "1897년 (…) 泥峴(남산町 마루택이)에 잇섯든『本町座』라는 조그만 송판쪽 싸라크 속에서 일본인 거류민들을 위해서 사진 멧권을 갖다가 놀린 것으로 효시를 삼는다고 한다"고 했다고 인용했으며, 이후 김종원과 정중헌은 1897년 10월 19일자《런던타임스》의 기사 "에스터 하우스 '진고개'에서 활동사진 틀다"를 근거로 동년 10월 10일 내외로 보았는데, 이는 심훈의 회고 내용과 대체로 일치한다고 지적한다. 김종원·정중헌,『우리영화 100년』, 현암사, 2005, 19~21쪽. 이후 가정집에서도 상영했다. 유선영, 「초기 영화의 문화적 수용과 관객성: 근대적 시각문화의 변조와 재배치」,《언론과 사회》12(1), 2004, 14쪽 참고. 1906~1907년경에는 프랑스인 마텡(馬田)이 자신의 벽돌 양옥집에서 유료로 활동사진을 영사하는 광고 기사가《황성신문》,《대한매일신보》에 게재되었다.

4   한국 영화사에 대한 논쟁과 더불어 새로운 지정학을 참고하려 한다. 새로운 지정학에서는 세계를 조망하는 방법과 개체적 주관성이 개입된 상황적 지식을 다룬다. 김명섭·김석원, 「독립의 지정학: 대한제국(1897~1910) 시기 이승만의 지정학적 인식과 개신교」,《한국 정치학회보》42(4), 2008, 60쪽 참고.

공동회와 초기 영화 문화와의 관계는 거의 언급되지 않았다. 이 글은 조선 영화의 관객, 그 관객들의 선사(pre-history)로서 '만민'의 등장과 스크린 실천을 다루고 있으며, 〈아리랑〉의 팬텀 시네마(phantom cinema)로서의 위상을 문제화한다.

한국 영화 역사기술의 첫 장을 방문해보자. 조희문은 「초창기 한국 영화사 연구」를 다음과 같이 시작하고 있다.

> 신파극단 신극좌가 만든 〈국경〉이 1923년 1월 단성사에서 상영됨으로써 한국 영화가 처음으로 등장하게 되었다. 미국인 여행가 버튼 홈즈 일행이 황실에서 영화를 소개한 지 25년 만의 일이었다.

그리고 3절 '한국의 영화 전래와 일반 공개의 경로'에서 버튼 홈즈의 한국 여행기를 자세히 소개하고 있다.[5]

E. 버튼 홈즈(Elias Burton Holmes)는 찰스 머서의 책 『영화의 출현: 1907년까지의 아메리칸 스크린』[6]에 모습을 드러낸다. 스크린 행위, 실천이라고 명명한 계보에서 E. 버튼 홈즈는 존 L. 스토더드(John L. Stoddard)가 시작한 사진 슬라이드를 동반하는 여행기-강연회(travelogue-illustrated lecture)의 후계자로 지정되었다. 이후 그 포맷을 계승해 사진 강연회를 열었다. 고몽(Gaumont) 사에서 60mm 카메라를 구매했던 1896년부터

---

5   조희문, 「초창기 한국 영화사 연구: 영화의 전래와 수용(1896-1923)」, 중앙대학교 영화학 박사학위논문, 1992, 25~29쪽 참고.
6   Charles Musser, 앞의 책, 193~225쪽 참조.

1902년까지 그 카메라로 촬영을 해 강연 시 사진과 모션픽처를 함께 사용했다. 각 강연이 끝날 때 마다 홈즈는 몇 개의 지역을 정해 일곱 편에서 아홉 편의 영화를 보여주었다. 1902년부터 1907년에는 35mm 카메라로 바꿔서 활동했다. 버튼 홈즈가 60mm와 35mm 모션픽쳐로 활동하던 시점은 영사기가 호기심의 대상으로 1896년에 미국의 한 뮤직홀(뉴욕 시의 코스터 앤 바이알) 상영을 시작한 바로 다음 해였다. 1897년은 수백 대의 프로젝터가 미국 전역에 보급된 시기였다. 1897년부터 1900년 당시에는 연출자보다 오히려 배급/상영업자가 작가의 역할을 수행했고, 권투 경기와 같은 싸움, 종교적 수난극, 여행기들로 이루어진 프로그램이 만들어졌다. E. 버튼 홈즈와 드와이트 L. 엘멘도르프(Dwight L. Elmendorf) 등은 여행 관련 강의 시 영화를 사용했다.

미국 초창기 영화사에 등장하는 E. 버튼 홈즈가 60mm 촬영기 및 영사기를 가지고 중국, 일본, 한국을 방문해 사진과 영화로 여행을 기록한 것은 사실이다. 하지만 조선 영화사, 즉 한국 영화사의 첫 장을 홈즈의 여행 기록영화로 시작해 1923년 〈국경〉으로 단락시키는 것은 문제다. 심훈이 거론하는 1897년의 일본 거류민을 위한 상영 기사의 진위를 설명하지 않고 1899년에 홈즈가 황실에서 행한 상영을 첫 장으로 간주하는 것도 의아하다. 또한 홈즈의 방문시기는 1899년이 아니라 1901년이다.

한국 영화사가인 이영일은 『한국 영화 전사』 등에서 초창기 한국 영화를 1903년에서 1919년까지로 설정하고 이를 수입 영화 시대로 명명하고 있으며, 조희문의 경우 한국으로의 영화 전래를 1899년으로 보고 있다. 1897년부터 1910년까지는 대한제국 시기이나 위 저작들은 《황성신문》 등은 인용하면서도 대한제국의 존재는 거의 언급하지 않는다. 대한제국이 괄호 속으로 들어가면서 영화의 이른바 전래 시기와 엇비슷한 대한제국의 중요 사건들과 역사적 풍파 그리고 정치적 의미들은 영화사 안으로 진입하지 못했다.

탈식민 연구에서도 일제강점기에 앞서는 식민지 이전(pre-colonial) 시기 그리고 콜로니얼과의 근/접경 지점과 공간은 곧 닥칠 식민의 재앙을 기다리는 대기실 정도로 유예된다. 그러나 대한제국 시기의 사회적 실험과 열림은 위에서 언급했듯이 영화의 도입기와 맞물려 있고 그 열망과 좌절은 가히 카타스트로프(catastrophe), 즉 급변의 성격을 지닌다. 사회적 전화에 대한 열망이 비극적으로 종결되기는 했지만 후기 식민연구에서 이러한 시간과 공간의 접경, 이벤트 지점에 대한 적절한 방법론을 앞으로 모색할 필요가 있다.

내셔널 시네마의 역사를 혼성적으로 구성하는 이 궤적은 신용하가 1976년 판 『독립협회 연구』를 저술하면서 지적했던 부분, 즉 독립협회 등은 오히려 등한시되고 일제가 개입했던 갑오개혁을 한국 근대사의 정점으로 보는 일제 식민주의자들의 견해[7]가 초창기 영화사를 다루는 연구자들에게 은연중에 의식적으로 스며들어 있었고 게다가 냉전 당시 미국 헤게모니에 휘둘리면서 일본의 조선 영화사를 참조하며 발생한 효과로 보인다.

홈즈가 남긴 여행기와 사진, 영화 등을 통해 한국 영화의 첫 장이 미국 초창기 영화로 바로 통합되어버린 그 아이러니를 살펴보기로 하자. 1876년에서 1910년까지 조선, 이후 대한제국은 세계화를 경험하고 있었다. 시모노세키 조약(下關條約) 이후 1897년에 대한제국이 들어섰고 이는 중국으로부터 독립한 칭제였다. 조선/한국 영화사에서 이 명칭을 찾기는 힘들다. 그러

---

7   신용하, 『독립협회연구: 독립신문, 독립협회, 만민공동회의 사상과 운동 (上)』, 일조각, 2006, 머리글 및 171~174쪽 참고.

나 당시《독립신문》(1896~1899), 독립협회(1896~1899), 만민공동회(1898)와 같은 근대 매체, 공중, 근대성의 출현과 그 변이를 일별할 수 있는 매체로 이야기되는 영화를 동시적으로 생각하지 않기는 어렵다.《독립신문》이나 만민공동회를 통해 민주주의의 맹아가 싹트던 시기에 영화 문화도 태동하고 있었기 때문이다. 홈즈의 여행 강연 자체는 카네기 홀에서도 다섯 차례 열리는 등 미국에서도 식자층, 부르주아 계층을 위한 이벤트였다. 그러나 대한제국 시기 모든 계급, 여성, 아이들이 참여했던 만민공동회와 영화 문화의 발화 상황은 유사해 보인다. 예컨대 만민공동회에서 만민들에게 권장되었던 스피치와 토론, 민주주의 그리고 스크린을 둘러싼 관객들의 행위, 변사의 역할 등은 매우 중요한 배열이자 성운이다.

한편, 찰스 머서의 저서는 홈즈가 하와이, 필리핀 그리고 일본을 방문했다고 기록한다. 사실 영사기를 비롯해 미국 초창기의 영화는 글로벌하게 유통되고 있었다. 그렇다고 해도 영화 문화의 첫 장을 그의 방문으로 시작하고 그것을 소위 첫 번째 영화〈국경〉과 바로 연결시키는 것은 흥미로운 징후다. 왜 이런 서술이 이루어졌을까?

첫째,〈국경〉(1923)이나〈월하의 맹서〉(1923),〈의리적 구토〉(1919) 등의 필름을 구해 볼 수 없는 후기 식민지, 군사 독재 이후의 아카이브 조건이 이러한 영화사 기술을 촉발시킬 수 있으며, 둘째, 강점기 이후 쓰인 영화사들이 한편으로는 일본 영화사가의 주장을 인용하고 반복하면서도 냉전과 미국 헤게모니의 영향 아래 기술된 것에 기인한다. 그래서 미국의 영향력이나 당시의 영화를 둘러싼 미국인을 중심으로 한 비즈니스 거래(전차표, 담뱃갑과의 교환)의 측면이 강조된다. 영화를 둘러싼 이러한 관행들이 초창기 영화사의 배타적 진실의 장이 될 수 없으며 당시 만민들의 민주주의에 대한 요구, 공공성에 대한 부분들이 고려되어야 한다는 것이 이 글의 논지 중 하나다.

2. 트랜스 아시아틱 라인

　　1901년에 발행된 E. 버튼 홈즈의 여행기 제10권을 읽으면서 나는 그가 부산이 트랜스 아시아틱 라인(Trans-Asiatic line)의 종착역 중 하나가 될 것이며 극동 바다의 주요 행로와 가깝기 때문에 블라디보스토크과 아서 항(Port Arthur)을 능가할 것이라고 예견하는 부분에서 잠깐 멈추었다.[8] 실제로 그 시점으로부터 가까운 미래에 트랜스 아시아 철도는 일본과 한국을 트랜스 시베리아 라인과 연결하게 된다. 트랜스 아시아는 미국의 지정학적 관점에서 보자면 아메리카 아시아 연합과 아메리카 퍼시픽의 제국주의적 상상상계(the imaginary)로 일부 통합되게 된다.

　　홈즈는 일본의 황실 우편 증기선 니폰유센카이샤(日本郵船株式会社·일본우선주식회사)를 타고 북경에서 제물포로 갔다. 홈즈의 트랜스 아시아틱 라인은 당시 조선, 즉 대한제국에서의 격렬하고 급변하는 세계화의 첫 번째 국면을 가리키고 있다. 일본이 치른 청일전쟁(1894~1895), 러일전쟁(1904~1905), 만주사변(1931) 등 다수의 전쟁, 식민화 그리고 아시아태평양전쟁(1941~1945) 등에 의해 조선은 요동했다.

　　버튼 홈즈는 많은 사진과 영화를 남겼다. 그는 통역관 박기호와 그의 가족들을 비롯해 고종(1852~1919)과 황태자(영친왕, 1897~1970), 부산, 제물포, 일본인 호텔, 아메리칸 철도, 교외의 역, 서울의 기차역, 앨런(Horace Newton Allen)의 빌라, 함께 열차를 탔던 사람들, 스테이튼 호텔, 논매기 등을 촬영했다. 그중 관심을 끄는 사진 한 장이 있다. 이 사진에는 지형적·물상

8　E. Burton Holmes, *Travelogue* vol.10. New York: MacClure Company, 1908, 8쪽.

적·서사적 큐(cue)들이 불안정하게 뒤섞여 있다. 다른 사진들과 달리 연령대와 계층이 다른 사람들이 뒤섞여 있고 중층적이다. 뒤쪽에도 군집한 일군의 사람들이 보인다. 산과 나무와 기와집들이 왼편에 보인다. 담도 왼쪽으로 길게 늘어서 있다. 대로에 군인, 갓 쓴 사람, 어린이들이 보이고 기와집이 늘어서 있어 비교적 부유한 곳으로 추정된다. 기호적 대상들이 많은데도 사진은 산만하지 않다. 대부분의 사람들이 사진 프레임 외부 전경의 어떤 대상 혹은 카메라를 집중하여 응시하고 있기 때문이다. 이 사진에는 내러티브적 응축[9]이 보인다.

그들은 자신들의 앞에서 펼쳐지는 무엇 혹은 어떤 해프닝을 응시하고 있다. 한 백인 남자가 눈에 띄는데 그는 옷을 말끔하게 입고 삼각대 위의 카메라 혹은 무엇인가를 통해 앞을 보고 있다. 그 백인 남자도 나머지 사람들과 동일한 방향을 응시하고 있지만 그의 오른쪽 눈은 그 기계의 구멍에 고착되어 있다. 응시와 보기의 편성이 잘 수행되고 있는 사진이다. 사람들이 바라보고 있는 것은 무엇인가? 그들이 보고 있는 것은 E. 버튼 홈즈와 그의 스태프들이다.

홈즈는 여행기 조선 부분에서 스텐벡(Steenbeck) 편집기나 컴퓨터와 유사한 것을 예견하고 있다. 그는 서울 거리에서 느꼈던 감각을 전달할 수 있기를 바란다.

---

9   내러티브적 응축(narrative compression)은 예컨대 한 계기(an instance)가 전체 이벤트를 대신하는 사진의 속기법을 정립하기 위해 '의미심장한 순간'을 규정하려는 추동성을 의미한다. Jeannene M. Przyblyski, "Moving Pictures: Photography, Narrative of the Paris Commune of 1871," in *Cinema and Invention of Modern Life*, ed. by Leo Charney and Vanessa R. Schwartz, Berkeley: University of California Press, 1995, 259쪽.

버튼 홈즈의 *Travelogues*(1914) 제10권에 실린 사진 〈미국인 측량기사〉

만일 시네마토그래프 그림들이 이 책의 페이지들 위에 영사될 수 있거나, 혹은 도서관 책상 위에서 작동하는 간단하고 작은 도구로 보여질 수 있다면(이것은 곧 성취될 가능성이 높다), 우리가 트롤리를 타고 처음에 초가집이 늘어선 교외에서 동대문 방향의 큰길을 따라 쌩쌩 달리자 점차 동대문이 불쑥 크게 나타나고, 궁궐 내 앞마당을 따라 곡선을 그리듯 지나 마침내 아치형 터널로 돌진해 서울의 중심가를 스치듯 곧장 가로질렀을 때, 말들을 놀라게 하고 조선 수도의 백의(白衣)의 사람들에게 경악을 퍼뜨리며 우리가 만끽했던 그 감흥을 독자들에게 현재 시점에서 모션픽쳐로 재현(reproduce)할 수 있을 것이다.[10]

이 필름은 현재도 볼 수 있다. 이 시네마토그래프는 실제로 홈즈가 거리에서 느꼈던 감흥을 그대로 전한다. 조선 사람들은 호기심 어린 시선으로 홈즈의 카메라를 보고 있다. 홈즈는 이 필름을 황실에서 상영했고 카메라를 왕자(영친왕)에게 주었다. 그는 여행기에서 독자들에게 모션 픽처의 가치는 후대의 사람들을 위해 이 세기에 살았던 그대로 삶을 기록하는 수단[11]이라는 것을 환기시킨다.

홈즈가 모션 카메라를 가지고 여행하던 시기, 미국인들이 서울의 전기와 전차 공사를 담당하고 있었다. 의료 선교사로 처음 조선에 왔던 호레스 뉴튼 앨런은 황실을 드나드는 의사였으며 고종에게 건의해 광혜원(1885)을 세웠다. 그는 능란한 사업가이기도 했다. 1904년, 앨런은 대한제국을 두

---

10   E. Burton Holmes, 앞의 책, 61~62쪽, 번역은 필자.
11   같은 책, 62~63쪽.

고 싸움을 하는 일본과 러시아의 행태를 보면서 대한제국에 구원은 오지 않을 것이라고 생각했다. 그래서 조선을 뜻하던 영어식 표현 '아침의 고요' (morning calm)에 빗대어 "그날(러일전쟁 ─ 인용자) 이후 냉랭한 잿빛 아침의 고요한 나라 조선"((The Land) Of Cold Gray Calm of the Morning After)이 라고 불렀다.[12]

앨런의 주선으로 한성전기회사(1898~1909)가 1903년 6월에 발주한 전 차 공사 시공 업무를 담당하고 있던 미국인 헨리 콜브란과 H. R 보스트윅[13] 은 대한제국 '최초의 영화관' 한성전기회사 동대문 기계창에서 영화를 상영 하며 흥행주가 된다. 대한제국 시기 의료, 전기, 전차, 프로테스탄티즘이 미 국의 영향권 아래 한 계열을 이루었고, 대중을 위한 자본과 테크놀로지가 투입된 영화 상영이 가능하게 된 것이다. 미국이라는 거부할 수 없는 제국, 시장 제국이 한 발을 들여놓는 순간이 영화의 첫 대중 상영과 동기화된 것 이다. 해방 이후 영화사 기술은 특별히 이 계보와 배열에 주목했다.

사진과 영화 그리고 상업적 관행 사이의 관계는 영화사에서 자주 강조 된다. 전래 시기와 상영 장소에 대한 주장은 제각각이지만 상영 목적은 왕 실 또는 외교적 모임을 제외하고는 담배 선전이 주를 이룬다. 전차와 전기, 영화의 배열이 보여주는 것처럼 비록 저물어가는 대한제국이었지만, 근대 를 향해 가고 있는 도시적 공간의 영화와 지리 그리고 도시 계획 사이의 네

---

12   Fred Harvey Harrington, *God, Mammon, and the Japanese: Dr. Horace N. Allen and Korean-American Relations, 1884~1905*, Madison: University of Wisconsin Press, 1944, 326 쪽.

13   헨리 콜브란(Henry Collbran)과 H. R. 보스트윅(H. R. Bostwick)은 전기와 전차, 도로, 영화뿐 아니라 광산 채굴권에도 개입했다는 사실이 1908년 함경남도 갑산 광산에 관한 일본 총독부 협정 각서에 명시되어 있다.

트워크를 살펴보아야 한다.

영화의 선행 형식이라고 이야기되는 중국, 태국, 인도네시아의 인형극, 그림자극 등은 아시아의 스크린 위에서 펼쳐지는 예술, 스크린 실천으로 볼 수 있으나 한국은 그 선행 형식이 지배적이지 않았고 매직 랜턴이나 사운드 장치들도 없었다. 따라서 조선에서 영화를 영사하는 스크린이 내려지고 그 앞에 대중이 모여 앉는 영화적 상영 양식의 시작은 관객이 보기(looking)를 통해 근대의 시각장으로 들어서고 보기의 새로운 실천이 만들어지는 계기가 된다.

버튼 홈즈는 1898년 만민공동회가 헌의6조(獻議六條)를 제출한 이후 1901년에 한국을 방문했다. 6개 항의 개혁 청원은 절대군주제를 옹호하는 것처럼 보이나 실상 군주 권력의 제한과 공화정에 대한 지지를 담고 있었다. 예의 홈즈의 사진에서 보이는 군중들을 만민공동회의 만여 명의 다양한 사회적 계층의 군중들과 중첩시켜 추론하는 것은 그리 어렵지 않다. 만민공동회에는 백정들, 여성들, 아이들도 참여했다.

스크린을 세우는 행위는 단순히 영화 관람 이상을 함의한다. 이 당시의 스크린 행위, 프랙티스는 공화정을 지지한 만민공동회의 사람들을 그 참여 관객으로 포괄할 수 있는 가능성이 높기 때문이다.

스크린을 보는 행위는 기존의 '구경하기'와 유사한 측면이 있지만 불구경처럼 우발적인 면모를 갖는 구경과 달리 영화 관람은 일정한 순서와 체계(입장권 구입, 극장, 상영 시간제한 등)를 갖는다. 구경은 구경거리, 구경꾼(看客)과 같이 따라붙는 말에서 알 수 있듯이 흥미를 가지고 보는 것이며, 행위자와 대상이 설정되기도 하지만 역사의 구경꾼이라는 표현처럼 어떤 마주침, 성찰, 정동이 일어나지 않는 수동적으로 보는 행위를 가리키기도 한다.

다시 홈즈의 사진으로 돌아가보면 우리는 지형적, 물상적 그리고 서사적 큐들이 프레임 밖 현실과 협상을 하고 있음을 알 수 있다. 사진의 제목은 ⟨미국인 측량기사⟩(American Surveyor)다. 제목이 없다면 우리는 측량기사를 촬영기사로 오인할 수도 있다. 사진의 왼쪽 아이는 다른 사람과 달리 측량 기사를 쳐다보고 있다.

사진의 지형적, 물상적 묘사에 대한 힘은 잘 알려져 있으나 보다 안정적인 사진적 큐는 보통 캡션에 의해 주어진다. 이 사진의 제목이 가리키는 것은 측량기사와 사진작가, 혹은 버튼 홈즈의 여행에 동반했던 촬영감독 오스카 드퓌(Oscar Depue) 사이의 언캐니한 유사점이다. 이 언캐니가 드러내는 것은 당시 근접해 작동되던 지리학과 시네마토그래프의 만남이다. 지도 그리기와 영화적 빛이 만나는 것이다. 도시 지리학, 도시 계획 그리고 시네마토그래프, 여행 등이 비교적 판독 가능한 명징한 복합성으로 이 사진에 나타난다.

대한제국의 장소가 이렇듯 측량 대상인 추상적 공간으로 바뀌고 반도가 일본의 대륙 진출의 지리적 요충지로 비춰지던 시기에 조선을 방문했던 외국인들이 집필한 여행기가 상당수 있다. 1880년대 초반부터 1910년까지 25년 남짓 되는 짧은 기간에 영어, 프랑스어, 독일어, 러시아어, 이탈리어 등으로 된 한국 관련 저작들이 쏟아져 나왔다. 일본인들이 쓴 저작을 제외하더라도 현재까지 번역 출판된 것만 50권에 달한다. 그들이 수집하고 정리한 개별 지식들이 결국 한국에 관한 서구인들의 일반적 지식을 구축하는 토대가 되었다.[14]

이런 여행기가 조선, 대한제국에 대한 지리적·민속지적 지식을 생산하고 있을 때 자국 지식인들의 지정학적 인식 역시 다른 정치적 관심과 함께 성장하고 있었다. 국경, 접경에 대한 논의도 증폭되었다. '지정학적 인식'이란 한 인간이 자신을 둘러싸고 있는 시공간에 의해 갖게 되는 인식이다.[15]

대한제국 시기를 중심으로 한 근대적 시간 체제에 대한 연구는 대중적 시간

---

14   에밀 부르다레, 『대한제국 최후의 숨결』, 글항아리, 2010에 실린 이상은·전우용, 「서문」 참고. 다음은 이와 같은 한국 관련 저작 중 세 권에 관한 간략한 소개다. 에밀 부르다레는 『대한제국 최후의 숨결』에서 4년간(1903~1907) 조선에 머물렀다고 기록한다. 같은 책, 26~27쪽 참고.

"1903년 3월 나는 '장카이 마루' 편으로 나가사키에 도착했다. '니폰 유센 카이샤'(일본 우선회사)라는 일본 해운사 소속 여객선이다. 부산, 제물포 등 조선 항구를 오가는 정기 여객선으로 그곳들을 거쳐 보하이 만까지 운항한다. (…)

우편과 여객 서비스는 일본 기선인 '니폰 유센 카이샤'가 맡고 있다. 보름마다 고베, 나가사키, 부산, 목포, 제물포, 제푸, 당거를 왕복 운항하고, 같은 해운사에서 고베를 떠나 부산, 원산, 블라디보스토크까지 3주에 한 번씩 왕복 운항하는 배편이 있다. 동해(원문에는 일본해로 표기) 북쪽 항로의 경우 겨울에는 결빙으로 인해 일정을 조정한다.

'대판 상선 회사' 여객선들은 매주 수차례 오사카와 고베를 출발해 부산, 마산포, 목포, 군산, 제물포, 진남포를 운항한다.

러시아 여객선과 동중국 철도회사인 '동청 철도'편은 한 달에 두 차례 블라디보스토크에서 원산, 부산, 나가사키, 상하이, 제물포, 다롄, 포트아서, 제푸, 상하이를 왕복한다. 이 밖에도 나가사키와 다롄 간 직항편은 시베리아 횡단 '특급'과 연결된다.

'함부르크 아메리카 리니' 회사도 홍콩 회사와 계약을 맺고서 상하이, 제푸, 다롄, 포트아서, 제물포, 일본, 블라디보스토크 등, 홍콩 항에서 중국과 황해의 여러 항구로 정기 운항한다.

블라디보스토크에서는 아직도 러시아 범선단이 나가사키, 포트 아서, 상하이, 싱가포르를 거쳐 오데사까지 운행한다. 일본 선박사 '우아이에'는 일본 근해와 부산, 원산까지 운항한다."

에밀 부르다레는 나가사키에서 부산행 여객선에 오른다. 그가 탄 '건강호(겐카이 마루)'는 부산항을 떠나 마산포항을 지나 4월 3일 아침에 제물포 앞바다로 도착했다(43쪽). 그는 여기저기서 미국인 저택들을 봤고, 미국인이 운영하는 스테이션 호텔에 묵었다. 그는 부산에 도착한 뒤 일본인의 허가를 받아 부산, 대구, 서울 간 철도 공사를 시작했고, 그 노변을 따라 10리의 땅도 양도받아 체신국과 헌병소를 설치하는 등 완전히 일본식 영토를 개발하고 있다고 기록했다. 제물포에서 서울로 가는 선로는 1896년에 미국 조합에서 맡았다가 1898년에 일본 조합이 넘겨받아 완성했다. 1900년 당시 열차는 수도까지 개통되었다. 이 선로로 제물포에서 서울까지 45분이 걸렸는데 서울 행 열차는 오후 다섯 시에 출발했다.

감각의 변화에 가장 큰 영향을 미친 것이 교통·통신 수단의 변화라고 밝히면서 배나 기차 그리고 우체국의 우편물의 수집 등에서 운용된 시간표를 예로 들고 있다. 근대적 시간 체제는 1894년 갑오개혁, 1895년 태양력 도입, 1897년의 광무개혁 등에 의해 자리를 잡게 된다.[16] 1899년에 대한전도가 배포되었으며, 특히 독립신문의 주필 장지연은 정약용의 『아방강역고』(1811)에 주목하면서 이 저술이 여러 가지 측면에서 '국(國)'이라는 개념에 초점을

『조선 기행: 백여 년 전에 조선을 다녀간 두 외국인의 여행기』(2006)는 두 저자 샤를 루이 바라(Charles Louis Varat)와 샤이에 롱(Chaille Long)의 글을 묶은 책이다. 샤를 루이 바라는 프랑스의 여행가로 지리학자이자 민속학자다. 유럽과 아프리카, 북아프리카, 인도, 캄보디아 등 동남아시아를 두루 여행했으며 특히 북부 러시아와 시베리아를 횡단했다. 그는 1888년에서 1889년에 걸쳐 조선을 종단 여행했다. 그는 1890년에 일련의 조선 관련 학회를 개최하고 수집품들을 국가(프랑스)에 정식 기증하기도 했다. 샤이에 롱은 미국 메릴랜드 출생으로 남북 전쟁에서 대위로 제대한 후 이집트 주둔 영국군에서 대령까지 진급하지만 영국의 아프리카 정책에 반대했다는 이유로 퇴역당한다. 이후 이집트에서 변호사로 활동하다가 1887년에서 1889년까지 미국의 한성 주재 총영사이자 공사관의 서기관으로 부임했었다. 샤이에 롱이 한성에 주재하던 당시 샤를 루이 바라가 방문한 셈이다.

『한국과 그 이웃 나라들: 백년 전 한국의 모든 것』으로 유명한 이사벨라 버드 비숍(Isabella Bird Bishop)은 1894년 겨울과 1897년 봄 사이 네 차례에 걸쳐 한국을 답사했다. 처음 한국을 방문했을 때에는 가장 재미없는 나라라는 인상을 받았으나 나중에 견해를 바꾼다.

15　"지정학적 사고의 틀은 한 인간이 "먼지와 같은 사건들"(poussières d'vénements)을 "자리매김하고, 인식하며, 구별하고, 이름표를 붙이는"(locate, perceive, identify, and label) 과정을 결정한다. 한 개인의 지정학적 인식은 다른 개인(들)의 지정학적 인식과 서로 끌고 당기는 길항관계를 형성한다. 그러한 길항관계가 국경을 넘어서 이루어질 경우 외교적 교섭이나 무력 충돌과 같은 국제관계적 성격을 지니기도 한다." 김명섭, 김석원, 「독립의 지정학: 대한제국(1897~1910) 시기 이승만의 지정학적 인식과 개신교」,《한국정치학회보》42(4), 2008, 60쪽.

16　정근식, 「한국의 근대적 시간 체제의 형성과 일상생활의 변화 1: 대한제국기를 중심으로」,《사회와 역사》58, 2000, 167~170쪽 참고.

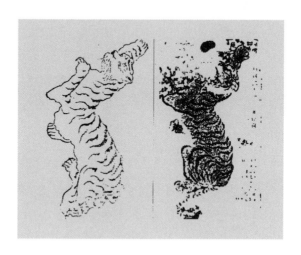

《소년》창간호(1908)에 실린 최남선의 호랑이 지도.

둔 장구한 지리학적 전통의 정점을 의미하는 것이라고 보았다.[17] 그는 『대한강역고』(『아방강역고』의 현대식 증보, 1903)와 『대한신지지』(지리교과서, 1907)등에서 지리라는 학문의 필요성을 주장했다.

일본에서 역사 지리를 전공한 최남선의 〈해에게서 소년에게로〉(1908)등 바다를 표상하는 시와 연재물 『해상대한사』(1908~1909) 등은 근대적 주권과 국경 확정, 신문 출판과 같은 근대 미디어, '지리'라는 근대적 학지 등 세 층위가 대지를 근대 국민국가의 영토로 바꾸는 역할을 하고 있던 대한제국 시기의 상황 속에서 영토적 주권질서에 포섭되지 않은 공간에 대한 그의 지향을 가리킨다고 논의된다.[18]

그러나 당시 정치적 그리고 지리적 매핑은 열강들에 의해 매우 호전적으로 이루어지고 있었다. 아시아와 태평양이 제국주의의 상상계인 것처럼 지리적 담론은 흩어져 있는 지리적 지역을 추상적 단위로 바꾼다.[19] 일본, 러시아 미국을 비롯한 제국들에 의해 조선의 반도라는 지리적 조건이 트랜스

17 　대한제국 시기는 반도의 경계들이 주요 안건으로 부상하는 시기였다. 의 저자 앙드레 슈미드(Andre Schumid)는 19세기에서 20세기로의 전환기를 한반도의 북쪽 국경을 둘러싼 문제로 혼란스러웠던 시기로 정의하면서 과거에는 느슨하게 관리되던 국경 부근이 이제 한국과 중국의 민족주의 발흥으로 인해 매우 견고한 단속을 필요로 하게 되었다고 설명한다.

　『아방강역고』는 19세기 초엽 당시 조선 후기 실학자들 사이에서 풍미했던 성리학의 정치술과 당대의 시대적 조류 속에서 태어난 텍스트였다. 정약용을 비롯한 한 무리의 실학자들은 특히 지리학과 지도 제작술에 상당한 관심을 기울이고 있었다. 앙드레 슈미드, 『제국 그 사이의 한국 1895~1919』, 휴머니스트, 2007, 465쪽.

18 　이종호, 「최남선의 지리(학)적 기획과 표상」, 《상허학보》22, 2008, 291~296쪽 참고.

19 　John Eperjesi, *The Imperialist Imaginary: Visions of Asia and the Pacific in American Culture(Reencounters with Colonialism: New Perspectives on the Americas)*, Hanover: Dartmouth College Press, 2005, 3쪽.

아시아틱 라인의 지정학적 노정으로 파악되는 궤적과 최남선이 한반도를 대지의 노모스(nomos)가 적용되지 않는 바다를 향하는 호랑이로 표상하는 것은 대한제국을 둘러싼 지정학의 경합을 보여주고 있다.

대한제국 시기 홈즈의 여행기는 지리와 지정학, 사진과 영화, 전차와 기차와 같은 교통의 배열 안에 놓여 있다. 시네필리아(cinephilia)와 토포필리아(topophilia)가 만든 콘택트 존 안에서 1903년 무렵부터 옥양목 스크린 위에 영화가 상영되고 "구경가세, 구경가세. 동대문 전기회사로 구경가세"를 외치는 영화 관객들이 형성된 것이다.[20] 구경은 단순히 눈을 사물이나 풍경에 던지는 행위가 아니라 새로운 세상, 지식 그리고 그 지식을 구경에 동참하지 못한 사람들에게 전달하는 절실한 일련의 실천이다. 이는 『열하일기』(1780)에서 연암 박지원이 '구경 벽'이 있다고 조롱을 받았다는 대목에서도 잘 드러난다. 「『열하일기』 연암형상 일고」에서 정일남은 「도강록」 7월

---

20   최인진, 『한국 사진사 :1631~1945』, 눈빛, 1999, 107~115쪽 참고. 당시 외국인이 아닌 조선인이 찍은 사진에는 주로 어진이 많이 등장한다. 사진과 지리적 관심의 결합이라기보다는 사진의 권위를 황실을 통해 또 황실의 권위를 사진으로 유통시키려는 시도가 더 많이 보인다. 일본에 건너가서 사진을 배워온 지운영(池運永)은 확실히 사진 도입에 가장 선구적인 업적을 남기고 있다. 그리고 사진의 도입 정신이 개화사상과 연결되는 일면을 가지고 있는데 그것은 사진의 원리를 수용했던 실학자들과의 인맥과 정신적 맥락 위에 살아 있기 때문이다. 다시 말하면 실학의 이용후생(利用厚生) 정신이 개항을 전후한 시대에 이르러 현실 문제의 해결을 위해 개화사상에로의 사상의 전환을 보이는 바 사진의 도입 또한 이러한 정신의 맥락을 일부 가지고 있다. 1883년 일본에서 귀국한 지운영은 마동(麻洞)에서 영업사진관을 개설하고 일반 민중을 상대로 사진을 촬영했다. 그의 사진술은《한성순보》의 표현처럼 정교해 일반으로부터 좋은 평판을 얻었다. 그래서 그는 고종의 어진을 촬영하는 기회를 얻은 일도 있는데 이것은 한성순보에 그의 촬영국 개설이 보도된 이 이후의 일이었다. 이와 관련된 내용을 보면 다음과 같다. "로웰이 사서와 같이 궁궐에 들어와 어진을 촬영하다. 이날 지설봉(池雪峰), 지운영(池運永)·지석영(池錫永)도 어진을 촬영하다"(110쪽).

6일자 묘사를 인용하면서 연암이 구경을 좋아한 것은 실은 자신이 견문한 걸 고향 내지 조국에 알리기 위한 것이며 이것이 연암이 여행을 결심한 목적이자『열하일기』의 창작 의도이기도 하다고 주장한다.[21]

1900년대에 이르면 여가, 재미, 여행, 취향(취미) 등이 근대의 지평에 떠오른다. 경성 관광단이 조직되고 전차 요금이 싸지 않은데도 많은 사람들이 전차를 탔던 것은 목적지까지의 이동보다는 구경이 목적이었기 때문이었다고 한다.[22] 전차를 타고 서울의 근대적 도시 풍경을 감상하는 것은 새로운 구경거리이자 오락물이었다. 특히 가부장적 가정을 떠나 전차를 타고 극장으로 이동하는 관객 주체의 경험은 서구의 근대적 제도와 문물을 접할 수 있는 원동력이 된다.[23]

---

21   정일남,「『열하일기』연암형상 일고」,《동방한문학》42, 2010, 249쪽.

22   김소은·이승희,「근대의 기획, 1900~1910년대 연극과 대중성 형성의 조건」,《대중서사연구》11, 2004, 11~14쪽 참고.

23   두 권의 저서를 참고할 수 있다. 조나단 크래리(Jonathan Crary)는 저서『관찰자의 기술: 19세기의 시각과 근대성』(2001)에서 관객(spectator)과 관찰자(observer)의 성격을 구분한다. 19세기의 관객은 화랑이나 극장에서 수동적으로 스펙터클을 바라보는 사람이며, 관찰자의 관찰(observare)은 재현(representation)의 관행 및 체계를 따른다. 즉, 다양한 담론적, 사회적, 기술적 제도적 효과로서의 관찰자인 것이다. 크래리는 기존의 연구가 고립된 지각의 변동이나 예술작품에 대한 경험적 데이터에 의존했다고 비판하면서 관찰자를 연구의 중심 장에 두고 있다. 바네사 R. 슈와르츠(Vanessa R. Schwartz)의 저서의 국역본 제목『구경꾼의 탄생: 세기말 파리, 시각문화의 폭발』은 구경꾼을 달고 있지만 원제는 Spectacular Realities: Early Mass Culture in Fin-de-Siècle Paris(스펙터클한 현실들: 세기말 파리의 초창기 대중문화)다. 이 저서는 도시의 산보객(flâneur)으로서의 구경꾼과 도시라는 구경거리의 출현과 더불어 대로와 정기간행물, 시체 공시소(morgue), 밀랍인형 박물관, 디오라마 등 영화 이전의 '준비된' 스펙터클한 현실들과 관객들 그리고 초창기 영화의 스펙터클과 관객들을 다룬다. 영화의 전사이며 확장사라고 볼 수 있다.

위의 논지들은 본다는 것이 생리적 지각 과정이 아니라 보는 방식을 학습하고 공유하는 사회문화적인 과정이라는 점을 전제한다. 즉 시각 체제는 일정한 보는 방식이 지배력이 같은 구경에서 영화 구경, 영화 관람의 시대로 점진적으로 이행되던 시대에 만민공동회의 구성과 그 경험은 영화 구경, 관람의 중요한 토대다. 그런데도 오히려 버튼 홈즈 여행기가 한국 영화의 첫 장으로 구성되는 것, 즉 부지불식간에 한국 영화의 원초경이 오히려 미국 영화사로 통합되어버린 것, 그것에 발본적인 질문이 제기되지 않은 것은 거듭 강조하듯이 식민지시기 필름의 부재 및 냉전 체제 속에서 영화사를 쓴 까닭이 크다.

3. 스피치와 변사

톰 거닝(Tom Gunning)은 "사진은 근대 경험의 가장 모호한 상징 중 하나로 작동한다. 모더니티(특히 근대 자본주의)에는 지난 형식들의 안정성을 교란해 유통(circulation)을 용이하고 빠르게 증가시키려는 힘과 제어(control)를 모색하고 그러한 유통을 예측가능하게 해 이윤을 창출하려는 힘 사이의 긴장이 있다"고 주장하는데,[24] 낡은 것의 해체와 지속으로서의 사진의 기능은 당시 대한제국에서는 지운영 등이 찍었던 황제의 초상, 즉 어진과 홈즈 등의 외국인이 찍었던 여행기 사진들을 통해 이해될 수 있다. 홈즈의 사진 〈미국인 측량기사〉에는 구경거리에 대한 사람들의 호기심이 투영되어 있

을 행사하며, 시각장은 사회 역사적 구조를 갖는 것이다. 하나의 시각 체제 속에서 지배적인 시각 양식은 시각장 내의 개인에게 일정한 시점을 부여함으로써 그 개인을 하나의 주체로, 말하자면 시각적 주체(seeing subject)로 구성한다.

24   Tom Gunning, "Tracing the individual body: Photography, Detectives, and Early Cinema," in *Cinema and the Invention of Modern Life*, ed. by Leo Charney and Vanessa R. Schwartz, Berkeley: University of California Press, 1995, 19쪽, 번역은 인용자.

다. 그 호기심과 관찰은 당시의 사회적 정의와 정치적 개혁에 관한 요구와 크게 떨어져 있지 않은 것으로 보인다.

기존 영화사 서술에서 누락되어 있으나 만민공동회의 활동과 《독립신문》의 여성 기고자들의 존재 등은 사진과 스크린 프랙티스가 등장하던 초창기에 관해 담배 선전 등 상행위를 중심으로 한 배열만이 아니라 스크린과 스피치, 그리고 민주주의의 관계를 고려해야 한다는 점을 보여준다.

신지영의 논문 「연설, 토론이라는 제도의 유입과 감각의 변화」는 만민공동회를 공론장(public sphere)으로 설정한다. 연설 토론회의 시공간은 회장인 중재인, 연설자, 회원, 방청객으로 나뉘어 있고 각자의 역할에 충실한 위계적인 무대의 측면도 있지만, 연설 토론회에서 각자 동등하게 말할 수 있는 '민'과 '언어'에 대한 감각의 변화는 연설자와 청중의 위계를 흔들 수 있다는 주장이다. 이때 연설이란 호흡, 성음, 연설, 구연의 방식, 구절을 읽는 방식, 어깨를 들썩이는 태도 등이 드러나는 몸·신체의 기호 장이기도 하다.[25]

이처럼 연설 토론회에서 발화된 신체 언어와 감흥이 1910년대 시스템이 도입된 변사의 연행에 어떤 영향도 미치지 않았으리라고 생각하기는 힘들다. 특히 변사의 역할을 단지 엔터테이너로 보지 않고 강연자, 강사로 보는 견해를 참조하면 그렇다.[26] 기존의 자본주의적 거래, 교환의 습득 장소로서의 영화관(넘쳐나는 담배들!) 혹은 전통 연희의 계승자로서의 변사의 역할에 과잉 초점을 줄 것이 아니라 이 같은 지리, 지정학 그리고 스피치와 스크

25 　신지영, 「연설, 토론이라는 제도의 유입과 감각의 변화」, 《한국근대문학연구》6(1), 2005, 28~33쪽 참고.

26 　한상언, 「1910년대 조선의 변사시스템 도입과 그 특징에 관한 연구」, 《영화 연구》 44, 2010, 379~381쪽 참고.

린의 절합(articulation)을 분석하고 기술하는 것은 영화사를 보다 경합적으로 매핑할 수 있게 해줄 것이다. 대한제국의 첫 장, 그 원초경은 아카이브에 보관되어 있지 않아 거의 보이지 않는 영화(invisible cinema)들이 역설적으로 조명해줄 비서구 후기 식민사회를 기술할 수 있는 방법론의 모색으로서 벤야민이 이야기한바 "쓰이지 않은 것을 읽어내는 것"[27]과 크게 다르지 않다. 이 장면을 '경'으로 치환해보면 근대적 원초경은 사진과 함께 영화를 기계 복제 이미지라고 할 때 바로 그 이미지들, 그리고 영화 스크린에 투사되는 프레임의 격자에 의해 구조화된 비전으로 구성된 근대 시각장의 주체의 기원적 순간, 조선 영화의 첫 장을 가리키는 포괄적 의미다. 원초적 장면은 시작과 기원, 출발 지점을 가리키나 다의미적 원초경은 거울처럼 성찰적으로 그 질문을 비추고 기억과 상상적 구성, 아카이브적 진실 증명과 상상적 자유 유희 사이의 경계를 횡단한다. 이렇게 거울이면서 경계를 횡단하는 것으로서의 원초경은 새롭고 대안적인 캐논, 경전을 구축해내는 장소(site)다. 원초경의 경은 그래서 거울 경(鏡)과 경계의 경(境) 그리고 경전의 경(經)을 가로지르며 넘어설 수 있는 잠재적 장소다.[28]

원초경의 프리즘을 통한 대한제국 시기에 대한 고찰은 한국 영화사 연구가 내셔널(national) 영화를 구성하면서 사라지거나 상실했거나 파괴되

---

27   Walter Benjamin, "Theses on the Philosophy of History," in *Illuminations:Essays and Reflections*, ed. by Hannah Arendt, trans. by Harry Zohn, New York: Schocken, 1969; 발터 벤야민, 「「역사의 개념에 대하여」 관련 노트들」, 『역사의 개념에 대하여 | 폭력비판을 위하여 | 초현실주의』, 최성만 옮김, 길, 2008, 366쪽 참고. "역사적 방법은 삶이라는 책의 바탕에 놓인 문헌학적 방법이다. '쓰이지 않은 것을 읽기'라고 호프만스탈은 말했다. 여기서 생각해야 할 독자가 진정한 역사가다."

28   김소영, 『근대의 원초경: 보이지 않는 영화를 보다』, 현실문화연구, 2010, 6~7쪽 참고.

었거나 전설에 가까운 풍문으로 떠돌 수밖에 없는 식민지 시기의 영화를 대상으로 해왔다는 인식을 저변에 두고 있다. 예컨대 아카이브에서 발견하거나 볼 수 없는 팬텀 시네마를 대상으로 조선 영화사와 해방 이후 영화사가 쓰여 왔던 것이다. '한국' 영화사는 〈아리랑〉으로 알려진 판타스마틱 (fantasmatic)한 팬텀 정전, 그 유령을 핵으로 형성되어 왔다. 팬텀 시네마라는 용어를 제안하는 것은 정전이 유령적이라는 문제적 위상을 드러내기 위함이다. 상실된 영화와 그 기원에 대한 과잉 조명은 어떤 유령을 불러오며 그것은 서광, 섬광이기도 하고 현혹이기도 하다. 그 빛은 빼앗긴 자의 광학일 수도 있고 역사적 진실에 눈멀게 하는 것일 수도 있다. 이와 같은 팬텀 시네마의 정점을 이루고 있는 것이 팬텀 정전인 〈아리랑〉이며 이러한 〈아리랑〉의 정전 문제에 대해 의미 있는 논쟁들이 이루어져왔다.[29]

지젝(Slavoj Zizek)에 따르면 유령(phantom), 대상-방해물(the object impediment)은 판타지적 일관성을 보증하는 역할을 수행한다.[30] 유령 대상(phantom object), 유령 〈아리랑〉은 사실 포스트식민의 한국 사회뿐 아니라 남한과 북한이라는 두 한국에게도 판타지적 연속성을 보장한다. 팬텀 아리랑은 구멍, 파열, 비연속성을 노출하며 그것은 한국에서 영화(cinema)의 에피스테메(episteme)를 재검토하게 한다. 후기 식민지시기 내셔널 시네마의 역사 기술은 토착적 에피스테메를 찾는 고고학적 작업에 착수하는데, 에피스테메는 지식과 담론들의 토대가 되고 따라서 에피스테메는 특정한 시

---

29   김려실, 제2부 2장 「상상된 민족영화 '아리랑'」, 『투사하는 제국 투영하는 식민지: 1901~1945년의 한국영화사를 되짚다』, 삼인, 2006 참고.

30   슬라보예 지젝, 『당신의 징후를 즐겨라!: 할리우드의 정신분석』, 한나래, 1997, 217 쪽 참고.

대 안에서의 지식과 담론의 가능성의 조건들을 대표하는 역사적 선험성(a priori)이다. 전략적 장치로서, 에피스테메라는 개념은 영화 장치의 역사적 선험성을 영화에 대한 이해를 확장시킬 뿐 아니라 특정한 목적을 위해 영화를 동원하는 사회적 장치로 이해할 수 있도록 한다.

원초경의 프리즘으로 대한제국의 첫 장을 다시 방문해보자. 1910년 한 일합방 이전 10여 년 남짓한 시기, 파국 직전의 대한제국에서 열강의 냉혹한 측량에 맞서 지도를 그리던 사람들. 그러나 그 지도 자체도 재앙이었다는 모순. 한치 앞도 볼 수 없었던 이 시기[31]에 만민공동회에 참석했던 여성과 천민과 아이들, 1903년 이후의 영화 관객들 그리고 1923년 〈국경〉이라는 사라져버린 문제 영화, 〈아리랑〉이라는 팬텀 시네마, 그 원초경의 연쇄 속에서 홈즈는 과연 조선 영화, 그 이후의 상실을 봉합해주는 판타스마틱한 형상, 팬텀으로 기능한 것인가?

---

31 호랑이 지도를 그렸던 최남선은 후일 만주 국립건국대학의 교수로 갔으며 학병을 권유하는 등 친일 행적에 대한 비판을 받는다. 박태순은 「역사를 위한 변명과 해명: 최남선의 반민족사학」, 《역사비평》 12, 1990, 184~185쪽에서 최남선의 「경부선 철도가」(1908)와 「해에게서 소년으로」(1908)등이 일본 문화제국주의의 주장에 동조한 시라고 일갈한다.

에필로그: 아카이브의 비밀

1. 한홍 합작: 〈이국정원〉, 혹은 〈에일리언과의 사랑〉

한 장의 스틸로 시작하자. 붉고 푸른색의 그로테스크한 이 이미지는 어디로부터 온 것인가? 〈이국정원〉(異國情鴛)의 영문 제목은 'Love with an Alien'이다. 한국영상자료원이 2013년 4월 4일 오후 2시 서울 마포구 상암동 DMC단지 내에 위치한 시네마테크KOFA에서 언론 및 영화 관계자를 대상으로 공개한 상영회에서 필자가 촬영한 것이다. 영화의 사운드는 유실된 상태이며 디지털 상영본에서 이미지들도 위의 스틸에서 보는 것처럼 훼손이 이루어진 부분이 많이 보였다. 보도 자료에 따르면,

> 영상자료원은 홍콩 쇼브라더스(Shaw Brothers·召氏制片廠)에 〈이국정원〉이 소장되어 있다는 것을 확인하고, 지난 2012년 5월 쇼브라더스를 방문해 원본 필름의 존재 여부를 확인했으며, 이 영화의 복원을 조건으로 국내에 반입해 상태를 점검하고 일본 이마지카 현상소와의 협력을 통해 지난 12월 디지털 상영본 제작을 완료했다. 이번에 발굴된 〈이국정원〉은 아쉽게도 사운드가 유실된 상태이나 1950년대에 제작된 308편의 영화 중 56편(제

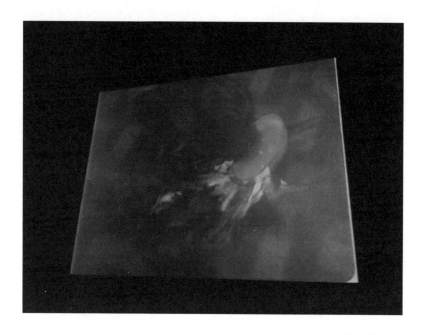

〈이국정원〉 (1958)

작 편수 대비 18.2%)만이 남아 있는 현실에서 고전영화 보유 편수를 높이고 한국 영화사에서 주목할 만한 영화의 실체를 확인할 수 있게 되었다는 점에서 큰 가치를 지닌다. 아울러 영상자료원은 〈이국정원〉 홍보용 포스터 2점과 중국어 녹음 대본 1점, 스틸 원본 19매, 전단지 1점을 수집하는 성과를 거두었다.

앞서 말했듯 〈이국정원〉의 영문 제목은 'Love with an Alien'이다. 외계인과의 사랑을 다룬 SF물이 아니라 홍콩의 미녀 가수 방음(尤敏·유민)과 홍콩에 들린 한국인 작곡가 김수평(김진규)이 첫눈에 사랑에 빠진다. 항상 방음의 편이었던 어머니(尤敏·빙심)는 딸의 한국인 애인의 이름을 듣자, 안절부절못하며 그에 대해 캐묻기 시작한다. 의아한 그녀에게 아버지마저 돈 많은 재력가와 정략결혼을 종용한다. 부모의 극심한 반대를 견딜 수 없었던 방음은 김진규와 함께 홍콩을 떠난다. 딸의 가출에 사색이 된 빙심은 비밀을 털어놓는다. 사실 그녀는 한국에 사랑하는 사람(최무룡)이 있었고 그와 혼인하여 남매를 낳았고 딸만 데리고 잠시 홍콩에 다녀온 사이 소식이 끊겨 남편과 아들의 행방을 찾지 못해 헤어졌으며 방음의 아버지는 친아버지가 아니며 방음과 수평은 어릴 때 헤어진 남매일지도 모른다는 이야기였다. 빙심은 철고(윤일봉)의 도움을 받아 방음과 수평을 쫓아간다. 그러는 동안 수평은 실제 친어머니와 상봉하게 되고 자신의 근심이 기우였음을 알게 된 빙심은 둘의 결혼을 승낙한다.

사운드가 유실된 것 말고도 〈이국정원〉은 이미지 차원에서도 복원되지 않은 훼손된 부분이 많다. 2012년 5월, 듀프 네거티브(dupe negative) 상태 확인 및 복원 협의를 위해 한국영상자료원 수집 담당자와 보존기술센터 복원 담당자가 함께 홍콩 쇼브라더스를 방문해 필름 상태를 확인한바 초산화

증후군이 심하게 진행되고 있었으며 필름 수축현상 및 필름끼리 붙어 있어 훼손이 너무 심한 것을 확인하고 한국에 가져가 기술적 테스트를 전제로 한 복원을 조건으로 네가 필름을 대여했고 국내 여건상 복원이 불가능함을 확인하고 원본 필름을 일본 이마지카(Imagica) 현상소에 전달해 마스터 필름과 디지털 상영본을 제작했다.

사운드 부분은 디지털 상영본에 한국어 자막이 있어 스토리를 이해하는 데 큰 장애가 되지 않을 수도 있으나, 영화 초반부에서 적·청의 컬러가 코딩된 네가티브 프린트처럼 보이는 부분들은 이 영화에 대한 선지식이 없다면 장르와 형식을 공포나 SF 장르 혹은 물질론(materialist) 실험 영화로 오독하게 만든다. 이런 오독은 반드시 부정적인 것이 아니라 오독은 때로 정독의 경계를 침해하고 교란해 다양한 의미를 생산하는 읽기의 방법이 될 수도 있다. 텍스트가 시간의 경과, 침식을 견뎌내 우리에게 오는 것은 영화만이 아니다. 고대의 진흙 태블릿(clay tablet)은 최초의 아카이브 문서였으며 훼손된 경우 물에 씻어 다른 내용을 담는 태블릿으로 사용되었다. 훼손이나 침식은 다른 새로운 텍스트가 기입될 수 있는 조건이 된다. 양피지는 겹쳐 쓰여 팰림프세스트(palimpsest, 즉 흔적 위에 덧쓰기)의 조건이 되나 진흙 태블릿은 새로운 글쓰기의 바탕이 된다.

영화 필름(셀룰로이드 질산염-셀룰로이드 및 아세테이트-폴리에스테르 등)은 덧쓰기나 새로운 글쓰기를 허용하지 않는다. 그러나 실험 영화의 영역에서 스탠 브래키지(Stan Brakhage)는 셀룰로이드 필름에 그림을 그리거나 스크래치를 내거나 인 카메라 편집을 한다거나 다중 노출 등을 통해 필름의 물질성을 드러냈다. 필름 아카이브의 필름 복원 과정은 컨텍스트에 주의를 기울이는 다른 방식의 독해를 열어준다. 이 컨텍스트를 통해 냉전 시기 한·홍 합작이라는 인터-아시아 역사의 단편이 유실과 훼손의 역사를 건너 우리에게 온다.

⟨이국정원⟩은 이 같은 물질주의 영화로 우리에게 온다. 이제 ⟨Love with an Alien⟩이라는 영어 제목은 하나의 물음표가 된다. 현재의 관객은 사운드가 유실되고 이미지가 변형된 이 이질적인(alien) 텍스트를 사랑할 수 있는가?

역사적 우연과 필연이 중첩되어 유실되고 발견되고 복원되었으나 여전히 훼손의 상처를 가지고 있는 이 영화가 우리에게 던지는 위의 질문, "당신은 이질적인 텍스트를 사랑할 수 있는가?"는 텍스트 안에서 아시아인들(홍콩인과 남한인)이 서로에게 던지는 질문이다. 영화에 가장 중요하게 내장된 오해(어머니 빙심은 방음과 김수평이 이복남매라고 생각해 근친상간적 관계를 의심하나 실제로 김수평의 어머니는 마카오에 살고 있다)가 역사적 반향이나 텍스트적 반향성을 거의 갖지 못하는 것은 한홍 합작이 당시 정치, 역사, 문화적인 측면보다는 산업적으로 동기화된 측면이 더 강하기 때문이다. 이 영화가 어머니 빙심과 그녀의 한국인 남편(최무룡)의 한국 회상 장면을 구성하는 방식은 이들이 살던 가정집과 왕궁에서의 장면인데, 한복을 입은 이들을 앙각으로 과장되게 포착함으로써 '합작의 예'를 갖추나 과잉의 혐의가 충분하다.

이 영화가 당시 화제가 된 것은 뛰어난 색채 감각 때문이라고 하나 복원 과정에서 그 부분은 흔적으로만 남아 있다. 영화는 또 당시 홍콩의 도시 경관을 담고 있기도 하지만 오히려 홍콩의 인적이 드문 빈 공간도 많이 담고 있고, 가족과 친구들을 제외하면 홍콩 현지의 대중과 집단이 만들어내는 생활세계의 군중의 무늬보다 관광객의 시선으로 포착된 장면들이 다수다. 이 영화의 감독이 전창근, 도광계, 와카스기 미쓰오 이렇게 세 명으로 되어 있고 실제 감독으로서 현장 지휘는 와카스기 미쓰오가 했다고 하는데(윤일봉 증언), 이 범아시아적 합작은 함의가 풍부한 다음성적 텍스트보다는 역사적 진공의 블록버스터를 만들어냈던 첸 카이거의 〈무극〉(2005)과 유사한 측면이 있다.

2. 〈저 하늘에도 슬픔이〉를 타이베이에서 만나다

기운이 좋았다. 2014년 1월 9일, 타이완 타이베이 시의 영상자료원에 들어가는데 낯익은 사람이 보였다. 석준(石儁)이었다. 호금전(胡金銓) 감독의 〈협녀〉(1969), 〈산중전기〉(1979), 〈공산영우〉(1979)에 나왔던 배우. 이야기를 나누고 있는 그의 얼굴에선 빛이 났다. 회고전을 준비 중일까?

신임 원장으로 부임한 린웬치(林文淇) 국립중앙대(NCU) 교수를 만나러 원장실로 갔다. 함께 〈저 하늘에도 슬픔이〉(김수용, 1965)의 프린트 상태를 확인하러 타이베이 시 외곽에 있는 수장고로 가기로 했기 때문이다.

이번이 두 번째 방문이다. 2013년 9월 추석 연휴를 이용해 타이완 영상자료원에 왔을 때 이런 상황이 오리라고는 생각하지 못했다. 당시 내가 건네준 것은 타이완에서 공개된 한국 영화의 중국어 개봉 제목 목록이었다(트랜스 아시아 영상문화연구소의 권용숙, 김정구 씨가 조사를 맡았다).

타이완 영상자료원의 담당자인 황테레사(Teresa Huang) 씨는 이전에도 한국의 영상자료원에서 필름 확인 요청을 한 적이 있어 조사해보았는데 없었다고 했다. 개봉 당시 중국어 제목으로 리스트를 만들었으니 재확인해달라고 부탁했다. 원장인 린웬치 교수와는 싱가포르 역사박물관에서 열렸던 허우샤오시엔 학술회의, 타이완 여성영화 학술회의 등에서 여러 번 만난 적이 있어 구면이었다. 리스트를 주고 호텔로 돌아왔는데, 9월 19일 새벽 2시 12분에 린웬치 원장으로부터 이메일을 받았다.

다시 만나게 되어 반가웠습니다. 한국-타이완의 영화적 커넥션에 대한 연구에 나 역시 관심이 있습니다. 우리 스태프들이 조사해본 결과 다음과 같은 프린트들이 있었습니다.

〈장남〉(長男), 이두용, 1985, 35mm, 상태 좋음.
〈추상촌초심〉(秋霜寸草心, 저 하늘에도 슬픔이), 김수용, 1965, 35mm, 상태가 좋지는 않지만 볼 수는 있음.
〈누적소화〉(淚的小花, 미워도 다시 한 번), 정소영, 1968, 16mm, 상태가 좋지는 않지만 볼 수는 있음.
〈차종〉(借種, 여인 잔혹사 물레야 물레야), 이두용, 1983, 상태가 좋지는 않지만 볼 수는 있음
〈추상촌초심 2〉, 이상언, 1970, 예고편이 있지만 완전히 산화한 것으로 보임.

〈추상촌초심〉의 프린트가 있다는 언급을 보고 숨이 멎는 것 같았다. 얼굴이 달아오르고 몸에 열이 나기 시작했다. 아카이브 피버![1] 아카이브 피버를 경험하는 순간이다. 얼마 전 수술한 치아가 통증으로 아파왔다.

트랜스 아시아 영상문화연구소의 연구원들에게 이 사실을 알렸다. 한국영상자료원의 조준형 부장에게 린웬치 교수와 내가 주고받은 이메일을 보냈고, 한국에 와서 이병훈 영상자료원 원장을 만나 이 사실을 전했다.

아카이브 피버 이후 치과에 가 출산할 때 정도의 통증이 느껴지는 재

---

[1]   Jacques Derrida, *Archive Fever: A Freudian Impression*, Univ. of Chicago Press, 1998.

수술을 받았다. 필름과 재수술을 맞바꾼 셈이 되었다. 〈저 하늘에도 슬픔이〉 듀프 네거티브가 한국에 도착했다는 소식을 기다리다가 겨울방학이 되었다. 기다리고 기다리다가 린웬치 교수에게 연락 후 2014년 1월 9일에 다시 타이완 영상자료원을 찾았다. 앞서 말한 내용이다. 린웬치 교수는 저작권자 확인 서류를 기다리고 있었는데, 상호 신뢰를 바탕으로 한국 영상자료원으로 보내주겠다고 말했다.

배우 석준과 사진을 찍은 후, 우리는 타이베이 외곽에 있는 필름 수장고로 갔다. 트랜스 아시아 영상문화연구소의 공동 소장인 얼 잭슨 교수가 타이완 자오퉁대학(NCTU)의 교수로 있어 린웬치 교수와 학문적 인연을 맺고 있는 것도 이 신뢰 프로세스에 큰 도움이 되었다.

린웬치 교수의 차를 타고 한참을 달려 도착한 수장고는 필름의 진정한 고향처럼 마음에 들었다. 창밖으로 아열대숲이 보였고, 필름이 담긴 상자들의 방, 방들, 포스터들이 그야말로 타이완 영화의 한 장면 같았다.

린웬치 교수는 렌즈로 네거티브의 상태를 자세히 살펴봤고 내게도 보라고 권했는데 상태가 좋았다. 흑백 네거티브 필름 안의 나무 이미지들의 음영이 사실과 초현실 사이의 어디쯤에서 형형했다. 잃어버린 영화, 사라진 영화, 비가시적 영화, 팬텀 시네마, 유령 정전(canon), 그리고 텅 비거나 퀭한 아카이브는 내가 20여 년 전 한국 영화사를 들여다보면서부터 내 주변을 배회하던 문제 틀이었다. 그중 중요한 한 작품을 찾는 데 작은 힘을 보태게 되어 원초경의 경전, 파편화된 거울의 복원에 도움이 된 듯해 휴, 하고 안도의 숨을 쉰다.

유령 정전이란 〈아리랑〉(나운규, 1926), 〈저 하늘에도 슬픔이〉처럼 사라져버려 전설, 구술, 기억으로 존재하는 영화다. 식민지, 군사독재를 거치면서 필름 자체는 유실되었으나 이후 영화사가들과 평론가에 의해 민족주의 리얼리즘, 1960년대 멜로드라마와 같은 일정한 방식의 해석으로 '정전'으로 견고해질 때, 이것은 실제 존재하는 정전보다 더 강력한 판타스마틱한 통일성을 가질 수 있다. 조선, 한국 영화사는 〈아리랑〉, 〈임자 없는 나룻배〉(이규환, 1932), 〈만추〉(이만희, 1966) 등 일련의 유령 정전을 그 핵으로 품고 있다. 사라진 필름으로 텅 빈, 퀭한 아카이브는 식민지, 군사독재 근대화의 흔적이면서, 또한 이런 역사적 조건을 가지고 있는 다른 내셔널 영화사 기술들과 더불어 대안적 영화사 기술을 모색할 수 있는 프레임 혹은 원초경이 된다.

〈저 하늘에도 슬픔이〉는 팬텀, 유령의 귀환이라고 할 수 있다. 개인적으로 지난 5년간 더없이 가까운 사람들을 다른 세상으로 떠나보냈는데, 무엇인가를 복원하고 되살리는 기적 같은 일을 만나기도 한다. 죽음과 달리 실종, 그 사라짐에는 귀환의 약속이란 태그가 달려 있는 셈이다.

이후 한국 영상자료원의 노력으로 4월 21일에 〈저 하늘에도 슬픔이〉가 상영되었고, 김수용 감독과 스태프들, 그리고 관계자들이 기뻐하는 모습을 보았다.

〈저 하늘에도 슬픔이〉의 장대한 원경 숏(extreme long shot)에는 자연과 도시가 동시에 담긴다. 그 속을 어떤 점처럼 달려가고 걷고 있는 인물이 이윤복(김천만)이다. 이 영화는 초등학교 4학년인 이윤복의 일기(『저 하늘에도 슬픔이: 11세 소년이 외치는 인간의 소리』, 신태양사, 1964)를 바탕으로 만들어졌다. 어린 소년의 시선과 문자로 기술된 세계를 이 영화는 운명과 구원의 시학으로 격상시킨다. 소년 윤복은 궁핍하기 짝이 없어 구걸, 껌 장사, 구두닦이 등을 하지만 길가의 굶주린 소녀에게 돈을 내어준다. 어린 윤복은 마치 운명과 마주친 고결한 비극의 주인공 같다.

이것은 탁월한 성취다. 대중 영화로서 아동 일기를 신파나 멜로보다는 오히려 비극 쪽으로 밀고 가 완성시킨 것은, 감독, 시나리오 작가, 촬영감독의 역량이다. 예의 원경과 근경은 대담하게 편집되어 윤복과 세 남매들을 짓누르는 헤어 나오기 어려운 가난을 운명처럼 직조한다.

〈저 하늘에도 슬픔이〉는 오케스트레이션이 잘 된 작품이다. 자연 풍경과 도시 경관, 선과 악행을 행하는 위인들, 운명과 의지가 촘촘히 모자이크되어 있다. 동요 〈따오기〉가 주제가로 흐르는데, 통절하면서도 절제되어 있다. 엔딩이 결정적이다. 유사 해피엔딩 이후, 인물들은 다시 운명과 같은 자연 속에 그림자들로 걸어간다.

타이완 영상자료원에서 돌아온 이 영화가 가리키고 있는 방향 중의 하나는 오시마 나기사(大島渚)의 〈윤복이의 일기〉(1965)와 더불어 1960년대 한국 영화의 동아시아 상영과 제작 네트워크다. 즉 한국, 일본, 타이완을 잇는 영화 중 하나가 〈저 하늘에도 슬픔이〉인 것이다. 〈추상촌초심〉이라는 시적인 제목과 중국어 자막이 달린 프린트의 귀환은 우리에게 이 역사를 들여다보라고 알려준다.

참고 문헌

서문: 비상과 환상

벤하비브, 세일라, 『타자의 권리: 외국인, 거류민 그리고 시민』, 이상훈 옮김, 철학과현실사,
2008.

조정환, 『인지자본주의: 현대 세계의 거대한 전환과 사회적 삶의 재구성』, 갈무리, 2011.

Agamben, Giorgio, *State of Exception*, trans. by Kevin Attell, Chicago: University Of
Chicago Press, 2005〔조르조 아감벤, 『예외상태』, 김항 옮김, 새물결, 2009〕.

Benhabib, Seyla, *Critique, Norm, and Utopia*, New York: Columbia University Press,
1986〔세일라 벤하비브, 『비판, 규범, 유토피아: 비판 이론의 토대 연구』, 정대성 옮김, 울력,
2008〕.

Benjamin, Walter, "Critique of Violence," in *Reflections: Essays, Aphorisms,
Autobiographical Writings*, ed. by Peter Demetz, New York: Harcourt Brace
Jovanovich, 1978〔발터 벤야민, 『역사의 개념에 대하여 | 폭력비판을 위하여 | 초현실주의
외』, 최성만 옮김, 길, 2008〕.

Boutang, Yann Moulier, *Le capitalisme cognitif: La Nouvelle Grande Transformation*,
Paris: Editions Amsterdam, 2007.

Chua, Beng Huat and Koichi Iwabuchi(ed), *East Asian Pop Culture: Analysing the Korean
Wave*, Aberdeen: Hong Kong University Press, 2008.

Hansen, Miriam, "Room-for-Play: Benjamin's Gamble with Cinema," *October* 109(2004).

Hardt, Michael and Antonio Negri, *Empire*, Cambridge: Harvard University Press,
2000〔안토니오 네그리, 마이클 하트, 『제국』, 윤수종 옮김, 이학사, 2001〕.

Kim, Soyoung, "Cartography of Catastrophe: Pre-Colonial Surveys, Post-Colonial

Vampires, and the Plight of Korean Modernity," *The Journal of Korean Studies* 16,

no.2(2011).

Rose, Jacqueline, *States of Fantasy*, Oxford: Clarendon Press, 1996.

Virilio, Paul, *Speed and Politics: An Essay on Dromology*, New York: Semiotext(e), 1977〔폴

비릴리오, 『속도와 정치: 공간의 정치학에서 시간의 정치학으로』, 이재원 옮김, 그린비,

2004〕.

Sassen, Saskia, "Global cities and survival circuits," in *Global Woman: nannies, maids,*

and sex workers in the new economy, ed. by Barbara Ehrenreich and Arlie Russel

Hochschild, New York: Henry Holt & company, 2002.

Yoshitaka, Mori, "Reconsidering Cultural Hybridities: Transnational Exchanges of

Popular Music in-between Korea and Japan," in *Cultural Studies and Cultural*

Industries in Northeast Asia: What A Difference A Region Makes, ed. by Chris Berry,

Nicola Liscutin, and Jonathan D. Mackintosh, Aberdeen: Hong Kong University

Press, 2009.

1장 신자유주의 시대의 폭력, 육체, 인지적 매핑

김소영, 「[전영객잔] '빌려온 환상'이라는 징후」, 《씨네21》 703, 2009년 5월 12~19일.

———, 『한국형 블록버스터: 아틀란티스 혹은 아메리카』, 현실문화연구, 2001.

———, 「신자유주의 시대의 폭력, 육체, 인지적 매핑」, 《젠더와 문화》 4(2), 계명대학교 여성학

연구소, 2011.

김영옥, 「해제: 근대의 심연에서 떠오르는 '악의 꽃'—발터 벤야민의 보들레르 읽기」, 발터 벤

야민, 『보들레르의 작품에 나타난 제2제정기의 파리 | 보들레르의 몇 가지 모티프에 관하여 외』, 길, 2010, 5~30쪽.

네그리, 안토니오·마이클 하트, 『다중: 제국이 지배하는 시대의 전쟁과 민주주의』, 조정환·정남영·서창현 옮김, 세종서적, 2008.

네그리, 안토니오·마이클 하트·크리스 베리, 「스타의 횡단: 초국적 프레임에서 본 이소룡의 몸, 혹은 중화주의적 남성성」, 『트랜스: 아시아 영상문화 ─ 텔레비전과 스크린을 통해 아시아를 횡단하고 통과하기 그리고 넘어서기』, 현실문화연구, 2006, 367~395쪽.

라이히, 빌헬름, 『성혁명』, 윤수종 옮김, 중원문화, 2011.

마수미, 브라이언, 『가상계: 운동, 정동, 감각의 아쌍블라주』, 조성훈 옮김, 갈무리, 2011.

벤야민, 발터, 『역사의 개념에 대하여 | 폭력비판을 위하여 | 초현실주의 외』, 최성만 옮김, 길, 2008.

송은영, 「1960~70년대 한국의 대중사회화와 대중문화의 정치적 의미」, 《상허학보》 32, 상허학회, 2011.

심광현, 「제3세대 인지과학과 SF 영화: 자본주의 매트릭스 vs 대안적 매트릭스」, 서울대학교 인지과학연구소사회과학원 공동 주최 "인지과학으로 여는 21세기 시즌 3: 이성과 공감" 세미나 발표문, 2011년 4월 30일.

아감벤, 조르조, 『호모 사케르: 주권 권력과 벌거벗은 생명』, 박진우 옮김, 새물결, 2008.

앤드루, 더들리, 《부산 영화 포럼》(BCF) 특별 기조 발제, 2011년 10월 11일.

일루즈, 에바, 『감정 자본주의: 자본은 감정을 어떻게 활용하는가』, 김정아 옮김, 돌베개, 2010.

조정환, 『인지자본주의: 현대 세계의 거대한 전환과 사회적 삶의 재구성』, 갈무리, 2011.

졸라, 에밀, 『테레즈 라캥』, 박이문 옮김, 문학동네, 2009.

클라인, 나오미, 『쇼크 독트린: 자본주의 재앙의 도래』, 김소희 옮김, 살림Biz, 2008.

프로이트, 지그문트, 『예술, 문학, 정신분석』, 정장진 옮김, 열린책들, 2004.

하트, 마이클, 『비물질 노동과 다중』, 서창현·김상운·자율평론번역모임 옮김, 갈무리, 2005.

Hansen, Miriam. "Room-for-Play: Benjamin's Gamble with Cinema," *October* 109(2004).

Lauretis, Teresa de, *Freud's Drive: psychoanalysis, literature and film*, New York: Palgrave
   Mcmillan, 2008.

Mandel, Ernest. "Introduction," in *Capital: a critique of political economy* vol.1, intro. by
   Ernest Mandel, trans. by Ben Fowkes, New York: Penguin Books, 1976.

Kim, Soyoung, "The Birth of the Local Feminist Sphere in the Global Era: Trans Cinema
   and 'Yosongjang,'" *Inter-Asia Cultural Studies* 4, no.1(2003).

Watkins, Susan, "Editorial: Shifting Sands," *New Left Review* 61(2010), 19~20쪽.

Willemen, Paul, "Fantasy in Action," in *World Cinemas, Transnational Perspectives*, ed. by
   Natasa Durovicova and Kathleen Newman, New York: Routledge, 2010.

2장 얼굴, 클로즈업, 괴물성: 다인종, 다문화 사회

강영안, 「레비나스 철학에서 주체성과 타자: 후설의 자아론적 철학에 대한 레비나스의 대
   응」, 《철학과 현상학 연구》 4, 한국현상학회, 1990, 253~259쪽.

김성택, 「르네 샤르의 '경계'와 '지평'」, 《한국 프랑스학 논집》 27, 한국프랑스학회, 1999,
   69~84쪽.

김소영, 「[전영객잔] 그렇게 그녀는 이방인을 '체화'했다」, 《씨네21》 612, 2009년 7월 17~24일.

──── , 『근대성의 유령들: 판타스틱 한국 영화』, 씨앗을뿌리는사람들, 2000.

──── , 『영화평론가 김소영이 발견한 한국 영화 최고의 10경』, 현실문화연구, 2010.

김수환, 「영화 기호학과 포토제니: 로트만의 '신화적 언어' 개념을 중심으로」, 《문학과 영상》
   9(1), 문학과영상학회, 2008.

서경식, 『난민과 국민 사이』, 돌베개, 2006.

슬라보예 지젝, 『시차적 관점』, 김서영 옮김, 마티, 2009.

윤대선, 「레비나스의 얼굴개념과 타자 철학」, 《철학과 현실》 61, 철학문화연구소, 2004.

이수자, 「이주여성 디아스포라: 국제 성별 분업, 문화혼성성, 타자화와 섹슈얼리티」, 《한국사
　　회학》 28(2), 한국사회학회, 2004.

이안젤라, 「민족담론과 세계화담론의 경합지점에서 재외 한인 문제」, 한국예술종합학교 영
　　상원 영상이론과 전문사 학위논문, 2010.

이애령, 「이방인과 환대의 윤리」, 《철학과 현상학 연구》 39, 한국현상학회, 2008.

이용호, 「난민의 개념과 그 보호」, 《국제법학회논총》 52(2), 대한국제법학회, 2007.

이정근, 「특집 — 역사적 도시에 있어서의 경관: 도시미와 경관」, 《건축》 36(1), 대한건축학회,
　　1992.

이정남, 「동북아의 차이니스 디아스포라와 국가 정책: 한국과 일본의 사례를 중심으로」, 《국
　　제지역연구》 12(3), 서울대학교 국제학연구소, 2008.

장복희, 「탈북자(자발적 북한이탈자)의 인권보호과 국제인권법」, 《토지공법연구》, 한국토지
　　공법학회, 2008.

전영평·장임숙, 「소수자로서의 탈북자의 정책 개입 과정 분석: 정체성, 저항성, 이슈확산성을
　　중심으로」, 《한국행정학회 학술대회 발표 논문집》 10, 한국행정학회, 2008.

정성일, 「장률 vs 정성일 대담: 적막과 슬픔과 폐허가 있는 풍경」, 《씨네21》 543, 2006년 3월
　　21~28일.

슈미트, 칼, 『대지의 노모스: 유럽 공법의 국제법』, 민음사, 1995.

Lotman, Yuri, "On the semiosphere," trans. by Wilma Clark, *Sign Systems Studies* 33,
　　no.1(2005).

Naficy, Hamid, *An Accented Cinema: Exilic and Diasoric filmamking*, Princeton:
　　Princeton University Press, 2001.

3장 비상사태: 박정희 시대의 김기영과 이만희 영화의 활유, 고백, 무드

강수미, 『아이스테시스』, 글항아리, 2011.

김상운 「아감벤에 관하여」, 《오늘의 문예비평》 60, 오늘의문예비평, 2006.

김소영, 『근대의 원초경: 보이지 않는 영화를 보다』, 현실문화연구, 2010.

김수남, 「어두운 영상, 청순한 이미지의 영화작가: 이만희의 영화예술세계」, 《영화연구》 10, 한
　　국영화학회, 1995.

김진희, 「반성과 거울의 양식: 1930년대 후반 임화의 시」, 《한국근대문학연구》 5(1), 한국근
　　대문학회, 2004.

데리다, 자크, 『법의 힘』, 진태원 옮김, 문학과지성사, 2004.

《동아일보》, "영화계 폭력 암투화", 1961년 1월 23일.

《동아일보》, "햇볕 보게 되려나? 상영보류 이년삼개월의 『오발탄』", 1963년 7월 26일.

박경수, 「현해탄과 재일 디아스포라의 비극적 형상화」, 『동북아시아문화학회 국제학술대회
　　발표자료집』, 동북아시아문화학회, 2008.

박태순, 「무너진 극장」, 《월간 중앙》 1(8), 중앙일보사, 1968.

벤야민, 발터, 『기술복제시대의 예술작품 | 사진의 작은 역사 외』, 최성만 옮김, 길, 2007.

───, 『역사의 개념에 대하여 | 폭력비판을 위하여 | 초현실주의 외』, 최성만 옮김, 길, 2008.

───, 『독일 비애극의 원천』, 최성만 · 김유동 옮김, 한길사, 2009.

비릴리오, 폴, 『전쟁과 영화』, 권혜원 옮김, 한나래, 2004.

쑨거, 『다케우치 요시미라는 물음: 동아시아의 사상은 가능한가?』, 윤여일 옮김, 그린비,
　　2008.

슈미트, 칼, 『정치신학』, 김항 옮김, 그린비, 2010.

아감벤, 조르조, 『예외상태』, 김항 옮김, 새물결, 2009.

안병섭, 「이만희에 있어서의 리얼리즘」, 『한국영화의 이해: 〈아리랑〉에서 〈은마는 오지 않는다〉

까지』, 예니, 1992.

우정권, 『한국 근대 고백소설의 형성과 서사 양식』, 소명, 2004.

윌리엄스, 레이먼드, 『마르크스주의와 문학』, 박만준 옮김, 지식을만드는지식, 2013.

이광일, 『박정희 체제, 자유주의적 비판 뛰어넘기』, 메이데이, 2011.

이승희, 「흥행장의 정치경제학과 폭력의 구조 1945~1961」, 『한국 영화와 민주주의』, 선인, 2011.

조준형, 「박정희 정권기 외화 수입정책 연구: 1960년대를 중심으로」, 《한국극예술연구》31, 한국극예술학회, 2010.

조희연, 『박정희와 개발독재시대』, 역사비평사, 2007.

최성만, 「기술과 예술의 열린 변증법: 발터 벤야민의 「기술복제 시대의 예술 작품」 읽기」, 《뷔히너와 현대문학》32, 한국뷔히너학회, 2009.

허우성, 「진리는 현해탄을 건널 수 없다: 니시다(西田) 철학을 중심으로」, 《철학과 현실》43, 철학문화연구소, 1999.

황호덕, 「바틀비의 타자기: 한유주 혹은 어떤 '특성 없는 인간'에게 부치는 레터」, 《오늘의 문예비평》77, 오늘의 문예비평, 2010.

Hansen, Miriam, "Room-for-Play: Benjamin's Gamble with Cinema," *October* 109(2004).

Jackson, Earl Jr., 'Otherness Becomes You: Accommodation and Self-Construction in Kim Ki-duk and Kim Kyungmook,' "Korean Cinema Conference" at University of Pécs, Hungary, March 2012.

Riffaterre, Michael. "Prosopoperia," *Yale French Studies* 69(1985).

4장 한국 영화의 국경의 문제: 경계의 정치성

김강일·박동훈, 「중국조선족사회의 변연문화특성과 민족공동체 재건」, 인하대학교 한국학
　　연구소, 『연변조선족의 역사와 현실』, 소명, 2013, 249~284쪽.

김소영, 『근대의 원초경: 보이지 않는 영화를 보다』, 현실문화연구, 2010.

─────, 『영화평론가 김소영이 발견한 한국 영화 최고의 10경』, 현실문화연구, 2010.

김소영·김태만·임대근·크리스 베리·존 에퍼제시, 「장률 감독과의 대담: 〈중국과 한국의 경
　　계〉」, 『트랜스 아시아 스크린 컬처 저널』 4, 트랜스 아시아 영상문화연구소, 2010.

베리, 크리스, 「파편화된 역사에 대한 한국과 중국 사이의 영화적 관계」, 《트랜스 아시아 스
　　크린 컬처 저널》 4, 트랜스 아시아 영상문화연구소, 2010.

이준희, "두만강: 순수성에 대한 오해", 트랜스 리뷰, 트랜스 아시아 영상문화연구소. http://
　　trans-review.com/?document_srl=295&mid=critique

이지영, 「1960~70년대 초 만주 웨스턴 연구: 장르적 특성 및 공간」, 한국예술종합학교 영상
　　원 영상이론과 전문사 학위논문, 2010.

임대근, 「초기 한중 영화 교류의 한 면모: 해방 이전 한국에 유입된 중국 영화를 중심으로」,
　　《영상예술연구》 10, 영상예술학회, 2007.

─────, 「김염: 1930년대 상하이 디아스포라와 국족 정체성의 (재)구성」, 《트랜스 아시아 스
　　크린 컬처 저널》 4, 트랜스 아시아 영상문화연구소, 2010.

임을출·이춘재, "[특집: 세계의 국경을 가다 — 북한·중국·러시아] 뱃사공을 잃은 두만강", 《한
　　겨레21》 511호, 2004년 5월 27일.

잭슨 주니어, 얼, 「You are Here: Surveying the Imaginary Borders of
　　Japan」, 《트랜스 아시아 스크린 컬처 저널》 4, 트랜스 아시아 영상문화연구소, 2010.

한상언, 「1920년대 초반 조선의 영화산업과 조선영화의 탄생」, 《영화연구》 55, 한국영화학회,
　　2013, 668~671쪽.

Anzaldua, Gloria E., *Borderlands/La Frontera: The New Mestiza*, San Francisco: Aunt Lute Books, 1987.

5장 근현대의 누아르: 미국과 상하이의 밤, 〈예라이샹〉과 대륙활극 영화들

김광주, 「상해시절회상기(상)」, 《세대》 3 (29), 세대사, 1965.

김명수, 『명수산문록』, 삼형문화, 1985.

김소영, 『영화평론가 김소영이 발견한 한국 영화 최고의 10경』, 현실문화연구, 2010.

─────, 『근대의 원초경』, 현실문화연구, 2010.

김윤정, 「1930년대 초 범태평양노동조합 계열의 혁명적 노동조합운동」, 《역사연구》 6, 역사학연구소, 1998.

손과지, 「한인의 상해망명과 초기 한인사회의 형성」, 《한국근현대사연구》 7, 한국근현대사학회, 1997.

스즈키 쓰네카쓰, 『상해의 조선인 영화황제』, 이상 옮김, 실천문학사, 1996.

조복례, 「1930년대 중국 영화배우, 김염 연구」, 상명대학교 예술디자인대학원 영화학과 석사학위논문, 2005.

─────, 「정기탁 감독의 〈애국혼〉을 찾아라」, 네이버 블로그 '리뷰로그' 섹션.
http://blog.naver.com/furey?Redirect=Log&logNo=60154221319 (2012년 9월10일)

6장 글로벌 디지털 포메이션: 투기성 조증과 사회적인 것

김철환, '소셜 분석의 세계, SNS가 모든 것을 말해준다', 적정마케팅연구소 웹페이지, 2011년

4월 22일. http://socialexperiencelab.com/archives/599

심광현, '제3세대 인지과학과 SF 영화: 자본주의 매트릭스 vs 대안적 매트릭스', 서울대학교 인
지과학연구소·사회과학원 공동 주최 "인지과학으로 여는 21세기 시즌 3: 이성과 공감" 세
미나 발표문, 2011년 4월 30일.

아렌트, 한나, 『인간의 조건』, 이진우·태정호 옮김, 한길사, 1996.

엘세서, 토마스, '아바타: 3D의 귀환'(Avatar: Return of 3D), 트랜스 아시아 영상문화연구소
공개강좌, 2010년 10월 22일.

조정환, 『인지자본주의: 현대 세계의 거대한 전환과 사회적 삶의 재구성』, 갈무리, 2011.

카바니, 샤마 하이더, 『소셜미디어 마케팅 젠: 당신에게 필요한 마지막 소셜미디어 가이드!』,
이윤진 옮김, 제이펍, 2011.

프랭고스, 마이크, '소셜 미디어의 미학'(Social Media Aesthetics), 트랜스 아카데미 "소셜 네
트워크 시대: 영화와 사회의 운명 그리고 더 소셜" 강연, 2011년 3월 23일.

프레이져, 매튜·수마트라 두타, 『개인과 조직, 시장과 사회를 뒤바꾸는 소셜 네트워크 e혁명』,
최경은 옮김, 행간, 2010.

Hannay, Alastair, *On the Public*, New York: Routledge, 2005.

Latour, Bruno, *Reassembling the Social: An Introduction to Actor-Network-Theory*, New
York: Oxford University Press, 2005.

Sassen, Saskia, "Electronic Markets and Activist Networks: The Weight of Social Logics
in Digital Formations," in *Digital Formations: IT and New Architectures in the Global
Realm*, ed. by Robert Latham and Saskia Sassen, Princeton: Princeton University
Press, 2005, 54~88쪽.

Scott, David Meerman, *The New Rules of Marketing and PR: How to Use News Releases,
Blogs, Podcasting, Viral Marketing, and Online Media to Reach Buyers Directly*,
Hoboken: John Wiley & Sons, 2007.

7장 파국의 지도: 만민공동회와 스크린 실천

김려실, 『투사하는 제국 투영하는 식민지: 1901~1945년의 한국영화사를 되짚다』, 삼인, 2006.

김명섭·김석원, 「독립의 지정학: 대한제국(1897~1910) 시기 이승만의 지정학적 인식과 개신교」, 《한국정치학회보》 42(4), 한국정치학회, 2008.

김소영, 『근대의 원초경: 보이지 않는 영화를 보다』, 현실문화연구, 2010.

김소은·이승희, 「근대의 기획, 1900~1910년대 연극과 대중성 형성의 조건」, 《대중서사연구》 11, 대중서사학회, 2004.

김수남, 『조선 영화사 논점』, 월인, 2008.

김종원·정중헌, 『우리영화 100년』, 현암사, 2005.

바라, 샤를 루이·샤이에 롱, 『조선 기행: 백여 년 전에 조선을 다녀간 두 외국인의 여행기』, 성귀수 옮김, 눈빛, 2006.

박태순, 「역사를 위한 변명과 해명: 최남선의 반민족사학」, 《역사비평》 10, 역사문제연구소, 1990.

벤야민, 『역사의 개념에 대하여 | 폭력비판을 위하여 | 초현실주의』, 최성만 옮김, 길, 2008.

비숍, 이사벨라 버드, 『한국과 그 이웃 나라들: 백년 전 한국의 모든 것』, 이인화 옮김, 살림, 1994.

슈미드, 앙드레, 『제국 그 사이의 한국 1895~1919』, 정여울 옮김, 휴머니스트, 2007.

슈와르츠, 바네사 R., 『구경꾼의 탄생』, 노명우·박성일 옮김, 마티, 2006.

신용하, 『독립협회연구: 독립신문, 독립협회, 만민공동회의 사상과 운동 (上)』, 일조각, 2006.

신지영, 「연설, 토론이라는 제도의 유입과 감각의 변화」, 《한국근대문학연구》 6(1), 한국근대문학회, 2005.

부르다레, 에밀, 『대한제국 최후의 숨결』, 정진국 옮김, 글항아리, 2009.

우수진, 「무성영화 변사의 공연성과 대중연예의 형성」,《한국극예술연구》28, 한국극예술학
　　회, 2008.

유선영, 「초기 영화의 문화적 수용과 관객성: 근대적 시각문화의 변조와 재배치」,《언론과 사
　　회》12(1), 성곡언론문화재단, 2004.

이종호, 「최남선의 지리(학)적 기획과 표상」,《상허학보》22, 상허학회, 2008.

이화진, 「식민지 조선의 극장과 '소리'의 문화 정치」, 연세대학교 국어국문학 박사학위논문,
　　2011.

정근식, 「한국의 근대적 시간 체제의 형성과 일상생활의 변화 1: 대한제국기를 중심으로」,《사
　　회와 역사》58, 한국사회사학회, 2000.

정일남, 「『열하일기』 연암형상 일고」,《동방한문학》42, 동방한문학회, 2010.

조희문, 「초창기 한국영화사 연구: 영화의 전래와 수용」, 중앙대학교 영화학 박사학위논문,
　　1992.

지젝, 슬라보예, 『당신의 징후를 즐겨라! 할리우드의 정신분석』, 주은우 옮김, 한나래, 1997.

최인진, 『한국 사진사: 1631~1945』, 눈빛, 1999.

크래리, 조나단, 『관찰자의 기술: 19세기의 시각과 근대성』, 임동근 외 옮김, 문화과학사,
　　2001.

한상언, 「1910년대 조선의 변사시스템 도입과 그 특징에 관한 연구」,《영화 연구》44, 한국영
　　화학회, 2010.

Eperjesi, John R., *The Imperialist Imaginary: Visions of Asia and the Pacific in American
　　Culture*, Hanover: Dartmouth College Press, 2005.

Gunning, Tom, "Tracing the individual body: Photography, Detectives, and Early
　　Cinema," in *Cinema and the Invention of Modern life*, ed. by Leo Charney and Vanessa
　　R. Schwartz, Berkeley: University of California Press, 1995.

Harrington, Fred Harvey, *God, Mammon and the Japanese: Dr. Horace N. Allen and*

Korean-American Relations, 1884~1905, Madison: University of Wisconsin Press, 1944.

Holmes, E. Burton, *Travelogue* vol.10, New York: MacClure Company, 1908.

Kim, Soyoung, "Cartography of Catastrophe: Pre-Colonial Surveys, Post-Colonial Vampires, and the Plight of Korean Modernity," *Journal of Korean Studies* 16, no.2(2011).

Musser, Charles, *The Emergence of Cinema: The American Screen to 1907(History of the American Cinema)*, Berkeley: University of California Press, 1994.

Przyblyski, Jeannene M., "Moving Pictures: Photography, Narrative of the Paris Commune of 1871," in *Cinema and Invention of Modern Life*, Berkeley: University of California Press, 1995.

파국의 지도
한국이라는 영화적 사태

© 김소영 2014
첫 번째 찍은 날 2014년 9월 18일
두 번째 찍은 날 2015년 1월 2일

지은이   김소영

펴낸이   김수기
펴낸곳   현실문화연구
편집   허원, 김수현, 문용우, 이용석
디자인   박미정
마케팅   임호
제작   이명혜

등록번호   제2013-000301호
등록일자   1999년 4월 23일
주소   서울시 마포구 포은로 56, 2층(합정동)
전화   02-393-1125
팩스   02-393-1128
전자우편   hyunsilbook@daum.net

ISBN 978-89-6564-101-8 93680
가격은 뒤표지에 있습니다.

이 도서의 국립중앙도서관 출판시도서목록(CIP)은 서지정보유통지원시스템 홈페이지(http://seoji.nl.go.
kr)와 국가자료공동목록시스템(http://www.nl.go.kr/kolisnet)에서 이용하실 수 있습니다.(CIP제어번호:
CIP2014025322)